LA RECHERCHE

LA BIOLOGIE EN 18 MOTS-CLÉS

DUNOD

La biologie en 18 mots-clés

Sommaire

Retrouvez les sites web signalés dans l'ouvrage
sur dunod.com et larecherche.fr

La cellule

On a découvert seulement au milieu du XIXe siècle que la cellule est l'unité de base du monde vivant. On sait aujourd'hui que cette unité est plus complexe que la plus sophistiquée des usines.

Marie-Hélène Grosbras,
avec la collaboration
d'André Adoutte (†)

Depuis quand explore-t-on la cellule ?

C'est avec un microscope rudimentaire qu'en 1665 l'Anglais Robert Hooke observe de petits compartiments dans un échantillon de liège ; il les nomme alors cellules (du latin *cellula,* petite chambre). Le terme restera.

Au XIXe siècle les observations deviennent suffisantes pour que les naturalistes allemands Matthias Schleiden et Theodor Schwann énoncent, en 1839, la première théorie cellulaire : *« Tous les êtres vivants, animaux et végétaux, sont constitués de cellules. »* Théorie complétée quelques années plus tard par Rudolf Virchow : toute cellule provient d'une autre cellule (*« omni cellula e cellula »*).

L'avènement de la microscopie électronique (dans la première moitié du XXe siècle), les progrès de la biochimie, de la génétique et des techniques de laboratoire ont permis de pénétrer les rouages internes de cette petite boîte.

Aux frontières du vivant, des êtres encore plus petits ont été découverts : les virus. Ils ne peuvent croître et se reproduire que lorsqu'ils parasitent une cellule. On peut donc affirmer qu'il n'est pas de vie sans cellule.

Qu'y a-t-il de commun entre toutes les cellules ?

On parle de la cellule, mais il faut garder à l'esprit l'infinie diversité du monde cellulaire. Quoi de commun entre une bactérie, une amibe, une cellule de laitue, un neurone, un spermatozoïde et un ovule ? Devant la grande variété de mode de vie, de forme, de taille (allant de quelques micromètres pour une bactérie jusqu'à un mètre pour certains neurones !), l'unité du monde cellulaire a longtemps échappé aux observateurs.

Pourtant la même logique d'organisation et les mêmes briques fondamentales (protéines, glucides, lipides et acides nucléiques) caractérisent les divers types cellulaires. Toute cellule est entourée par une barrière, la membrane plasmique, formée d'un assemblage de lipides et de protéines. Cette barrière délimite un compartiment clos, empli d'une solution aqueuse, le cytoplasme, où sont concentrées des milliers de molécules différentes.

La vie cellulaire s'organise autour de différents travaux : synthèse et dégradation de molécules, travail mécanique, travail électrique...

Ces transformations consomment ou dégagent de l'énergie. Elles sont mises en route par les enzymes, en général de nature protéique. Comme toutes les protéines cellulaires, elles sont codées par une molécule énorme, l'ADN (acide désoxyribonucléique), présente dans toutes les cellules. L'information qu'elle porte est déchiffrée suivant un code universel (lire « L'ADN », p. 20).

Quels sont les grands types d'organisation cellulaire ?

Deux types d'organisation cellulaire coexistent dans le monde vivant : le type « procaryote » (ensemble des bactéries) et le type « eucaryote » (par exemple toutes les cellules du corps humain).

Chez les premiers, l'organisation du matériel génétique est beaucoup plus simple. La molécule d'ADN, circulaire, baigne directement dans le cytoplasme. Chez les eucaryotes, elle se présente sous forme de longs fragments linéaires, les chromosomes. Ils sont enfermés dans un compartiment délimité par une double membrane, le noyau.

La cellule eucaryote contient un grand nombre de petits compartiments, entourés de membranes, les organites* (par exemple les plastes des végétaux et les mitochondries). Ces derniers se partagent le travail au sein de la cellule. Ils se déplacent dans le cytoplasme grâce à de longues fibres de protéines qui constituent le cytosquelette [fig. 1].

Seules les cellules eucaryotes peuvent s'associer pour former des organismes complexes. Chaque cellule peut se spécialiser dans une fonction particulière. Elle développe alors des structures propres et produit certaines enzymes. Une des premières cellules observées par le naturaliste hollandais Antonie Van Leeuwenhoek au XVIIe siècle, le spermatozoïde, a une forme de petit têtard. La tête (5 millièmes de millimètre) est constituée du noyau et d'un sac d'enzymes, la queue de cytosquelette et de mitochondries. L'ovule qu'il va féconder est au contraire énorme (un dixième de millimètre). Il contient toutes les réserves nécessaires au développement du futur embryon.

Quand est apparue la première cellule et à quoi ressemblait-elle ?

La première étape fut sans doute l'assemblage spontané d'un film de lipides autour d'un matériel doué d'autoréplication, probablement de nature ARN (acide ribonucléique, aux propriétés voisines de celles de l'ADN). La formation spontanée de gouttelettes microscopiques contenant de la matière organique, nommées coacervats, a d'ailleurs été obtenue par le savant russe Alexandre Oparine dans les années 1930. Ces gouttelettes offraient un espace de confinement favorable aux réactions chimiques sur lequel a pu agir la sélection naturelle. Mais un tel compartiment n'aurait pu être viable s'il ne pouvait capter la nourriture et

* Un **organite** est un corpuscule intracellulaire entouré d'une ou plusieurs membranes. Par extension, on applique parfois ce terme à toute inclusion du cytoplasme, par exemple aux ribosomes.

Fig.1 Les composants cellulaires

LES CELLULES SONT DÉLIMITÉES par une membrane plasmique. À l'intérieur, se trouve un grand nombre de petits compartiments, entourés de membranes, les organites qui se déplacent grâce au cytosquelette. Entouré de sa double membrane, le noyau contient l'ADN. Dans le cytoplasme, les ribosomes forment des protéines et l'appareil de Golgi les modifie.

© D.R.

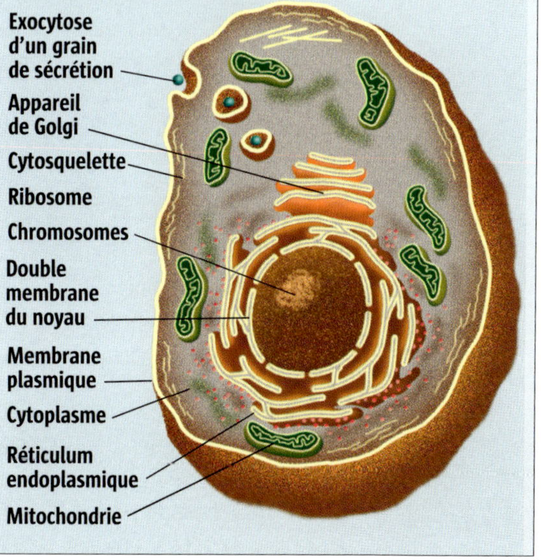

LA RECHERCHE A PUBLIÉ

Juli Peretó et al., « Qu'est-ce que la vie ? », octobre 2005, p. 36.

Dossier « Et la cellule devint virtuelle », février 2005, p. 30.

Ali Turhan, « Des cellules à tout faire ? », hors-série n° 12, juillet 2003, p. 66.

Marc-André Selosse, « Quels ancêtres pour nos cellules ? », mars 2003, p. 48.

Eric Karsenti, « L'auto-organisation au cœur de la division cellulaire », hors-série n° 9, novembre 2002, p. 52.

Guy Ourisson et al., « Ébauche de cellules », novembre 2000, p. 29.

rejeter ses déchets. Peu à peu la membrane plasmique s'est perfectionnée pour devenir un lieu d'échange de matière, d'énergie et d'informations.

Les données permettant de dater la naissance et les étapes de l'évolution de la cellule sont fragmentaires. Des analyses physiques de dépôts de carbone fossile suggèrent qu'un organisme vivant capable de fixer le carbone minéral a pu apparaître voilà 3,8 milliards d'années, soit 600 millions d'années après la formation de la Terre. On retrouve des traces de bactéries dans des stromatolithes* en Australie et au Groenland, datant de 3,5 milliards d'années.

Les plus anciens fossiles d'eucaryotes connus datent de 1,2 milliard d'années, mais des traces de molécules spécifiques aux eucaryotes ont été retrouvées dans des sédiments de 2,7 milliards d'années.

Les premiers organismes pluricellulaires ne sont apparus qu'aux alentours de – 600 millions d'années. La plus longue partie de l'histoire de la vie est donc une histoire d'unicellulaires.

Comment cette évolution s'est-elle produite ? Toutes les cellules dériveraient d'un ancêtre commun, nommé LUCA (Last Universal Common Ancestor), à partir duquel trois branches se sont séparées : les archées (archéobactéries), les bactéries (eubactéries) et les eucaryotes. L'eucaryote ancestral aurait acquis progressivement ses membranes internes par invagination de la membrane plasmique. Plus tard, ces cellules auraient ingurgité des cellules procaryotes ou auraient fusionné avec elles, d'où les mitochondries et les plastes que nous connaissons actuellement [fig. 2].

Pourquoi compare-t-on la cellule à une usine ?

Comme dans une usine, de la matière brute entre dans la cellule et des produits manufacturés sont fabriqués. La production est organisée autour de chaînes de montage. Elle emploie des ouvriers spécialisés, les enzymes. De nombreuses molécules de régulation jouent le rôle de contremaîtres ; elles contrôlent les opérations dont le déroule-

Fig.2 Les étapes de l'évolution de la cellule

DES ORGANISMES UNICELLULAIRES existaient déjà il y a 2,5 milliards d'années. Les premières cellules apparues sur Terre ont évolué pour donner trois grands types d'organismes. Du premier descend la grande majorité des bactéries que nous connaissons. Un deuxième type a évolué pour donner des organismes ressemblant aux bactéries, les archées ou archéobactéries. Un troisième groupe a abouti aux cellules eucaryotes, qui donnèrent les êtres multicellulaires et, finalement, les champignons, végétaux et animaux. © D.R.

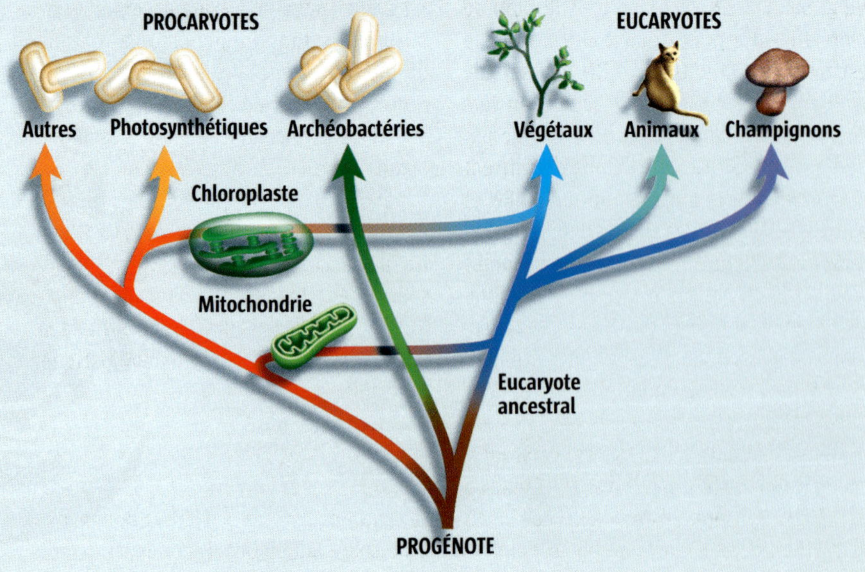

Fig.3 De la production à l'exportation d'une protéine

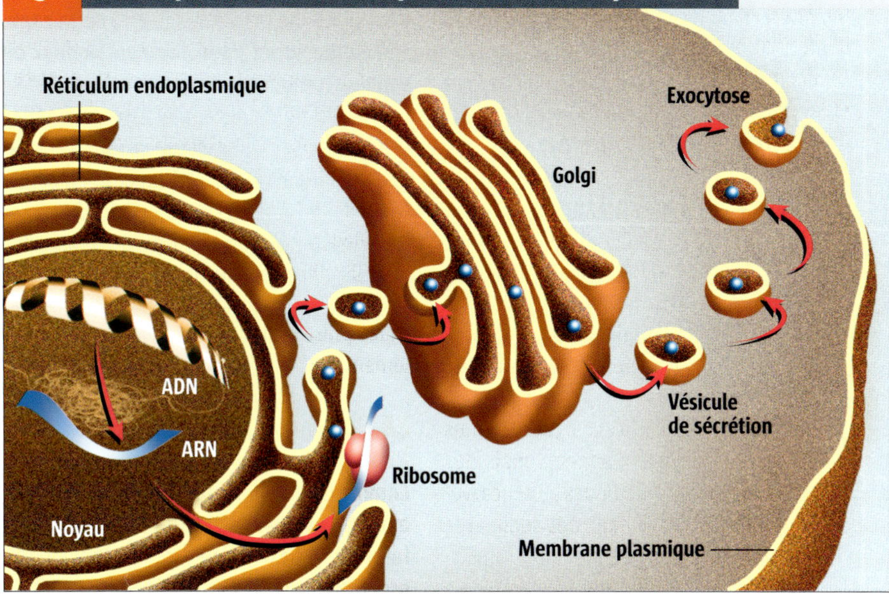

DANS LE NOYAU, le gène codant une protéine est transcrit de l'ADN en ARN. Celui-ci est exporté du noyau vers le cytoplasme où son message est déchiffré par des ribosomes qui forment la protéine à partir d'acides aminés. Ici, les ribosomes sont situés sur un vaste réseau de membranes délimitant un compartiment : le réticulum endoplasmique. Dans l'appareil de Golgi, la protéine subit ses dernières modifications avant d'être secrétée par exocytose.

© D.R.

ment est inscrit dans le patrimoine génétique de la cellule. Prenons l'exemple d'une cellule spécialisée dans la synthèse d'une hormone, l'insuline, et voyons la dynamique qui aboutit à la libération du produit dans le sang.

Tout part de l'ADN, véritable ruban magnétique sur lequel est gravé tout le plan de fabrication. Le gène codant cette protéine est transcrit de l'ADN en ARN, qui sert de messager. L'ARN est exporté du noyau vers le cytoplasme. Là, il est pris en charge par des ribosomes. Ces particules déchiffrent le message porté par la molécule d'ARN et assemblent des acides aminés pour former la protéine. Dans notre exemple, les ribosomes sont situés sur un vaste réseau de membranes délimitant un compartiment : le réticulum endoplasmique rugueux. À l'intérieur, les chaînes d'acides aminés sont repliées correctement et, grâce à des enzymes, de petits sucres leur sont ajoutés. Le produit est ensuite transféré dans un autre réseau de membranes, l'appareil de Golgi. À ce niveau sont effectués la décoration finale, l'emballage et l'étiquetage du produit manufacturé. Celui-ci est ensuite stocké dans des grains de sécrétion. Il est secrété par « exocytose » : la membrane des grains fusionne avec celle de la cellule, et leur contenu est déversé à l'extérieur [fig. 3].

De même que l'on peut bloquer ou ralentir un atelier dans une usine en fonction des besoins, le fonctionnement des chaînes de montage cellulaire est ajusté en fonction des sources de matière première, des constituants fabriqués et des commandes reçues du reste de l'organisme.

Cependant, la comparaison avec une usine a ses limites : son origine, la quantité de travaux accomplis par des molécules ultraspécialisées, la plasticité de ses structures, font de la cellule un système infiniment plus complexe que la plus sophistiquée des usines.

Où la cellule puise-t-elle son énergie ?

La maintenance et le bon fonctionnement de la machinerie cellulaire requièrent un carburant. La monnaie d'échange de l'énergie dans

* Les **stromatolithes** sont des roches sédimentaires stratifiées. Elles sont édifiées par des couches empilées de bactéries, dont les cyanobactéries, qui pratiquent la photosynthèse.

SUR LE WEB

Un site très complet sur la biologie cellulaire conçu par l'université Pierre-et-Marie-Curie, à Paris.
www.snv.jussieu.fr/bmedia/sommaires/bc.htm

Une section « À l'intérieur de la cellule » dans ces pages réalisées par le Musée canadien de la nature.
www.nature.ca/genome/03/c/10/03c_10_f.cfm

le cytoplasme est une petite molécule, l'ATP (adénosine triphosphate). Elle est sans cesse renouvelée grâce à la combustion à petit feu de sucres ou de graisses. Les molécules sont consumées peu à peu, de sorte qu'à chaque étape de l'énergie peut être récupérée. Dans la majorité des cellules eucaryotes, la plus grande partie de la production énergétique est réalisée par les mitochondries. Elles dégradent intégralement les sucres ou les lipides, en produisant du dioxyde de carbone (CO_2). L'ATP est fabriqué au niveau de protéines de la membrane de ces organites, grâce à des réactions d'oxydoréduction qui consomment de l'oxygène. On parle de respiration cellulaire.

La majorité des cellules absorbent dans leur milieu de vie la nourriture qu'elles trient et brûlent grâce à des protéines insérées dans la membrane plasmique. Certaines cellules, notamment celles des plantes vertes, sont capables de capter l'énergie des photons émis par le Soleil *via* la chlorophylle de leurs chloroplastes. Elles l'utilisent pour fabriquer des sucres à partir du CO_2 atmosphérique : c'est la photosynthèse.

Comment les cellules communiquent-elles ?

L'économie de la cellule dépend de sa capacité à détecter et interpréter les signaux de son environnement. Chez les unicellulaires, les informations concernent essentiellement les questions : « Où se trouve la nourriture ? », « Les conditions physico-chimiques du milieu sont-elles favorables ? ». Ces cellules émettent aussi, volontairement ou non, des molécules qui indiquent aux autres leur présence.

La communication prend toute son importance chez les organismes pluricellulaires, plus complexes. Les cellules baignent alors dans un milieu intérieur et échangent des informations qui permettent non seulement de subvenir à leurs propres besoins, mais aussi d'assurer la coordination du fonctionnement des différents organes.

La membrane plasmique, qui constitue l'interface entre la cellule et son milieu de vie, est traversée par diverses protéines, dont les récepteurs. La partie qui dépasse de la cellule permet d'interagir avec une ou plusieurs molécules spécifiques arrivant à proximité de la membrane : par exemple

Fig.4 Division d'une cellule eucaryote

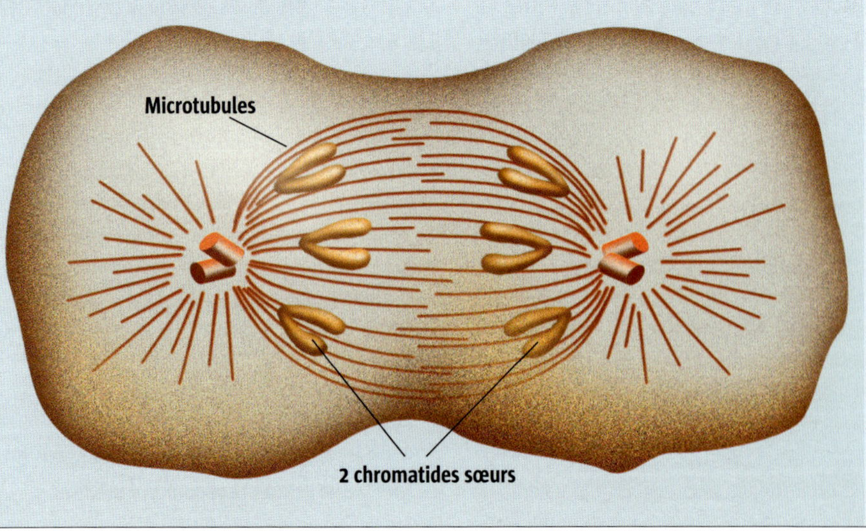

AU DÉBUT DE LA DIVISION CELLULAIRE (OU MITOSE), les chromosomes se dédoublent en deux brins identiques, les chromatides. Ils se positionnent ensuite dans un plan, grâce à l'assemblage et au désassemblage de microtubules auxquels sont accrochées les chromatides. L'enveloppe du noyau disparaît, les chromatides se séparent, et deux lots identiques sont tirés chacun à une extrémité de la cellule. © D.R.

une hormone. Cette rencontre induit des changements de forme du récepteur, qui se répercutent sur l'intérieur de la cellule. Une cascade de réactions se déclenche, qui aboutit à l'allumage ou à l'extinction de certaines activités de la cellule.

Une concentration élevée de glucose dans le sang déclenche par exemple l'exocytose de l'insuline. Cette hormone agit entre autres sur les cellules du foie qui répondent en augmentant l'absorption du glucose et en stockant ce dernier sous forme de glycogène.

Les cellules se déplacent-elles ?

Sans mobilité, les unicellulaires tels que la paramécie se trouveraient fortement handicapés pour rechercher leur nourriture ; les plaquettes ne pourraient participer à la coagulation du sang ; le système immunitaire serait inapte à détruire les éléments infectieux ; les cellules de l'embryon ne pourraient trouver leur position dans l'organisme en développement.

Chez les eucaryotes, avec l'énergie de l'ATP, les protéines du cytosquelette se plient et se déplient, s'allongent et se raccourcissent, s'accrochent et se décrochent. La forme de la cellule peut être modifiée ; des expansions ou pseudopodes apparaissent, et la cellule rampe sur son support. Certaines cellules, en particulier les spermatozoïdes, se déplacent à l'aide de cils ou de flagelles. Ces filaments ondulent car ils sont formés de microtubules* qui coulissent les uns par rapport aux autres.

Les bactéries nagent grâce à de petites hélices plantées dans leur paroi, appelées aussi flagelles. La partie interne, consommatrice d'énergie, actionne une partie externe mobile.

Dans tous les cas, la cellule peut reconnaître les signaux de son environnement en fonction desquels elle s'oriente ou se fixe.

Comment se reproduisent-elles ?

Le passage de la cellule œuf unique à l'individu complet se réalise par un grand nombre de divisions stéréotypées appelées mitoses. Les chromosomes et l'ADN qu'ils contiennent commencent par se dédoubler

* Les **microtubules** sont de longs filaments constitués par la polymérisation de milliers de molécules d'une protéine, la tubuline.

POUR EN SAVOIR PLUS

- Bruce Alberts (dir.), *Biologie moléculaire de la cellule*, Flammarion, coll. Médecine-Science, 4e éd., 2004.
- Christian de Duve, *Construire une cellule (essai sur la nature et l'origine de la vie)*, InterEdition, Paris, 1990.
- J.-C. Rolland, A. et D. Szöllösi, *Atlas de biologie cellulaire*, Masson, 1990.
- Muriel Gargaud (dir.), *L'Environnement de la Terre primitive*, PUF de Bordeaux, 2001.
- D. Voet et J. D. Voet, *Biochimie*, De Boeck Université, 2e éd., Bruxelles, 2005.
- P. R. Wheather *et al.*, *Histologie fonctionnelle*, De Boeck Université, 2001.

en deux brins identiques, les chromatides. Celles-ci restent associées en un point. Elles se compactent. Les chromosomes apparaissent alors au microscope sous forme de croix. Ils se positionnent dans un plan, grâce à l'assemblage et au désassemblage de microtubules auxquels sont accrochées les chromatides. L'enveloppe du noyau disparaît, les chromatides se séparent, et deux lots identiques sont tirés chacun à une extrémité de la cellule [fig. 4]. Deux enveloppes se reforment pour créer deux nouveaux noyaux. Enfin, deux cellules filles possédant rigoureusement le même matériel génétique se séparent. Chez les bactéries, après réplication de l'ADN et synthèse de membrane, la cellule est simplement scindée pour former deux cellules génétiquement identiques.

Les cellules vieillissent-elles ? Existe-t-il des cellules immortelles ?

Une cellule différenciée ne se divise en général que rarement. Au bout d'un certain temps, variable suivant les types cellulaires (deux à trois jours pour les cellules de l'intestin, trois mois pour les globules rouges, des dizaines d'années pour les neurones), le renouvellement des constituants internes et l'élimination des déchets se ralentissent et la cellule finit par mourir.

Les cellules mortes peuvent être remplacées à partir de cellules souches. Par exemple les cellules de la base de l'épiderme subissent de multiples divisions. Leurs cellules filles soit se différencient et produisent de la kératine jusqu'à mourir et desquamer, soit restent à la base et alimentent le stock de cellules souches. Mais le capital de divisions que peut subir une cellule est limité. C'est l'un des facteurs du vieillissement des tissus et des organismes.

Le vieillissement n'est pas la seule cause de mort cellulaire ; le suicide est un phénomène très répandu, même chez les cellules jeunes. Un processus est déclenché par des signaux internes ou externes qui indiquent à la cellule qu'elle doit se tuer. C'est l'apoptose (du grec *apoptosis*, chute des feuilles, qui traduit l'idée de dégénérescence). Elle joue un rôle essentiel dans le maintien de l'intégrité d'un organisme. Une cellule dont les chromosomes ont été endommagés se suicide. Lors du développement, pour que les doigts de l'embryon se détachent les uns des autres, il faut que des cellules meurent.

Si le programme de mort est défectueux ou que la division n'est plus contrôlée, on dit que la cellule est transformée. Elle prolifère de façon anarchique et forme une tumeur qui peut mettre en danger la survie de l'organisme.

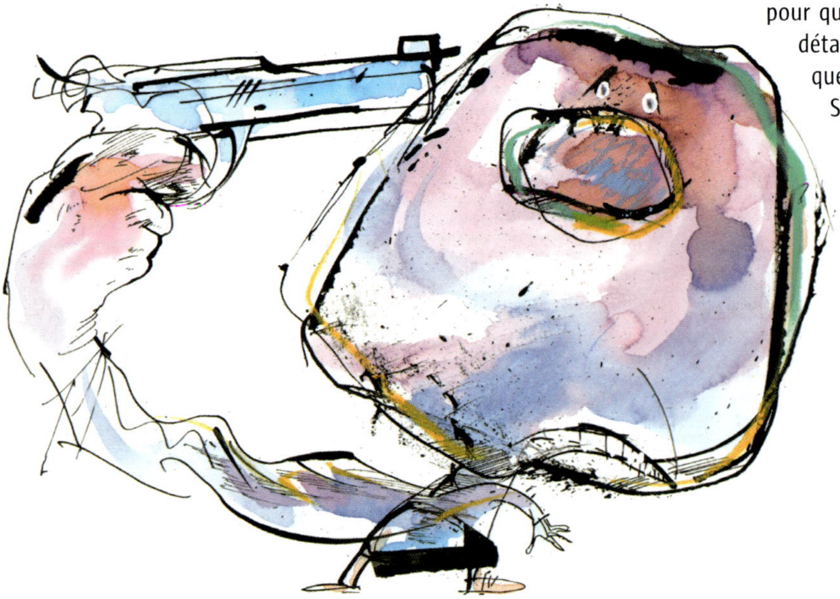

Les gènes

Supports de l'hérédité, responsables des caractéristiques différentes des cellules d'un même organisme, certains les voient comme l'unité élémentaire de la vie. Ils ont pourtant besoin d'une machinerie biologique complexe pour assurer leurs fonctions.

Jean-Jacques Perrier,
avec la collaboration de

Jean-Louis Serre,
professeur de génétique
à l'université de Versailles
Saint-Quentin-en-Yvelines.

* Le caractère déterminé par un allèle (A) d'un gène domine le caractère **récessif** dû à l'expression de l'autre allèle (a). Le caractère récessif n'apparaît dans la descendance que chez les homozygotes aa.

* Les **phénotypes,** pour chaque caractère, sont les différentes formes ou états possibles de celui-ci, par exemple phénotype vert ou jaune.

Comment l'idée de gène est-elle née ?

L'idée de gène est apparue au début du XXe siècle, quand il fallut donner un nom aux hypothétiques facteurs responsables des variations de caractères visibles que l'on observait chez les plantes et les animaux. Le moine morave Gregor Mendel avait évalué la variabilité de caractères (en particulier la forme et la coloration des graines mûres) chez les plantes hybrides provenant de croisements entre variétés, notamment celles du petit pois. Ainsi notait-il en 1865 l'existence de *« caractères dominants, ceux qui passent chez l'hybride complètement ou presque sans modification »* et de *« caractères récessifs*, qui s'effacent ou disparaissent complètement chez les hybrides pour reparaître sans modification chez leurs descendants ».* Par exemple, des pois jaunes d'une lignée pure, croisés avec des pois verts, donnaient des descendants tous jaunes, qui produisaient eux-mêmes trois pois jaunes et un pois vert. Le caractère « couleur jaune » dominait sur le caractère « couleur verte ».

Mais Mendel confondait les caractères qu'il observait (ce qu'on nomme aujourd'hui le « phénotype* ») et les facteurs héréditaires présents dans l'ovule et le pollen et qu'il appelait aussi des caractères (en fait, le « génotype »). Ce n'est que vers 1900, avec la redécouverte de ses travaux par Hugo de Vries en Hollande, Carl Correns en Allemagne, Erich von Tschermak en Autriche et William Bateson en Angleterre, qu'apparut la nécessité de dissocier les phénotypes et les facteurs intrinsèques des cellules sexuelles qui, par leur activité, produisent ces derniers.

C'est à cette époque que furent définis les grands concepts de la science de l'hérédité et le mot génétique lui-même (du grec *« gennêtikos »,* propre à la génération), proposé par William Bateson en 1905. Le terme de gène (de *« genos »,* naissance, origine) et la distinction entre phénotype (de *« phainein »,* paraître) et génotype furent introduits en 1909 par le généticien et botaniste danois Wilheim Johannsen. La définition du gène comme facteur responsable d'un caractère était associée à l'idée qu'un gène possède deux formes, nommées allèles, d'origine maternelle et paternelle. C'est ce couple d'allèles qui détermine des génotypes différents, perceptibles à travers les phénotypes qui en résultent. Entre 1902 et 1908, le zoologiste Lucien Cuénot, à la faculté des sciences de Nancy, William Bateson et Reginald Punnett

LA RECHERCHE A PUBLIÉ

Michel Georges, « Pourquoi l'homme a-t-il si peu de gènes ? », octobre 2005, p. 55.

Bertrand Jordan, « Notre génome de... chimpanzé », juillet-août 2004, p. 40.

Cécile Klingler, « Les hasards de l'expression des gènes », mai 2004, p. 50.

Laure Schalchli, « Ces gènes qui font l'homme », hors-série n° 12, juillet 2003, p. 30.

Dossier « Qu'est-ce qu'un gène ? », décembre 2001, p. 51.

en Angleterre confirmèrent chez la poule et la souris les résultats des croisements effectués chez les plantes.

Comment a-t-on appris que les gènes sont sur les chromosomes ?

Au début du siècle, les concepts de la génétique et ses lois théoriques n'ont rien d'évident. La génétique est perçue comme réductionniste et purement formelle, laissant un grand nombre de phénomènes sans explication. La division cellulaire (mitose) et celle menant aux cellules sexuelles (la méiose) sont pourtant connues, et la matérialité expliquant les résultats de Mendel devrait donc être perceptible. Mais les biologistes ont du mal à accepter la théorie de l'hérédité.
L'embryologiste américain Thomas Hunt Morgan n'y adhère qu'en 1910 en voyant apparaître des mouches à yeux blancs dans ses élevages de drosophiles. Avec ses collègues de l'université Columbia, à New York, il s'aperçoit que la couleur des yeux des mouches diffère selon que leurs parents aux yeux blancs sont mâles ou femelles (dans le premier cas, tous les individus de première génération ont les yeux rouges ; dans le second, les mâles ont les yeux blancs, et les femelles ont les yeux rouges).
Ces modalités ne sont explicables que si le gène déterminant, par son couple d'allèles, la couleur blanche ou rouge est porté par le chromosome X. Morgan peut conclure que les gènes sont portés par les chromosomes. C'est la « théorie chromosomique de l'hérédité » — proposée en 1902, sans succès, par un étudiant de thèse, Walter Sutton et le cytologiste, Theodor Boveri.
On a appris depuis, notamment grâce aux travaux de Cari Correns dans les années 1910 et de Boris Ephrussi et Piotr Slonimski, en 1949, que des gènes existent aussi hors du noyau : dans les chloroplastes des cellules végétales, organites qui utilisent l'énergie solaire pour produire des sucres ; dans les mitochondries, les organites producteurs de l'énergie cellulaire à partir de l'oxygène.
Cependant, chloroplastes et mitochondries, qui possèdent donc leur propre génome, se construisent en grande partie grâce à des protéines importées du cytoplasme et provenant, elles aussi, de l'activité de gènes du noyau.

De quoi les gènes sont-ils faits ?

George Beadle et Edward Tatum, aux États-Unis, Boris Ephrussi en France, avaient conclu au début des années 1940 que chaque gène détermine la fabrication d'une enzyme. C'est en 1944 qu'Oswald Avery et ses collaborateurs, à l'Institut Rockefeller de New York, découvrirent, à partir d'expériences sur une bactérie, le pneumocoque, que les gènes sont formés d'ADN, l'acide désoxyribonucléique. Une molécule que le Suisse Friedrich Miescher avait mise en évidence dans le noyau cellulaire dès 1869 ! Mais certains chercheurs ne voyaient pas comment de l'ADN, une molécule relativement simple formée de quatre types de bases, de phosphore et d'un sucre, pouvait être à l'origine d'enzymes. Ils restaient attachés à l'idée ancienne que le gène devait être une protéine, une molécule complexe et donc susceptible de gouverner un processus complexe. Toutefois, en l'espace de moins de dix ans, les conclusions d'Avery furent unanimement acceptés, en particulier après qu'Alfred Hershey et Martha Chase les eurent confirmées expérimentalement sur le bactériophage (un virus de bactérie), en 1953.

On dit qu'un gène « code » une protéine. Que signifie cette notion ?

En morse, une suite de points et de traits est convertie en une suite de lettres formant une suite de mots grâce à une grille de traduction. La séquence codante d'un gène est une succession de motifs chimiques, les bases ou nucléotides de l'ADN (adénine, thymine, cytosine, guanine) que l'on distingue par les lettres A, T, C, G [fig. 1]. Le code est incarné par la succession des bases trois par trois (formant des triplets ou codons). Il contient un message dont la teneur est traduite par un système de lecture fondé sur des enzymes. Pour s'exprimer, le message doit être d'abord copié sous la forme d'une molécule dite ARN messager (ARNm).

La lecture des codons sur l'ARN messager est assurée par un ensemble de molécules qui forment le ribosome. Des petits ARN de transfert (ARNt) associent de manière spécifique les différents triplets (ou codons) aux acides aminés. À chaque triplet de la séquence codante du gène correspond un et un seul des vingt acides aminés. En biologie moléculaire, la séquence codante du gène, sous forme d'ADN, est donc traduite en une chaîne linéaire d'acides aminés qui, en se repliant, forme une protéine.

Quelle est la structure d'un gène type ?

Un gène est un système de plusieurs types de séquences emboîtées comme des poupées russes. Le cœur du gène est la portion signifiante ou séquence codante (en terme de produit final, protéine ou ARN). Chez les eucaryotes*, un pourcentage variable de gènes ont une structure « morcelée ».

La séquence codante n'est pas continue sur l'ADN mais divisée en fragments, les exons, séparés par des séquences intercalaires non

* Les **eucaryotes** sont des êtres vivants dont les cellules possèdent un noyau, par opposition aux procaryotes.

Fig.1 Le support du code

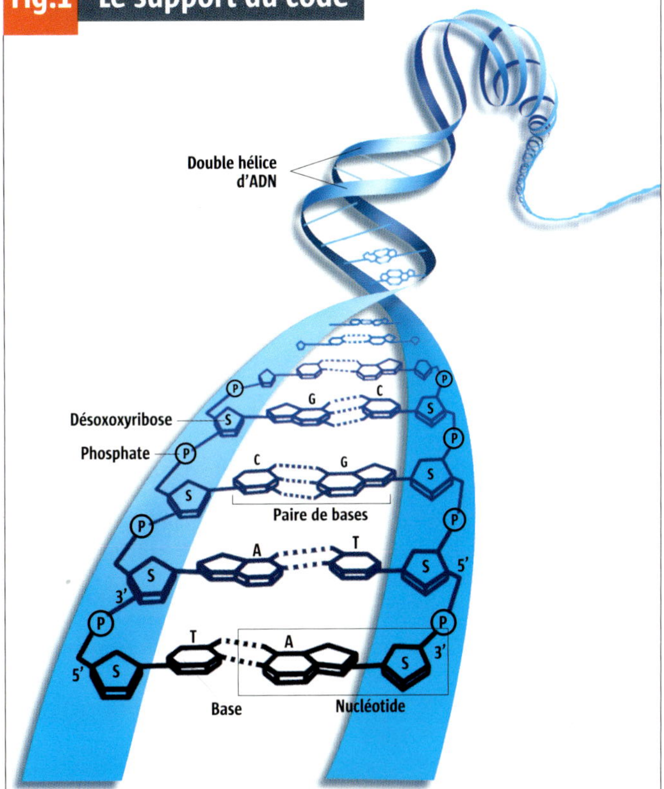

L'ADN (ACIDE DÉSOXYRIBONUCLÉIQUE) EST UN POLYMÈRE FORMÉ DE NUCLÉOTIDES. Ceux-ci sont formés d'un groupe phosphate lié à un sucre, le désoxyribose, et à une base azotée A (adénine), T (thymine), C (cytosine) ou G (guanine). Les bases sont « complémentaires » : elles s'associent en « paires de bases » (A-T et G-C) dans la structure en double hélice. © D.R.

codantes, les introns. Sur l'ARN messager, la continuité de la séquence codante, condition absolue de sa traduction en une protéine fonctionnelle, est rétablie par le processus de maturation de l'ARN transcrit à partir de l'ADN, qui excise les introns et « épisse » (assemble) les exons **[fig. 2]**.

De part et d'autre de la séquence codante se trouvent deux séquences « bordantes ». Elles jouent un rôle dans l'amorce de la traduction (séquence en amont), ou dans la durée de vie de l'ARN messager (séquence en aval), qui est courte en général. Deux autres séquences de l'ADN, non transcrites et non traduites mais jouant un rôle dans la régulation de la transcription, encadrent les séquences bordantes : en amont, notamment, le promoteur est le site où agit l'ARN polymérase pour commencer la transcription. Ces séquences peuvent être activées ou réprimées par des protéines se fixant dans leur voisinage, les facteurs de transcription.

Enfin, parfois très loin du gène (à deux cent mille paires de bases ou plus) peuvent se trouver des séquences amplificatrices *(enhancers)* ou inhibitrices *(silencers)* de la transcription. Activées par des protéines, elles augmentent ou diminuent l'expression* d'un ou plusieurs gènes. La longueur des gènes des eucaryotes varie essentiellement selon le nombre et la longueur des introns de la portion transcrite. Le gène codant les chaînes ß de l'hémoglobine (3 000 paires de bases comprenant deux introns, pour un polypeptide* de 146 acides aminés) est un « petit » gène. Le gène de la dystrophine, la protéine déficiente dans la myopathie de Duchenne, est le plus grand connu, avec 2,3 millions de paires de bases (79 exons représentant 11 000 paires de bases, pour une protéine de 3 685 acides aminés) et des introns dont le total dépasse 2 millions de paires de bases.

Pourquoi une cellule exprime-t-elle seulement certains de ses gènes ?

Chaque cellule contient dans son noyau tous les gènes caractéristiques de l'organisme. Chacune de nos cellules possède ainsi deux lots d'environ 30 000 gènes, l'un provenant du père, l'autre de la mère. Mais chaque cellule accomplit des fonctions précises, et n'y sont actifs que les gènes nécessaires et utiles à son métabolisme et à ses fonctions. Exemple : seules les cellules souches des globules rouges (érythroblastes) produisent de l'hémoglobine, car l'expression du gène codant cette protéine est bloquée dans les autres cellules. Dans l'hypophyse, chaque type cellulaire produit une hormone particulière.

C'est donc la régulation de l'expression des gènes qui est responsable de la différenciation cellulaire. Les Français André Lwoff, François Jacob et Jacques Monod ont été les premiers à le démontrer. En fait, dès la production d'une cellule œuf et durant les divisions qui suivent (segmentation) existe déjà une différenciation : l'œuf — l'ovule lui-même chez l'homme et chez la drosophile — n'est pas homogène ; il comprend des zones contenant des ARN messagers ou des protéines différentes. Les divisions qui suivent la fécondation accentuent encore cette hétérogénéité. Cela permet l'embryogenèse et la morphogenèse des tissus et de

* On parle d'**expression d'un gène** quand celui-ci déclenche la production de la protéine qu'il code.

* Un **peptide** est formé de l'enchaînement d'au plus une dizaine d'acides aminés. On considère généralement qu'un **polypeptide** comprend plusieurs dizaines de ces maillons et une protéine plus de cent.

l'embryon par la différenciation des cellules en fonction des gènes qui y sont ou n'y sont pas activés.

Un gène peut-il être impliqué dans plusieurs caractères ?

Oui, pour deux raisons essentielles. *Primo*, le dogme « un gène, une protéine » (dû à Beadle et Tatum) souffre des exceptions, peut-être plus nombreuses qu'on ne l'imagine. Un mécanisme intervenant après la transcription permet d'associer différemment les exons d'un même gène, et conduit à des protéines différentes [fig. 2]. C'est l'épissage alternatif (ou différentiel). Par exemple, dans certaines cellules de la glande thyroïde, le transcrit d'ARN provenant d'un certain gène donne de la calcitonine, une hormone qui diminue le taux sanguin de calcium et de phosphore. Mais dans le cerveau, le même transcrit subit une maturation différente et produit un peptide jouant le rôle de neuromédiateur. *Secundo*, un gène A peut avoir un certain rôle quand il s'exprime en même temps que les gènes B et C, et un autre rôle quand il s'exprime avec E et F. La combinatoire des 30 000 gènes du génome humain permet de produire un nombre considérable de caractères.

Fig.2 L'usine à protéines

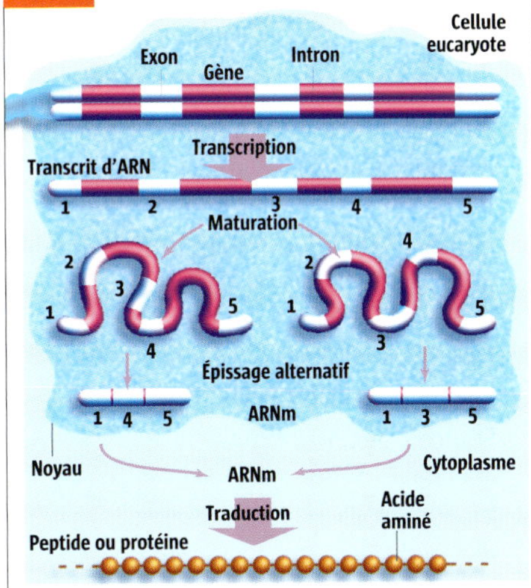

UN GÈNE PEUT DONNER DES PROTÉINES VARIÉES, grâce à sa structure en mosaïque (en haut), alternance de zones codantes (les exons) et non codantes (les introns). Très tôt, le transcrit d'ARN est remanié : les introns sont éliminés. Puis les exons sont mis bout à bout, formant une copie mature : l'ARN messager. Différentes combinaisons sont possibles, créant une diversité protéique (c'est l'« épissage alternatif »). © D.R.

Qu'entend-on par « dominant » ou « récessif » ?

Quand un caractère est variable, il se présente sous des états ou phénotypes différents dont certains sont dits dominants, et d'autres récessifs. Cela dépend, chez les organismes « diploïdes », qui possèdent un lot de chromosomes d'origine paternelle et un stock d'origine maternelle, de l'effet de l'expression des deux allèles de chaque gène, quand ceux-ci sont différents. Par exemple, la mutation qui provoque la drépanocytose (anémie falciforme) modifie la chaîne ß de l'hémoglobine et la rend toxique. Elle a un effet récessif au plan clinique, ce qui veut dire qu'elle est sans conséquence pathologique chez les hétérozygotes, porteurs d'une version mutée et d'une version normale du gène ß. En effet, grâce à l'exemplaire normal de ce gène, les globules rouges contiennent un mélange d'hémoglobine normale et « mutée », ce qui atténue l'effet toxique de cette dernière.

Dans le cas de la mucoviscidose, la maladie vient de l'absence d'un petit canal dans les cellules du poumon destiné à fluidifier les sécrétions. Les individus atteints sont porteurs de deux copies mutées du gène, non fonctionnelles, ce qui conduit à l'absence de canaux et à des sécrétions épaisses et toxiques pour le poumon. En revanche, les hétérozygotes qui ne sont porteurs que d'une copie mutée ne sont pas atteints car la quantité de canaux produits avec leur seule copie normale du gène est largement suffisante pour avoir des sécrétions assez fluides.

SUR LE WEB

Développé par le Laboratoire de génétique humaine, développement et cancer à Bordeaux, le site « Planète Gène » propose des dossiers et divers documents sur la génétique.
www.planetegene.com

Une présentation très accessible de la notion de gène, réalisée avec le soutien du Fonds national suisse de la recherche scientifique. En prime : un dictionnaire, un quiz et la possibilité de poser des questions.
www.gene-abc.ch/index_f.html

* Le **polymorphisme moléculaire** (ou génétique) traduit le fait qu'un même gène peut, dans une même population, avoir différentes formes (allèles) codant souvent des protéines légèrement différentes.

Comment une cellule transmet-elle ses gènes ?

En se divisant. La division cellulaire comprend des processus de réplication (ou duplication) de l'ADN, de condensation de l'ADN (et des protéines associées) en chromosomes, puis un mécanisme de mitose qui répartit le matériel génétique dédoublé entre les deux cellules filles. Le processus dépend notamment d'une zone particulière du chromosome, le centromère, qui permet la séparation des chromosomes fils et leur mouvement vers les deux cellules filles.

Comment un être vivant transmet-il ses gènes ?

Une minorité d'espèces, en général des micro-organismes unicellulaires, se multiplient par une vraie reproduction : ils se divisent en deux cellules filles identiques. D'autres espèces, notamment chez les végétaux, sont capables de reproduction végétative et de se multiplier à l'identique en donnant de nouveaux organismes à partir de racines ou de bourgeons (fraisiers, ronces, peupliers, etc.). Dans ce cas, tous les organismes issus d'un même organisme initial constituent un clone et sont génétiquement identiques.

La reproduction sexuée n'est pas, au sens propre du mot, une reproduction, puisqu'elle associe deux organismes pour en faire un troisième qui est génétiquement nouveau, unique, différent de ses parents et de tous les autres individus de l'espèce. Dans ce cas, les parents, par leurs cellules sexuelles (ou gamètes), ne transmettent qu'un seul exemplaire de chacun de leurs gènes, ce qui reconstitue un stock diploïde chez l'enfant. Ce stock est toujours différent d'un enfant à l'autre en raison des combinaisons infinies de choix entre les deux allèles de chacun des gènes lors de la formation des gamètes – ce que les généticiens nomment « brassage génétique ».

Pourquoi un gène peut-il muter ?

Pendant longtemps, à la suite des expériences du généticien américain Hermann Müller à la fin des années 1920, les biologistes ont pensé que seules les agressions extérieures (physiques comme les rayonnements ionisants, ou chimiques comme l'acridine) étaient mutagènes, c'est-à-dire altéraient l'ADN des chromosomes. Depuis une dizaine d'années, on s'est aperçu que la plupart des produits mutagènes (ou génotoxiques) proviennent du métabolisme cellulaire lui-même, notamment les radicaux libres dérivés de l'oxygène. Des erreurs surviennent en outre naturellement au cours de la réplication de l'ADN.

Au total, plusieurs centaines de milliers de mutations se produisent chaque jour dans une cellule. Des enzymes performantes, les peroxydases, éliminent les radicaux libres à un rythme de plus d'un million de molécules à la seconde ! Et des mécanismes enzymatiques de réparation de l'ADN évitent l'accumulation de mutations. Mais ces freins peuvent tomber en panne, ce qui provoque, entre autres, l'accumulation de mutations dans les cellules à l'origine des cancers.

Une maladie génétique est-elle forcément héréditaire ?

Non, ce n'est pas obligatoire. Certaines maladies sont génétiques car elles résultent de mutations de gènes mais non héréditaires si ces mutations sont survenues dans des cellules somatiques (donc non reproductrices). Ainsi, dans 95 % des cas de cancers, les mutations ne sont pas transmises à la descendance. Mais il existe des formes héréditaires de cancer (5 % des cancers du sein ou du côlon) dans lesquelles l'individu a hérité d'une copie mutée d'un gène (régulateur de la transcription ou réparateur de l'ADN). Il peut donc la transmettre à son tour une fois sur deux à sa descendance. Les mutations peuvent ainsi s'accumuler.

Que nous disent les gènes sur l'évolution biologique ?

L'observation, que certains gènes ont des compositions voisines chez des animaux aussi différents que les vers, les insectes, les oiseaux ou les mammifères, que les mécanismes de duplication et de codage de l'ADN sont communs à tous les êtres vivants, de la bactérie à l'homme, est une énorme pierre apportée à la théorie de l'évolution à partir d'un point unique d'apparition.

On a tenté d'expliquer cette évolution avec trois grandes théories. La théorie synthétique postdarwinienne, proposée notamment par le généticien Theodosius Dobzhansky dans les années 1930 et 1940, met en avant le rôle de la sélection des mutations en fonction de leur caractère adaptatif. La théorie neutraliste, imaginée en 1968 par Motoo Kimura, énonce que la plupart des mutations responsables du polymorphisme moléculaire* des êtres vivants sont neutres, c'est-à-dire sans valeur adaptative. Enfin, la théorie des équilibres ponctués de Stephen Jay Gould et Niles Eldredge, formulée en 1970, postule que le passage d'un groupe à un autre (macro-évolution) se fait par à-coups, sans que les changements opérés constituent obligatoirement des avantages sélectifs. Les travaux des dernières années suggèrent que les trois théories sont en partie valables et qu'il existe une interaction entre des mécanismes adaptatifs et neutres.

Grâce à l'approche moléculaire des gènes, on s'aperçoit alors que les processus cellulaires de l'embryogenèse des invertébrés comme des vertébrés sont les « blocs » de phénomènes gouvernés par des ensembles de gènes régulateurs, les gènes homéotiques. Certains de ces gènes régulateurs ont été conservés quasi inchangés durant plusieurs centaines de millions d'années, tandis que d'autres, en se modifiant, auraient permis les transitions d'un groupe animal à un autre.

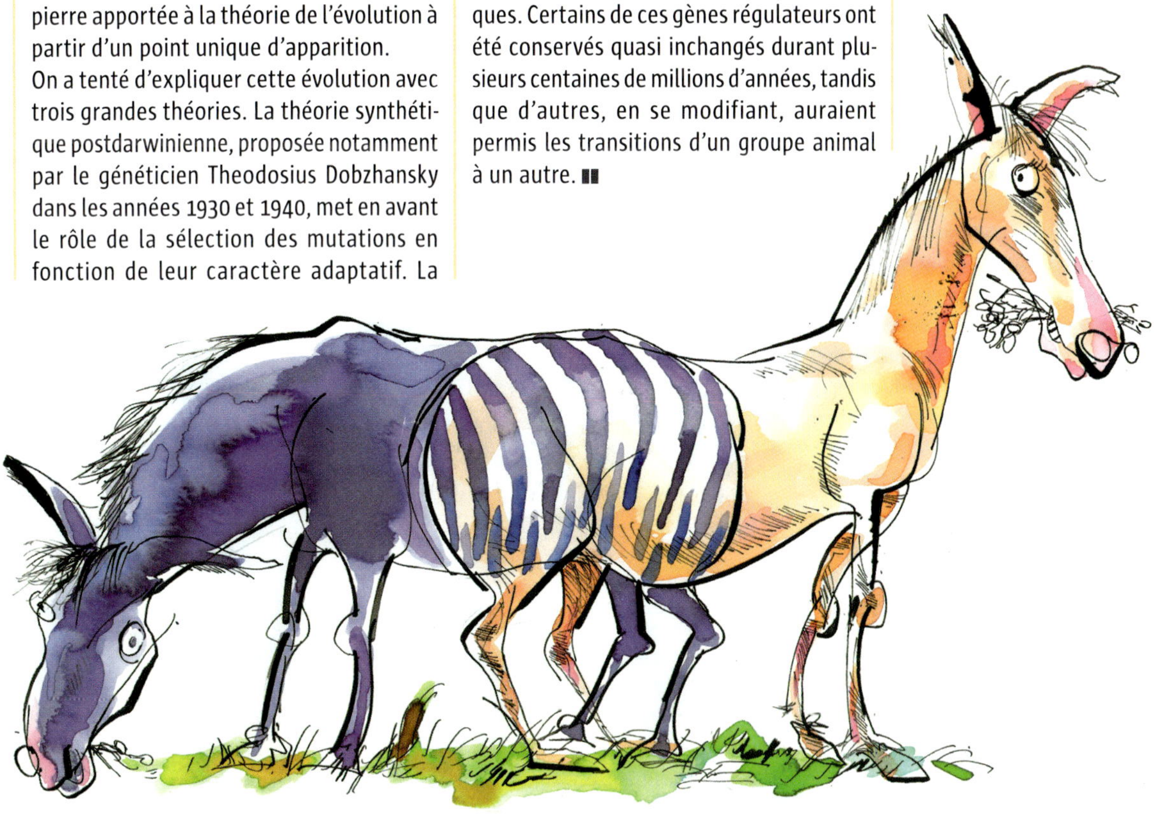

POUR EN SAVOIR PLUS

- Daniel Hartl et Elizabeth Jones, *Génétique : les grands principes*, Dunod, 2003.
- William Klug *et al.*, *Concepts of Genetics*, Pearson, 2005.
- Anthony Griffiths *et al.*, *Introduction à l'analyse génétique*, De Boeck, 2002.

L'ADN

Y a-t-il une molécule biologique qui soit aussi célèbre que l'ADN ? Support de l'hérédité, elle a révolutionné la biologie après qu'en 1953 sa structure « en double hélice » a été élucidée. Et son séquençage pose sans cesse de nouvelles questions.

Laure Schalchli,
avec la collaboration de

Thierry Grange,
responsable de l'équipe expression du génome et chromatine à l'institut Jacques-Monod,

Catherine Hänni,
responsable de l'équipe paléogénétique et évolution moléculaire à l'école normale supérieure de Lyon,

Michel Morange,
professeur à l'université Paris-VI et à l'École normale supérieure.

Qui a découvert l'ADN ?

En 1869, un jeune chimiste suisse, Johannes Friedrich Miescher, isole à partir du pus de blessures infectées une substance qu'il nomme nucléine, car elle provient du noyau des cellules. Pour lui, elle doit servir de réserve de phosphore. En 1889, le biologiste allemand Richard Altman montre qu'elle résulte d'une combinaison entre une protéine et une molécule comprenant un acide phosphorique, laquelle est baptisée « acide nucléique ». Quarante ans plus tard, en s'appuyant sur les travaux du biochimiste allemand Albrecht Kossel, le Russe Phœbus Levene découvre, à New York, que cet acide nucléique est un assemblage de molécules nommées « nucléotides ». Il prend ensuite le nom d'ADN, pour acide désoxyribonucléique.

Chaque nucléotide contient un phosphate (acide), un sucre (le désoxyribose), et surtout ce qu'on appelle une « base » azotée. Cette base est une molécule cyclique qui diffère d'un nucléotide à l'autre. Il en existe quatre versions : l'adénine, la guanine, la thymine et la cytosine – plus connues sous leurs initiales A, G, T et C. En 1949, Erwin Chargaff montre que, pour une espèce animale donnée, l'adénine et la thymine sont en proportions égales, de même que la guanine et la cytosine.

En 1953, forts de ces données et des clichés de diffraction aux rayons X pris par l'Anglaise Rosalind Franklin, dans le laboratoire de Maurice Wilkins à Cambridge, l'Américain James Watson et l'Anglais Francis Crick créent l'événement. Ils proposent que l'ADN serait formé de deux brins enroulés l'un autour de l'autre en une double hélice, et appariés selon une règle stricte : une guanine (G) sur un brin fait face à une cytosine (C) sur l'autre brin, une thymine (T) fait face à une adénine (A). Pour cette raison, les deux brins, complémentaires sont dits antiparallèles. Ce modèle de la double hélice valut en 1962 le prix Nobel à Watson et Crick, ainsi qu'à Wilkins qui vérifia la validité du modèle (décédée en 1958, Rosalind Franklin n'en bénéficia pas). La saga de la découverte de l'ADN connut ensuite un important développement au début des années 1960, quand différentes équipes démontrèrent la présence d'ADN dans les mitochondries et les chloroplastes.

Que signifie « séquencer l'ADN » ?

C'est décrire l'ordre dans lequel se succèdent les bases A, G, T et C le long d'un brin. Une séquence d'ADN se présente donc comme une suite de lettres. Le génome humain en compte plus de trois milliards – sachant que, par génome, on entend ici l'ADN des 24 types différents de chromosomes humains (22 chromosomes non sexuels, le chromosome X et le chromosome Y). Une broutille par rapport au génome du blé (16 milliards de bases), mais bien plus qu'un génome bactérien (quelques millions de bases). Et infiniment plus que l'ADN des mitochondries (long de 16 000 bases chez l'homme), ou celui des chloroplastes (150 000 bases chez les plantes supérieures).

Lancé au début des années 1990, le projet « Génome humain » a porté sur 90 % du génome, soit 2,9 milliards de nucléotides.

La séquence dite « finie » a été annoncée en avril 2003. Elle est précise à 99,99 % (une erreur toutes les 10 000 lettres), contre 99 % seulement pour la séquence dite « brouillon » présentée en juin 2000. Quant aux 10 % du génome non séquencé, ils correspondent à des portions d'ADN très répétitives, situées à l'extrémité des chromosomes ou dans leur partie centrale.

Mais séquencer n'est pas tout. Il s'agit ensuite d'extraire l'information pertinente. Problème : seule une infime portion du génome, 2 % à 3 %, correspond à des gènes codant des protéines. Comment les repérer ? En recherchant la présence de certains motifs particuliers dans l'agencement des lettres : par exemple les triplets qui indiquent l'endroit où débute et finit la traduction des gènes en protéines. Des programmes informatiques permettent de les identifier, par analyse statistique du texte brut. Toutefois, les fausses pistes sont légion. Dans les années 1980, on tablait sur 100 000 gènes. En 2000, ce chiffre était ramené à 30 000. On estime aujourd'hui qu'il existe entre 20 000 et 25 000 gènes humains codant des protéines, mais ce chiffre repart à la hausse.

Fig.1 La réplication

LA RÉPLICATION COMMENCE en un endroit de l'ADN (chez les bactéries) ou plusieurs (chez les cellules eucaryotes). Elle progresse dans les deux directions, au niveau de deux « fourches de réplication ». Au niveau d'une fourche de réplication donnée, elle apparaît continue sur le brin direct, et discontinue sur le brin retardé. En effet, l'enzyme capable d'ajouter les bases les unes aux autres, l'ADN polymérase, progresse dans un seul sens, dit 5' vers 3'. Sur le brin retardé, elle synthétise plusieurs petits fragments au fur et à mesure que la fourche s'ouvre, à partir d'amorces d'ARN. D'autres enzymes interviennent. Entre autres, une topoisomérase qui détend la molécule, une hélicase qui la déroule et sépare les deux brins, une ligase qui lie les fragments sur le brin retardé.

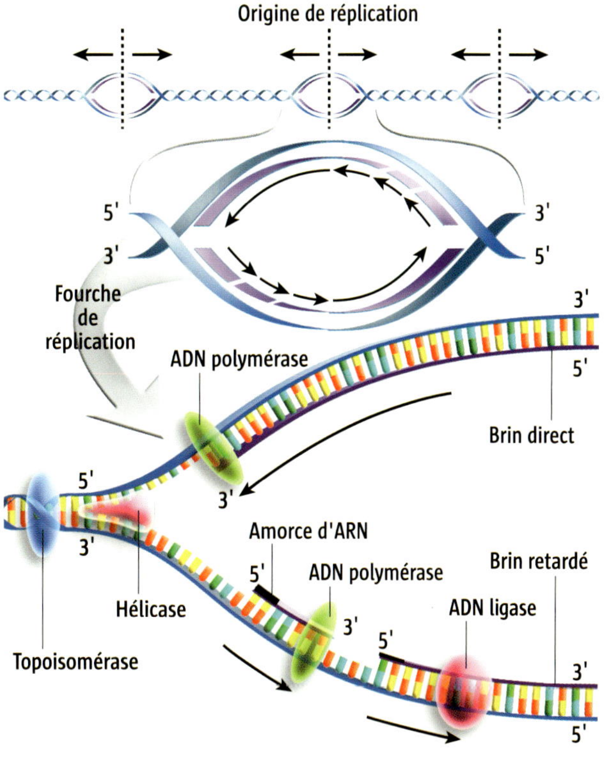

LA RECHERCHE A PUBLIÉ

Patrick Forterre, « L'origine du génome », Les Dossiers de La Recherche, mai 2005, p. 34.

Sandrine Augui et Edith Heard, « Le chromosome X, maître du silence », avril 2005, p. 34.

Evelyn Fox Keller, « Génome, postgénome, quel avenir pour la biologie ? », juin 2004, p. 30.

Claude Bagnis, « Les chausse-trappes de la thérapie génique », hors-série n° 12, juillet 2003, p. 56.

Bernard Godelle, « Le génome des eucaryotes, roi du bricolage », hors-série n° 9, novembre 2002, p. 56.

Dossier « Qu'est-ce qu'un gène ? », décembre 2001, p. 51.

Evelyn Strauss, « Le tempo variable des horloges à ADN », hors-série n° 5, avril 2001, p. 66.

Comment l'ADN code-t-il les protéines ?

L'opération se déroule en deux temps : l'ADN sert d'abord de matrice pour la synthèse d'un autre acide nucléique, l'acide ribonucléique ou ARN. Cet ARN appelé messager est alors « traduit » en protéines par de petites structures appelées ribosomes* (lire « La cellule », p. 6, et « Les protéines humaines », p. 32).

Pendant des années, on a recherché uniquement les gènes codant des protéines. Mais il existe également des séquences produisant des ARN qui ne sont pas traduits en protéines. Il s'agit d'ARN structuraux (qui contribuent, par exemple, à la structure des ribosomes), d'ARN dits « de transfert » (qui amènent les acides aminés dans les ribosomes), ou d'ARN qui régulent l'expression des gènes. À l'heure actuelle, on estime à 2 000, dans le génome humain, le nombre de séquences à l'origine d'ARN non codants. Mais il est probablement bien supérieur. Du coup, la part d'ADN qui ne sert à rien, ou du moins à rien de connu, diminue.

Pourquoi est-il le support de l'hérédité ?

Sa capacité à transmettre des informations au fil des générations tient à deux caractéristiques : la complémentarité entre les deux brins, et leur appariement par des liaisons dites « hydrogènes », cassables très facilement. Chaque brin est le miroir de l'autre, chacun peut servir de modèle pour la synthèse de l'autre, pour peu qu'ils soient préalablement détachés l'un de l'autre. Watson et Crick firent cette proposition dès 1953, dans la foulée de leur article décrivant la structure tridimensionnelle de l'ADN. Ils écrivaient d'ailleurs en conclusion de ce dernier : *« Il ne nous a pas échappé que cette structure suggère immédiatement un mécanisme de copie du matériel génétique. »* En 1958, les Américains Matthew Meselson et Franklin Stahl démontrèrent que la réplication avait effectivement lieu sur un mode dit semi-conservatif, autrement dit que chaque brin sert de matrice à un nouveau [fig. 1]. Dans une cellule, l'ADN est entièrement répliqué avant la division en deux cellules filles. L'opération met en jeu des enzymes qui déroulent et ouvrent la double hélice, puis synthétisent les nouveaux brins en ajoutant les nucléotides correspondants. La cellule se retrouve alors avec deux lots de chromosomes identiques, qui seront répartis dans les cellules filles. L'information génétique est ainsi transmise d'une cellule à sa descendance et, *via* les gamètes, d'un individu à sa progéniture.

Pourquoi les cellules d'un organisme donné sont-elles différentes, alors qu'elles ont le même génome ?

Parce que ce ne sont pas les mêmes gènes qui y sont actifs. Les gènes traduits en protéines dans une cellule du foie, par exemple, ne sont pas les mêmes que dans un neurone. En effet, au fur et à mesure que les cellules de l'embryon se spécialisent, leurs chromosomes subissent des modifications chimiques qui leur sont propres. Certaines touchent l'ADN lui-même : des groupements chimiques, dits méthyles, sont ajoutés à certaines bases. D'autres affectent les histones, ces protéines autour desquelles l'ADN s'enroule, formant ce qu'on appelle la chromatine. Toutes ces modifications chimiques sont l'œuvre d'enzymes présentes dans le noyau cellulaire. Ce sont des marques dites « épigénétiques » car elles fournissent des informations supplémentaires sans modifier la séquence de l'ADN. Elles sont suffisamment stables pour être transmises d'une cellule à sa descendance. C'est ainsi qu'une cellule de foie qui se divise donnera deux cellules de foie. Ces modifications épigénétiques interviennent dans la façon dont l'ADN est lu, car elles régissent le mode d'enroulement de la chromatine [fig. 2]. Or, lorsque la chromatine

Fig.2 De l'ADN au chromosome

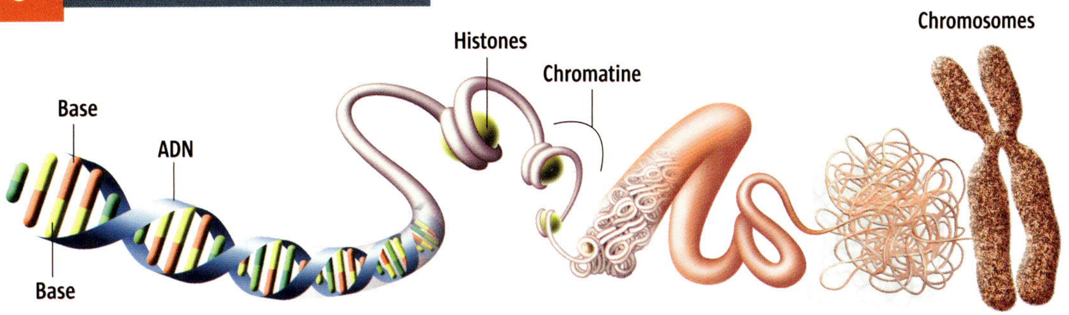

LA LONGUEUR DE L'ADN est bien supérieure au diamètre d'un noyau cellulaire ou d'une bactérie – l'ADN humain déroulé ferait 2 mètres de long, alors que le diamètre du noyau est de 10 micromètres. Mais la molécule est compactée par des enroulements successifs : la double hélice est enroulée autour de protéines appelées histones et la fibre obtenue, la chromatine, est enroulée sur elle-même, de façon plus ou moins prononcée. C'est cette chromatine qui forme les chromosomes. On parle d'euchromatine lorsqu'elle est peu condensée et d'hétérochromatine lorsqu'elle est très condensée. © INFOGRAPHIE SYLVIE DESSERT

est fortement condensée, les gènes qu'elle porte sont moins accessibles à la machinerie de transcription. À l'inverse, une zone peu condensée est plus accessible. Sa lecture est donc facilitée, sachant toutefois que le déclenchement de la transcription est soumis au feu vert de diverses protéines.

Qu'est-ce qu'une mutation ?

C'est un changement dans la séquence de l'ADN, au niveau d'une seule base (absente ou remplacée par une autre), ou d'un fragment de plusieurs bases. On parle de délétion, d'insertion ou d'inversion, selon qu'il s'agit d'un fragment tronqué, ajouté ou inversé. L'ADN est exposé en permanence à une foule d'agents mutagènes (composés chimiques divers, rayons ultraviolets, radioactivité, radicaux libres issus du métabolisme cellulaire), qui altèrent les bases ou cassent les brins. Les mutations peuvent également provenir d'erreurs au cours de la réplication de l'ADN. Ces erreurs sont toutefois très rares, moins d'une par million de nucléotides. Quant aux insertions de grande taille, elles sont le fait de virus ou de séquences mobiles appelés « éléments transposables ». Généralement inactivés par la cellule, ces éléments transposables se réveillent parfois : ils codent alors une enzyme qui leur permet de se déplacer dans l'ADN. Peu nombreux dans les petits génomes, ils constituent en revanche une fraction importante des grands génomes (par exemple, 35 % du génome humain séquencé). Un génome n'est donc jamais figé. Heureusement, toutes les mutations n'ont pas un effet sur la cellule. Toutefois, certaines dérèglent l'activité des gènes ou entraînent la synthèse de protéines défectueuses. Si elles touchent l'ADN des spermatozoïdes ou des ovules, elles pourront être transmises à la descendance et provoquer des maladies héréditaires.

Peut-on réparer l'ADN ?

Les cellules le font en permanence ! Elles utilisent là encore une propriété unique de l'ADN, liée à sa structure en double hélice : si une mutation touche l'un des brins, le brin complémentaire peut servir de référence pour la réparation. Dans le noyau cellulaire, une batterie d'enzymes détectent les anomalies dans la double hélice et les corrigent en réinsérant la ou les bases correctes. Un défaut dans ces systèmes de réparation, et c'est la catastrophe, comme dans le *Xeroderma pigmentosum*, une maladie héréditaire qui se traduit par une hypersensibilité aux UV et des cancers de la peau. Plus largement, la déficience des systèmes de réparation est

* Un **ribosome** est une particule composée d'ARN et de protéines. Il est doué d'une activité enzymatique qui lui permet d'assembler des acides aminés pour former des chaînes protéiques.

SUR LE WEB

Le séquençage du génome humain, sur le site du Génoscope **www.cns.fr/externe/Francais/Questions/FAQ.html**

Réplication, mutations et réparation de l'ADN sur le site de l'université Paris-Sud. **http://h10.etud.u-psud.fr/biologie/genetique/mutations/index.htm**

* On dit qu'une cellule est **eucaryote** lorsqu'elle est pourvue d'un noyau qui contient l'essentiel du génome.

aujourd'hui considérée comme l'une des clés de la transformation d'une cellule normale en cellule cancéreuse. En outre, les cellules eucaryotes* réparent aussi en permanence les extrémités de leurs chromosomes, qui sont érodées de quelques nucléotides à chaque division. Elles utilisent pour ce faire une enzyme appelée télomérase, qui ajoute des nucléotides. On sait depuis quelques années que le niveau d'activité de cette enzyme intervient à la fois dans le vieillissement des cellules et dans l'apparition des tumeurs. Réparer l'ADN, c'est aussi l'objectif de la thérapie génique. L'idée paraît simple : apporter aux cellules un gène donné. En principe, il suffit d'insérer l'ADN réparateur dans un vecteur, par exemple un virus qu'on utilise comme outil capable d'intégrer cet ADN au génome des cellules qu'il infecte. En pratique, la technique se heurte à deux obstacles majeurs. *Primo*, il faudrait atteindre suffisamment de cellules cibles. *Secundo*, le fragment d'ADN s'insère généralement n'importe où dans le génome, ce qui peut perturber le bon fonctionnement de la cellule.

L'ADN peut-il passer d'une espèce à l'autre ?

Oui, c'est très fréquent. Les bactéries en particulier échangent entre elles de nombreux gènes. Certaines, qui sont des parasites, sont aussi capables de recevoir des gènes des hôtes qu'elles infectent. Enfin, on découvre actuellement que certains eucaryotes unicellulaires s'adaptent à leur milieu en capturant des gènes de bactéries voisines. Ce type de transfert entre individus de mêmes générations est dit horizontal, par opposition au transfert vertical, d'une génération à l'autre. Les transferts horizontaux ont joué un rôle essentiel au cours de l'évolution : en effet les mitochondries et les chloroplastes sont les vestiges de bactéries qui vivaient à l'origine en symbiose avec les cellules eucaryotes primitives, et qui n'ont gardé qu'une centaine de leurs gènes. Plus étonnant, certains de ces gènes sont venus s'insérer dans l'ADN des chromosomes. Par ailleurs, d'innombrables séquences vestiges de virus ancestraux se sont accumulées dans notre génome au cours de l´évolution. Parmi elles, figurent des rétrovirus dits « endogènes humains », les HERVs. Beaucoup sont sans rôle fonctionnel connu. Mais d'autres ont été recyclés par la cellule pour assurer de nouvelles fonctions. C'est, par exemple, le cas du gène codant la syncytine, une protéine indispensable à la formation du placenta : c'était à l'origine le gène codant une protéine d'enveloppe d'un virus.

Peut-on faire revivre une espèce disparue à partir de son ADN ?

Non. Oubliez Jurassic Park. Même si l'on détenait l'ADN complet d'un dinosaure, on serait bien incapable de recréer l'animal en chair et en os. Il faudrait au minimum disposer de ses chromosomes, qui contiennent non seulement l'ADN, mais aussi les histones et autres protéines régulatrices. On pourrait ensuite les réinjecter dans une cellule d'une espèce actuelle et tenter d'obtenir un clone...

Aujourd'hui, la question ne se pose même pas. En revanche, l'étude de l'ADN ancien permet d'établir des parentés entre espèces disparues et espèces actuelles, ou de retracer les migrations humaines ou animales. Mais l'entreprise est ardue. En effet, les fragments d'ADN, recueillis en quantités infimes, sont souvent tout petits – quelques centaines de nucléotides – et très abîmés, car les bases ont été oxydées et hydrolysées sous l'action des facteurs de l'environnement. Avant toute analyse, il faut donc d'abord obtenir un très grand nombre de copies de l'ADN recueilli. On fait pour cela appel à la technique de polymérisation en chaîne (la PCR), qui utilise une enzyme appelée polymérase. Or, la polymérase réplique plus facilement l'ADN moderne, en bon état, que l'ADN ancien. C'est en l'occurrence un problème, car les échantillons sont souvent contaminés par de l'ADN moderne. D'où plusieurs annonces erronées relatant la découverte d'ADN de dinosaures ou d'insectes conservés dans l'ambre, vieux de 65 à 125 millions d'années : les séquences étaient en fait celles d'organismes actuels.

À ce jour, les plus vieux morceaux d'ADN connus ont au plus quelques centaines de milliers d'années, – 30 000 ans pour le mammouth laineux, dont le génome mitochondrial vient d'être intégralement déterminé.

Qu'est-ce qu'une puce à ADN ?

C'est une petite plaque de quelques centimètres carrés, généralement en verre, sur laquelle sont greffés des fragments d'ADN. Une seule puce peut porter jusqu'à un million de séquences ou « sondes » différentes. L'intérêt ? Visualiser très rapidement l'ensemble des gènes présents ou exprimés dans un échantillon biologique donné. Le principe ? Constituées d'un seul brin d'ADN, les sondes greffées sur la puce s'apparient avec les séquences d'ADN de l'échantillon qui leur sont complémentaires. Et comme ces dernières sont préalablement marquées avec un traceur fluorescent ou radioactif, celles qui se fixent sur la puce sont visualisées. Les puces à ADN sont aujourd'hui devenues incontournables, car leur champ d'application est immense : recherche biologique ou pharmaceutique, diagnostic clinique, contrôles agroalimentaires et industriels... On peut, par exemple, savoir quels sont les gènes exprimés dans une cellule donnée (on détecte alors les ARN messagers présents), ou identifier les bactéries présentes dans un échantillon d'eau potable (les sondes greffées sur la puce correspondent dans ce cas à autant de séquences d'ADN caractéristiques chacune d'une espèce bactérienne). Rapide et facile à automatiser, la technique tend à détrôner les méthodes classiques d'analyse.

POUR EN SAVOIR PLUS

- Ludovic Orlando, *L'Anti-Jurassic Park, faire parler l'ADN fossile,* Belin, 2005.
- Bernard Marty et Henri Monin, *Le Premier Âge de l'ADN,* Vuibert, 2003.
- Michel Morange, *Histoire de la biologie moléculaire,* La Découverte, 2003.
- Eberhard Passarge, *Atlas de poche de génétique,* Flammarion, coll. « Médecine-Sciences », 2003.

Les bactéries

Observées pour la première fois au XVIIe siècle, elles n'ont guère à l'époque suscité d'intérêt. Pourtant, elles ont inventé l'oxygène atmosphérique, elles participent au bon fonctionnement de notre corps et, surtout, la majorité nous sont encore inconnues.

Nathalie Caplet

Qu'est-ce qu'une bactérie ?

De l'ordre du micromètre (millième de millimètre), les bactéries sont les plus petits organismes cellulaires vivants. À la fin du XVIIe siècle, Antonie Van Leeuwenhoek, inspecteur des Poids et Mesures à la ville de Delft, se passionne pour la fabrication de microscopes à une seule minuscule lentille : il est ainsi le premier à observer des micro-organismes qu'il appelle « animalcules », et il réalise des dessins très précis de différentes morphologies (sphériques, allongées ou en forme de spirale). Curieusement, en dépit de leur caractère spectaculaire, les observations de Van Leeuwenhoek ne donnent pas naissance à un nouveau champ de recherches. Pendant près de deux siècles, rares sont les savants qui s'intéressent à ces organismes ridiculement petits ! Il faut attendre le milieu du XIXe siècle pour que l'on tente de percer leurs secrets et pour que le mot « bactérie » (du grec *baktêria,* bâton) apparaisse.

Les bactéries sont les organismes vivants les plus abondants sur Terre : leur masse cumulée serait comparable à celle des végétaux. Elles sont présentes presque partout, autour de nous, sur nous et en nous. Chez un individu en bonne santé, on trouve en fait jusqu'à cent fois plus de bactéries (principalement sur la peau et dans l'intestin) que de cellules humaines.

Une bactérie est une cellule, c'est-à-dire un amas de matière biologique entouré d'une membrane et contenant tous les éléments nécessaires à sa propre reproduction (lire « La cellule », p. 6). En cela elle diffère fondamentalement du virus qui, plus petit, doit toujours envahir une cellule pour en utiliser les outils et se reproduire.

Capables de transformations impressionnantes, liées à leur morphologie ou à l'assimilation même de leur nourriture, les populations de bactéries peuvent s'adapter aux variations de leur environnement, ou adopter en quelques générations seulement de tout nouveaux caractères, d'où l'infinie variété de leurs propriétés... Elles étaient là bien avant nous, et nous survivront sans doute longtemps encore !

Quel rôle ont-elles joué dans l'évolution ?

On sait que des organismes unicellulaires existaient déjà il y a 3,5 milliards d'années, soit environ un milliard d'années après la formation de la Terre. Les fossiles retrouvés (les stromatolites*) sont semblables à ceux formés aujourd'hui par des organismes capables d'effectuer la photosynthèse : les cyanobactéries. Ces fossiles sont en réalité des structures calcaires résultant de l'activité photosynthétique des bactéries pendant leur multiplication.

Les premières bactéries vivaient dans un

* Les **stromatolithes** sont des roches sédimentaires stratifiées. Elles sont édifiées par des couches empilées de bactéries.

environnement sans oxygène, mais elles en produisaient. Elles seraient donc à l'origine de l'accumulation de cet élément dans l'atmosphère. Cependant, l'oxygène leur étant toxique, seules celles devenues résistantes survécurent. En s'adaptant à ce bouleversement des conditions de leur environnement, elles développèrent une nouvelle manière de créer de l'énergie : on leur doit donc non seulement l'oxygène atmosphérique lui-même, mais aussi le principe de la respiration.

Les premières cellules apparues sur Terre étaient sans doute beaucoup plus simples que les bactéries actuelles et évoluèrent rapidement pour donner trois grands types d'organismes. Du premier descend la grande majorité des bactéries que nous connaissons. Un deuxième type a évolué pour donner des organismes ressemblant aux bactéries, longtemps appelés archéobactéries et nommés aujourd'hui archées. Un troisième groupe a abouti aux cellules eucaryotes, qui donnèrent les êtres multicellulaires et, finalement, les champignons, plantes et animaux.

Mais les liens qui nous unissent aux bactéries ne relèvent pas que de la simple généalogie. Certains organes essentiels des cellules eucaryotes descendent de bactéries « englouties » par leurs ancêtres : c'est le cas des mitochondries, chargées de produire l'énergie pour la cellule, et des chloroplastes, organes de la photosynthèse chez les plantes vertes.

Pourquoi sont-elles indispensables à la vie ?

Les bactéries effectuent l'activité la plus essentielle au maintien de la vie sur Terre : le recyclage de la matière vivante. Ainsi, certaines bactéries, les saprophytes, permettent que, lorsque les plantes et les animaux meurent, leurs atomes de carbone ne soient pas perdus pour tous : ces bactéries les libèrent sous forme de dioxyde de carbone réutilisable. Les plantes vertes sont généralement le premier maillon des chaînes alimentaires. À partir du dioxyde de carbone contenu dans l'atmosphère et grâce à la photosynthèse, elles peuvent créer leur propre matière vivante, autrement dit pousser. Les animaux se nourrissent alors de ces plantes, ou se mangent entre eux. Sans recyclage par les bactéries « décomposeuses », la quantité de dioxyde de carbone de l'atmosphère ne ferait que diminuer, le carbone restant prisonnier des cadavres.

Autre élément essentiel de la matière vivante, l'azote est aussi présent sous des formes inorganiques dans le sol et dans l'atmosphère. Les plantes peuvent ainsi utiliser certaines formes d'azote inorganique du sol pour créer de la matière vivante. Mais toutes les autres étapes du cycle de l'azote, très important pour l'agriculture, dépendent de bactéries. De fait, lorsque des céréales sont moissonnées, elles emportent avec elles l'azote puisé dans la terre. Si l'utilisation d'engrais chimique ou organique permet

LA RECHERCHE A PUBLIÉ

Cécile Klingler, « Les biofilms, forteresses bactériennes », septembre 2005, p. 42.

Sophie Coisne, « À l'hôpital, les microbes se portent bien », septembre 2005, p. 36.

Edward DeLong, « Mille milliards de mille microbes », juillet-août 2002, p. 54.

Gérard Lambert, Christa Schleper, « Les archaebactéries sont parmi nous », février 1999, p. 30.

* Un **plasmide** est constitué d'un ADN circulaire qui se réplique indépendamment du chromosome.

d'enrichir la terre en azote, une autre possibilité consiste à planter une année des légumineuses comme le trèfle : ces plantes vivant en association avec des bactéries capables de fixer directement l'azote de l'atmosphère, l'azote concentré dans ces plantes enrichit alors la terre quand elles meurent.

En quoi sont-elles différentes des autres cellules ?

Les cellules bactériennes dites procaryotes diffèrent fondamentalement des autres cellules, des levures aux animaux, qui sont dites eucaryotes (« vrai noyau »). La cellule eucaryote possède une membrane qui entoure ses chromosomes, alors que le chromosome de la bactérie « flotte » dans la cellule. Les procaryotes n'ont qu'un chromosome (parfois deux) qui est généralement circulaire et plus petit que les chromosomes linéaires des eucaryotes.

Les bactéries sont dix à cent fois plus petites que la plupart des cellules eucaryotes, ce qui leur permet d'avoir un rapport surface sur volume élevé : les échanges de molécules avec l'environnement extérieur peuvent se faire beaucoup plus rapidement. Les bactéries réagissent plus vite aux variations extérieures, elles digèrent et, généralement, se reproduisent aussi plus vite que les cellules eucaryotes. Ces dernières sont en revanche plus sophistiquées : elles disposent d'organes spécialisés, ce qui n'existe pas chez les bactéries. De plus, elles établissent souvent des interactions avec leurs cellules voisines. Chez les organismes eucaryotes complexes comme les mammifères, il se crée même une spécialisation des cellules en différents tissus. Comme si chaque cellule travaillait non seulement pour son propre profit, mais aussi pour le profit de l'organisme tout entier. Les bactéries, en revanche, ne pratiqueraient que le chacun pour soi, sauf lorsqu'elles forment des « tapis bactériens », les biofilms.

Comment se multiplient-elles ?

Pour la plupart, elles se reproduisent selon un procédé asexuel où chacune grandit en taille, duplique son chromosome, puis se divise en deux bactéries identiques, ou clones. Chez les plus prolifiques, la population peut ainsi doubler toutes les vingt minutes ! Les conditions nécessaires à la multiplication varient d'un type de bactérie à l'autre. Par exemple, pour les unes, la présence d'oxygène est essentielle, d'autres supportent sa présence mais n'en ont pas spécialement besoin, alors que pour d'autres enfin l'oxygène est toxique. La température optimale de multiplication varie aussi beaucoup selon le lieu de vie des bactéries, du froid antarctique aux sources hydrothermales où il fait près de 100 °C.

Les bactéries ont généralement besoin d'humidité pour se reproduire et toutes ont besoin de « nourriture » pour obtenir les éléments de base de la matière vivante, carbone, oxygène, azote et phosphore en particulier. Chaque type de bactéries a son régime propre d'éléments organiques ou minéraux, toute matière naturelle (parfois même artificielle) pouvant être assimilée par au moins un type de bactéries ! Les bactéries ont aussi toutes besoin d'énergie, qu'elles obtiennent soit directement du Soleil, soit, plus couramment, des aliments qu'elles assimilent.

Comment échangent-elles du matériel génétique ?

Comme mode de communication original, les bactéries utilisent le transfert d'informations génétiques, c'est-à-dire de morceaux d'ADN [fig. 1]. Le transfert direct de bactérie donatrice à réceptrice est appelé « conjugaison ». Cela ne peut avoir lieu que si la première possède un appendice allongé (pilus « sexuel ») pour harponner la bactérie réceptrice. Les deux partenaires entrent ensuite en contact et l'ADN est transféré. Bien que les bactéries soient des organismes asexués, la donatrice est appelée « mâle » et la réceptrice « femelle », par analogie avec les animaux.

Les bactéries souffrent, elles aussi, d'infections virales : les virus entrent dans les cellules pour s'y reproduire, leur progéniture allant ensuite s'attaquer à d'autres bactéries. Ce faisant, les virus transportent parfois avec eux de l'ADN bactérien qui passe ainsi d'une bactérie à une autre, un phénomène appelé « transduction ».

Le dernier mode de transfert est la « transformation » : certaines bactéries sont capables de s'approprier de l'ADN flottant librement autour d'elles après la mort d'autres bactéries.

Ces trois modes d'échange d'ADN ont lieu dans la nature, résultant par exemple en un transfert des gènes de résistance à des antibiotiques. Ces techniques sont aussi très largement utilisées en laboratoire pour modifier les caractères des bactéries.

Fig.1 Trois modes d'échange d'ADN

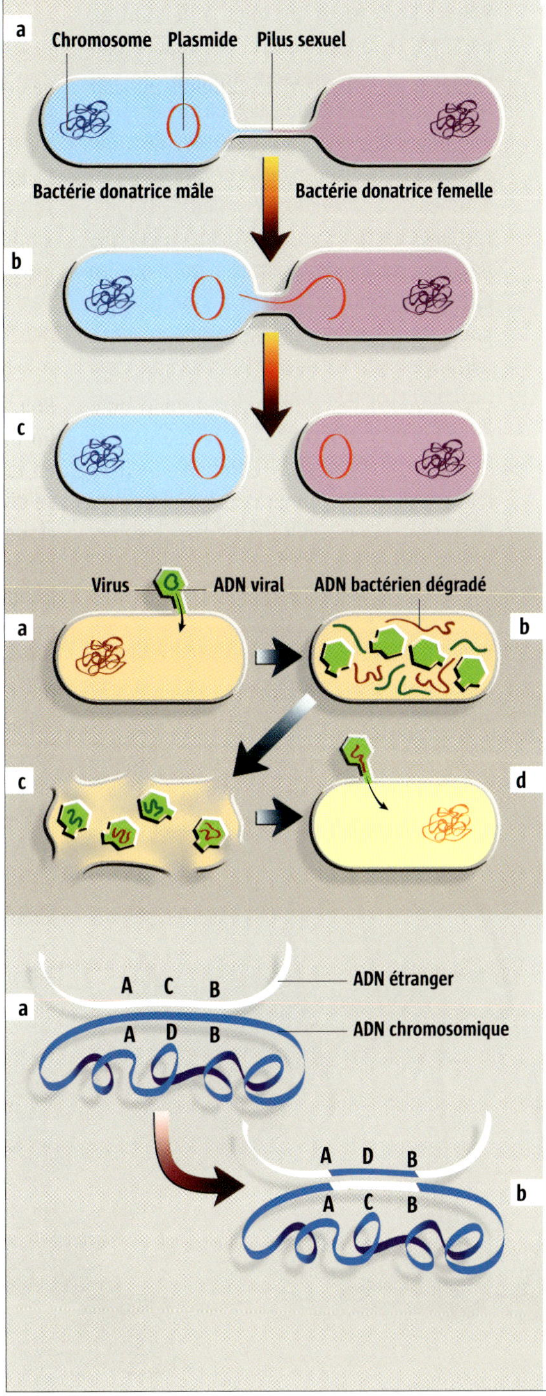

1 - CONJUGAISON
Deux bactéries se lient par le pilus sexuel de la donatrice (a), puis le plasmide* est copié et transféré dans la réceptrice (b). Lorsque les bactéries se séparent, toutes deux contiennent l'information portée par le plasmide (c).

2 - TRANSDUCTION
Lors de l'infection, l'ADN viral pénètre dans la bactérie (a). Il s'y multiplie pendant que l'ADN bactérien se dégrade (b). Lorsque la bactérie meurt, des virus contenant de l'ADN viral ou de l'ADN bactérien s'échappent (c) et, plus tard, peuvent donc transférer l'ADN bactérien à une autre bactérie (d).

3 - TRANSFORMATION
Si l'ADN chromosomique d'une bactérie et un morceau libre d'ADN étranger possèdent deux régions similaires (ici, entre A et B), l'échange est possible (a) : dans ce cas, la bactérie acquiert l'information portée par la région C (b).

SUR LE WEB

Un site animé par la faculté de médecine Paris-V et consacré à la microbiologie médicale.
www.microbes-edu.org

Une publication électronique consacrée aux biofilms (en anglais).
www.biofilmsonline.com

Quels atouts possèdent-elles pour infecter les animaux et les plantes ?

Robert Koch fut le premier à démontrer, en 1878, le rapport entre une espèce bactérienne et une maladie donnée. On sait maintenant que chaque espèce de bactéries pathogènes, c'est-à-dire capables de créer une infection, dispose de sa propre panoplie d'armes. Pour atteindre leur lieu d'attaque, certaines bactéries possèdent un ou plusieurs flagelles, sortes de longues queues qui, en tournant comme des hélices, permettent aux bactéries de « nager ». Elles possèdent parfois aussi à leur surface de petits « cheveux » (*pili* ou *fimbriæ*) bien pratiques pour s'ancrer dans l'intestin ou la vessie, par exemple, et ne pas se laisser emporter par le courant…

Une fois bien installées sur leur lieu d'infection, nombreuses sont les bactéries pathogènes qui produisent une ou plusieurs toxines. Ces molécules poisons attaquent les cellules de façons très variées, et provoquent des symptômes divers sur l'individu infecté (l'hôte) : vomissements, paralysie, fièvre. Certaines bactéries possèdent de véritables seringues pour injecter leurs toxines directement à l'intérieur des cellules de l'hôte. D'autres entrent elles-mêmes tout entières dans ces cellules où elles se cachent du système immunitaire. Selon l'espèce, les bactéries vont créer leurs dégâts sur le lieu d'infection (par exemple, l'intestin), ou s'infiltrer pour envahir des parties normalement stériles de l'hôte (comme le système sanguin). Confrontées au système immunitaire, certaines bactéries vont tenter de résister, tandis que les plus agressives l'attaqueront de front.

Passer directement d'un hôte à un autre peut permettre la survie de bactéries trop fragiles pour l'extérieur, comme le sont celles des maladies sexuellement transmissibles. Quand l'environnement devient trop rude – en particulier trop sec –, certaines sont capables de former une sorte de cocon (spore) où elles attendent comme en hibernation que les conditions s'améliorent pour pouvoir à nouveau se multiplier.

Comment fonctionnent les antibiotiques ?

Nos nombreux antibiotiques sont en fait des produits naturels de bactéries ou de champignons qui, eux-mêmes, sont résistants aux molécules qu'ils produisent pour lutter contre des bactéries rivales. Les antibiotiques interfèrent avec un certain nombre de mécanismes bactériens. Les uns empêchent la formation de l'enveloppe bactérienne pendant la multiplication : incapables de rester étanches, les bactéries ne peuvent survivre. D'autres agissent au niveau de la production des protéines, molécules clés pour le fonctionnement de toute cellule.

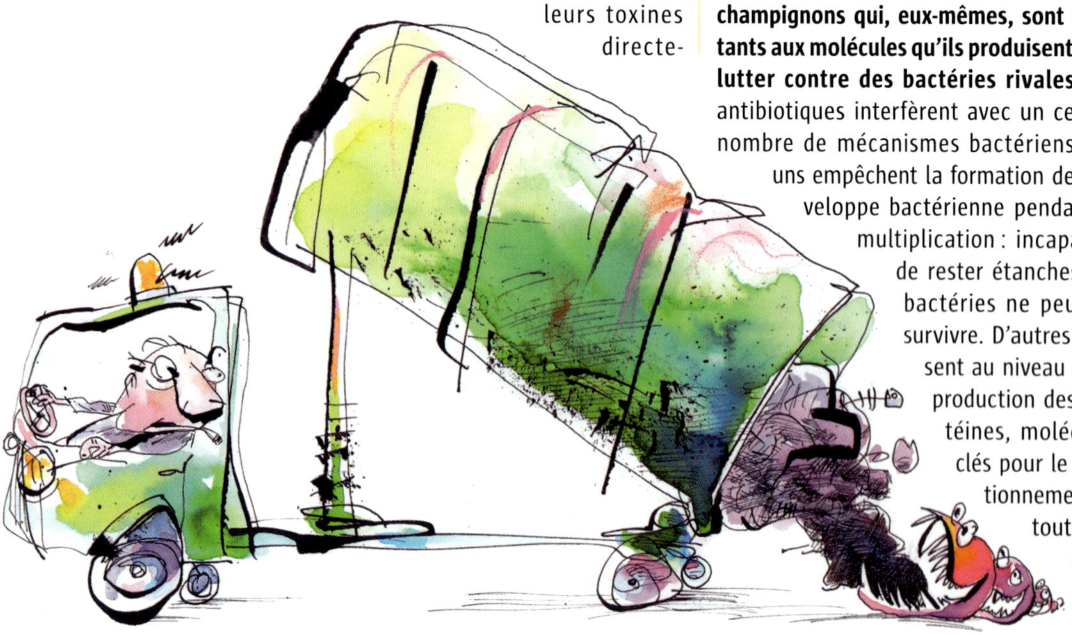

Tous les antibiotiques ne tuent pas les bactéries : certains les empêchent de se multiplier, donnant ainsi plus de chances au système immunitaire de les éliminer. Heureusement, les antibiotiques sont généralement sans effet sur les cellules eucaryotes car les molécules cibles y diffèrent suffisamment pour que les antibiotiques ne puissent pas s'accrocher.

Comment utiliser les bactéries à notre avantage ?

Sans en avoir conscience, notre corps tire en permanence profit des bactéries. Les bactéries non pathogènes qui nous accompagnent sont les rivales essentielles de leurs consœurs pathogènes. Nos alliées intestinales non seulement réalisent une partie de notre digestion, mais certaines sont aussi notre seule source de vitamines (K, B12). Plus nous apprenons à connaître les bactéries, plus nous sommes en mesure de tirer parti de l'éventail formidable de leurs activités. Celles qui transforment les sucres en acide lactique interviennent depuis longtemps dans la production de nombreux aliments : fromage, salami, cornichons, vins... D'autres nous aident aujourd'hui à recycler l'eau dans les stations d'épuration. D'autres encore « digèrent » nos polluants, des marées noires aux déchets de l'industrie chimique.

Comme nous l'avons vu, de nombreux antibiotiques sont issus de bactéries, en particulier de la famille des streptomyces. Si l'on recrée les conditions adéquates, elles peuvent en produire des quantités industrielles ! En insérant des gènes dans leur ADN, nous utilisons aussi les bactéries comme des usines pour produire des molécules qui leur sont étrangères. C'est ainsi que l'on produit industriellement de nombreux médicaments (dont l'insuline pour les diabétiques), et de nombreux additifs pour l'industrie alimentaire.

Enfin, puisque la grande majorité des espèces bactériennes reste à découvrir, comment s'empêcher de rêver au réservoir quasi infini des molécules qu'elles produisent ?

POUR EN SAVOIR PLUS

- Tony Hart et Paul Shears, *Atlas de poche de microbiologie,* Flammarion, coll. Médecine-Sciences, 1999.
- Lansing Prescott, John Harley et Donald Klein, *Microbiologie,* De Boeck, 2003.
- Lynn Margulis et Dorian Sagan, *L'Univers bactériel,* coll. Points-Sciences, Seuil, 2002.

Les protéines humaines

Les protéines sont au cœur des processus chimiques essentiels à la vie de tous les organismes. L'incroyable diversité des fonctions qu'elles remplissent est loin d'être recensée, et nous ne savons même pas combien notre corps en contient.

Michael Groß,
avec la collaboration de

Véronique Receveur-Bréchot,
chargée de recherche au laboratoire d'architecture et fonction des macromolécules biologiques, CNRS Marseille.

Les protéines, ça se mange, non ?

Oui, elles représentent une partie importante de notre alimentation. Nos cellules fabriquent leurs propres protéines, mais elles ne savent pas en synthétiser toutes les briques, c'est-à-dire les vingt acides aminés* nécessaires. Nous avons donc impérativement besoin d'un apport extérieur en protéines. Nous les trouvons essentiellement dans la viande et le poisson, mais certaines catégories de légumes, choisis de manière équilibrée, peuvent tout aussi bien en fournir en quantités suffisantes. Récemment, des chercheurs ont démontré que le goût typique de la viande est reconnu par des cellules gustatives très sensibles à la présence d'une seule des briques protéiques, l'acide glutamique : le besoin d'aliments riches en acides aminés s'est révélé tellement essentiel pour notre survie que l'évolution nous a donc conduits à développer un sens spécialisé pour les reconnaître. Une fois ingérées, les protéines animales ou végétales sont décomposées dans l'estomac. Une partie des acides aminés sont ensuite directement fournis aux cellules pour être incorporés dans de nouvelles protéines humaines.

Pourquoi en avons-nous besoin ?

Les protéines ne sont rien de moins que les molécules qui nous font vivre. Leur nom vient d'ailleurs du grec *protos,* qui signifie le premier, le plus important : il a été forgé par le chimiste suédois Jöns Jakob Berzelius en 1838 pour souligner leur rôle primordial dans notre organisme. La plupart des fonctions élémentaires des cellules de notre corps sont remplies par des protéines. Certaines agissent comme des moteurs mécaniques, d'autres sont des catalyseurs chimiques (les enzymes), d'autres encore servent d'éléments structuraux. Certaines hormones (l'insuline, par exemple) sont des protéines, de même que toutes les « antennes » qui transmettent les signaux hormonaux aux cellules. Il est donc peu surprenant d'apprendre qu'un organisme aussi complexe que vous et moi ait besoin de plusieurs dizaines de milliers de protéines différentes ! En réalité, nous ne savons même pas combien nous en possédons exactement. La difficulté de

les inventorier provient du fait que chaque type de cellules ne produit qu'un nombre restreint et spécifique de protéines. Certes, toutes les protéines sont représentées dans l'ADN du génome humain que l'on a terminé de déchiffrer en 2003. Mais on ne dispose pas encore de critères bien établis pour identifier, au sein d'une séquence d'ADN, la présence d'un gène ; de plus, le gène d'une protéine peut être fragmenté et distribué en plusieurs endroits du génome. Le nombre total de nos gènes est donc encore très spéculatif : d'après les estimations actuelles, il y en aurait entre 22 000 et 30 000 ! Ce n'est qu'avec une analyse beaucoup plus fine du génome humain que nous pourrons savoir enfin à combien de protéines il correspond, et déterminer ainsi ce que l'on appelle le protéome.

Les protéines des autres animaux ressemblent-elles aux nôtres ?

Celles des singes beaucoup, celles des escargots un peu moins... De nombreuses protéines de fonction fondamentale se retrouvent en fait dans tous les organismes que nous connaissons : même si leur composition en acides aminés diffère, elles se ressemblent beaucoup dans leur forme extérieure. Le degré de parenté entre les organismes se reflète dans le degré de parenté entre leurs protéines : pour des protéines apparentées, l'identité d'acides aminés en une position spécifique varie entre 30 % et 100 %. Tous les organismes cellulaires produisent et utilisent au minimum quelques centaines de protéines communes, ce qui signifie que le rôle et la répartition des tâches entre l'ADN, l'ARN et les protéines étaient déjà mis en place à l'époque de l'espèce ancestrale la plus lointaine commune à toutes les espèces actuelles. Depuis cette époque, de nombreuses diversifications ont eu lieu, des embranchements se sont créés, éloignés ou même croisés. La duplication accidentelle d'un gène donné peut, par exemple, conduire à un processus de diversification des deux copies dont les protéines correspondantes vont finalement aboutir à des fonctions différentes (évolution divergente). L'effet inverse joue également un rôle important dans l'histoire de l'évolution : des protéines différentes obéissant à des pressions évolutives identiques peuvent se transformer et devenir très semblables (évolution convergente). À cause des ambiguïtés produites par ce genre de phénomènes, il reste toujours très difficile d'étudier l'évolution des organismes en comparant uniquement leurs protéines : on préfère ainsi effectuer des comparaisons sur un groupe de plusieurs gènes ou bien carrément sur le génome entier d'un organisme par rapport à un autre.

Quelle est la relation exacte entre le génome et les protéines ?

Chaque protéine est définie par la séquence des acides aminés qui la constituent. Au début des années 1930, c'était encore loin

* Un **acide aminé** est une petite molécule organique constituée d'un squelette carboné possédant un groupement amine et un groupement acide, et d'une petite chaîne latérale spécifique.

LES PROTÉINES HUMAINES

d'être une évidence pour tout le monde. On se disputait même pour savoir si une protéine était une molécule unique ou plutôt un assemblage de nombreuses petites molécules. La résolution de la controverse vint de la cristallographie. En effet, en dépit de leur nature flexible et de formes souvent peu symétriques, de nombreuses protéines peuvent former des cristaux réguliers comme ceux des sels. C'est Dorothy Hodgkin et John Bernal qui, en observant que les cristaux de pepsine (une enzyme du suc gastrique) donnent des réflexions bien distinctes par diffraction des rayons X, démontrèrent pour la première fois en 1934 qu'une protéine possède une structure bien définie dans l'espace : si les molécules dans le cristal avaient eu des structures différentes ou mal ordonnées, les rayons X auraient été dispersés aléatoirement, et non pas diffusés de manière spécifique dans l'espace comme c'était le cas. Cette conception moderne qu'une protéine est une macromolécule linéaire fut confirmée définitivement par Frederick Sanger, qui détermina en 1953 la séquence des acides aminés de l'insuline, puis par John Kendrew qui acheva de déchiffrer la structure tridimensionnelle de la myoglobine en 1959. La touche finale fut apportée en 1973 par Christian Anfinsen quand il démontra que sa petite protéine modèle, l'enzyme ribonucléase, peut se replier toute seule en partant de la chaîne polypeptidique* complètement dépliée.

On savait désormais que la séquence linéaire des acides aminés était la seule information nécessaire pour qu'une protéine atteigne sa structure tridimensionnelle. Normalement, ce n'est que dans cet état correctement replié, dit état natif, qu'une protéine peut exercer son activité biologique. Cependant, dans certains cas particuliers découverts récemment, des protéines ont besoin d'être désordonnées à l'état natif pour être fonctionnelles. Entre-temps, dans les années 1960, on réussit à déchiffrer le code génétique qui, à chaque acide aminé, fait correspondre un ou plusieurs triplets de bases d'ADN (les codons). On apprit ainsi que la séquence des chaînes polypeptidiques est directement dictée par celle des gènes. Les gènes sont écrits en ADN et cette information précieuse est souvent protégée à l'intérieur d'un noyau. Les gènes actifs dans une cellule donnée sont donc recopiés (« transcrits ») sur un ARN messager par une

* On appelle **chaîne polypeptidique** un assemblage linéaire de plusieurs acides aminés par des liaisons chimiques fortes entre un atome de carbone d'un acide aminé et un atome d'azote d'un autre acide aminé.

Fig.1 La formation des protéines

DANS CETTE VUE SCHÉMATIQUE des éléments structuraux et des niveaux hiérarchiques dans la formation des protéines, on voit :
a. un ensemble d'acides aminés (les formes géométriques et les couleurs associées indiquent différentes propriétés chimiques)
b. une chaîne linéaire résultant de la formation de liaisons peptidiques entre les acides aminés
c. la formation des éléments de la structure « secondaire », tels qu'une hélice alpha (à gauche) et un feuillet bêta (à droite)
d. la formation de contacts « tertiaires » entre des éléments de la structure secondaire.
© D.R.

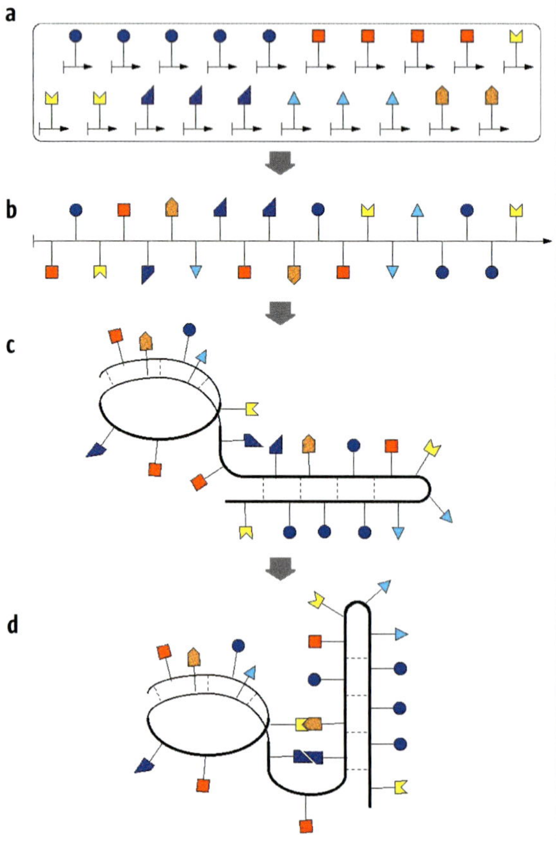

enzyme composée de plusieurs molécules de protéines (l'ARN-synthétase). Cet ARN messager transmet ensuite aux ribosomes l'information génétique, qu'ils traduisent en suivant le code génétique, aboutissant à la succession des acides aminés demandée. Enfin, ils catalysent la formation des liaisons peptidiques entre les acides aminés successifs. Le ribosome lui-même est constitué de plus de cinquante protéines, mais les deux tiers de son poids proviennent de molécules d'ARN, responsables de l'activité catalytique de la synthèse des protéines.

Comment une protéine devient-elle active ?

La protéine naissante fabriquée par le ribosome en sort sous la forme d'une chaîne linéaire, mais elle ne possède pas encore son activité biologique, puisque, pour la plupart des protéines, celle-ci dépend de leur structure spatiale. Pour atteindre sa structure spécifique, la chaîne polypeptidique doit encore se replier dans l'espace [fig. 1]. Depuis les années 1970, le repliement des protéines a été le sujet de très nombreuses études : les chercheurs espéraient déchiffrer cet autre « code » qui aurait permis de prédire la structure tridimensionnelle d'une protéine en lisant simplement sa séquence. Malgré tous les efforts accomplis, le problème du repliement des protéines n'est toujours pas résolu. Ce que l'on sait, c'est qu'au cours de son repliement, la chaîne polypeptidique doit approcher une conformation favorable par rapport à l'énergie libre du système, en réalisant un grand nombre de liaisons non covalentes, dites faibles. Dans certains cas, le processus va se dérouler « automatiquement » en moins d'une seconde, mais dans d'autres cas, le repliement sera incorrect et se propagera d'une molécule à une autre, entraînant la formation d'amyloïdes (que l'on observe typiquement chez les patients atteints de la maladie d'Alzheimer ou de Creutzfeld-Jacob). Toutefois, la protéine néosynthétisée va le plus souvent se faire « aider » pour atteindre son repliement fonctionnel en faisant appel à d'autres protéines, les chaperons moléculaires, ou protéines chaperons.

Et les chaperons, que font-ils au juste ?

Strictement parlant, les chaperons ne sont pas des enzymes, parce qu'ils n'accélèrent pas la réaction dont ils s'occupent. Ils peuvent même ralentir le repliement, car leur véritable rôle est d'augmenter la proportion de molécules qui arrivent au but à atteindre, c'est-à-dire dans leur état correctement replié. Ils garantissent un repliement réussi en protégeant les chaînes dépliées de « liaisons dangereuses » inappropriées qui mèneraient vers des états mal repliés (amyloïdes).

Ce domaine de recherche étant encore tout récent, les connaissances portent plus sur des organismes simples, les bactéries, que sur les hommes. En ce qui concerne au moins les bactéries, on pense que les protéines qui ont besoin de cette assistance passent par toute une chaîne de chaperons différents qui gardent les molécules les unes après les autres. Le dernier maillon de la chaîne est une protéine en forme de tonneau qui reçoit les protéines dépliées dans sa cavité. Ce chaperon, nommé GroEL, va fixer et libérer la protéine au cours de plusieurs cycles, jusqu'à ce qu'elle atteigne son repliement correct.

LA RECHERCHE A PUBLIÉ

Véronique Receveur-Bréchot et David Karlin, « Le désordre, clé de voûte des protéines », juin 2005, p. 52.

Aaron Ciechanover, « L'ubiquitine vaut bien un Nobel », février 2005, p. 61.

Michael Groß et Véronique Receveur-Bréchot, « Le repliement raté des protéines », novembre 1999, p. 51.

LES PROTÉINES HUMAINES

SUR LE WEB

Un cours très complet sur les protéines qui émane de l'université de Montpellier-II
www.univ-montp2.fr/~biochimie/php/interfaces/affichage/pageindex.php?mod=1

Quelles sont les activités typiques des protéines ?

Si nous possédons des dizaines de milliers de protéines différentes, c'est qu'il y a autant de tâches différentes à accomplir ! Il est probable que nous en ignorons 80 %. Sachant que le groupe des molécules chaperons n'a été découvert qu'il y a une quinzaine d'années, il est fort possible que des fonctions tout aussi importantes se cachent derrière des protéines que nous ne connaissons même pas. On comprend mieux alors l'enjeu de la recherche sur le génome humain, et surtout le passage à l'étape suivante, l'étude du protéome.

Parmi les protéines que nous connaissons déjà, on peut répertorier quelques groupes importants :
- les enzymes, des catalyseurs qui accélèrent des réactions chimiques ;
- les facteurs de transcription, sortes d'interrupteurs qui contrôlent l'activité des gènes et donc, indirectement, toute l'activité de la cellule ;
- les messagers, porteurs de signaux, qui assurent la communication entre cellules (par exemple l'insuline) ;
- les transporteurs de petites molécules (par exemple, l'hémoglobine qui transporte l'oxygène dans le sang) ;
- les récepteurs, qui reçoivent les messages des hormones et sont responsables des sensations fondamentales comme le goût, la douleur, les odeurs, la lumière, etc. ;
- les protéines moteurs, qui utilisent l'énergie chimique pour produire des mouvements (comme la myosine des muscles) ;
- les anticorps, que l'on appelle immunoglobulines, et qui protègent l'organisme en luttant contre les agressions d'organismes étrangers ;
- les protéines structurales (par exemple, la kératine des cheveux ou le collagène).

Et elles poursuivent ces activités jusqu'à la mort de la cellule ?

La durée de vie des protéines est fort variable. Certaines seront dégradées après quelques minutes. En particulier, si leur présence est responsable d'un quelconque signal (hormones, facteurs de transcription, etc.), il faut les éliminer dès que le signal a été reçu. Sinon, le plus souvent, elles survivront plus longtemps, avec une espérance de vie de vingt heures ou davantage. Les protéines du cristallin de nos yeux, quant à elles, représentent une exception remarquable : elles doivent tenir toute une vie. Si elles commencent à se dénaturer, le cristallin devient opaque, ce qui conduit ensuite à la cataracte.

Comment la cellule se débarrasse-t-elle des protéines dont elle n'a plus besoin ?

Il existe plusieurs chemins, très strictement régulés et contrôlés. Les protéines coûtent relativement cher à la cellule, donc elle doit faire attention à ne pas en détruire plus que nécessaire et inutilement. La voie qui conduit vers la destruction commence avec un marquage moléculaire. Un système bien connu maintenant utilise une petite protéine, l'ubiquitine, pour marquer les protéines à dégrader. Les protéines marquées sont ensuite introduites dans un tonneau macromoléculaire, le protéasome : il s'agit d'une enzyme très agressive qui ôte les « boulons » assemblant les acides aminés. On comprend bien pourquoi cette activité doit être cloisonnée dans un tonneau, dans lequel seules les protéines portant le marquage fatal seront admises.

En quoi les protéines sont-elles utiles pour les biotechnologies ?

Il existe de plus en plus d'applications de protéines (humaines et autres) en médecine, en biotechnologie, et dans l'industrie alimentaire. Parmi les exemples établis depuis les temps historiques se trouve l'utilisation de la présure dans la fabrication du fromage. Le principe actif de la présure est en fait une enzyme, la chymosine de l'estomac de veau, qui a la propriété de faire cailler le lait (l'enzyme recombinante est fabriquée maintenant à l'échelle industrielle). Cette protéine appartient à la même famille d'enzymes que la pepsine dans notre suc gastrique.

En médecine, on sait depuis longtemps qu'une maladie peut être déclenchée par l'absence ou le dysfonctionnement d'une seule protéine. En 1921, des chercheurs canadiens Frederick Banting et Charles Best ont fait une célèbre découverte : ils ont montré que certains extraits pancréatiques, même s'ils proviennent d'une autre espèce, par exemple du cochon, peuvent éviter les symptômes jusque-là fatals du diabète. L'injection d'insuline, pour soigner le diabète, fut la première application d'une protéine isolée comme médicament. L'insuline fut aussi la première protéine humaine produite par génie génétique à l'échelle industrielle. Un certain nombre de protéines sont aujourd'hui utilisées en thérapeutique humaine : l'hormone de croissance pour les enfants et les adolescents qui ont un retard de développement, l'interféron pour lutter contre le cancer, l'érythropoïétine (EPO) pour favoriser la croissance des globules rouges, divers facteurs de croissance de globules blancs pour soigner certaines leucémies, des facteurs de coagulation pour les hémophiles, etc. Pour certaines de ces protéines, les applications

thérapeutiques sont parfois détournées par des sportifs en mal de performance…

Pour le diagnostic médical, on utilise des enzymes depuis longtemps : par exemple, l'uréase permet de déterminer la concentration de l'acide urique dans l'urine pour diagnostiquer la goutte. Plus récemment, des anticorps ont été utilisés pour détecter la présence de certaines molécules dans le sang ou les urines : elles peuvent se retrouver jusque dans des produits à utiliser chez soi, par exemple les tests de grossesse. Pour tous ces domaines, les progrès dans le déchiffrage du génome et dans l'analyse du protéome sont porteurs de potentialités thérapeutiques et technologiques considérables. Et les nouvelles méthodes facilitant la production en masse des protéines, les applications promettent d'être très larges.

POUR EN SAVOIR PLUS

- Michel Morange, *Les Secrets du vivant. Contre la pensée unique en biologie,* La Découverte, 2005.
- Pierre Laszlo, *L'Architecture du vivant,* Flammarion, 2004.
- Corinne Ida Lasmézas, *Qu'est-ce qu'un prion ?,* Le Pommier, 2005.
- André Brack et Paul Mathis, *La Chimie du vivant. De la protéine à la photosynthèse,* Le Pommier, 2000.

Le sang

Chargé de symboles ambivalents, de vie et de mort, le sang oxygène, nourrit, nettoie et défend nos tissus. Pour assurer toutes ces fonctions, il abrite de nombreux types de cellules et de molécules.

Annette Millet,
avec la collaboration de

François Sigaux,
médecin, professeur d'hématologie à l'université Paris-VI et directeur de l'unité Inserm « lymphocyte et cancer »,

Jean-Philippe Rosa, médecin, directeur de recherche à l'unité Inserm « Physiopathologie moléculaire des cellules du sang et des vaisseaux ».

* Un **allergène** une substance qui déclenche une réaction immunitaire brutale (allergique). Les allergènes peuvent être d'origine végétale (pollens) ou animale (acariens), alimentaire ou médicamenteuse.

Pourquoi le sang est-il si vital ?

Chasseurs, mais aussi proies, nos ancêtres savaient bien sûr que le sang, c'est la vie. En témoignent des bisons tachés de rouge sur les grottes du Paléolithique. Mais il fallut attendre le XVIIe siècle et le microscope pour en découvrir les premiers globules, les rouges. Quant aux principales fonctions du sang et de ses éléments, c'est tout au long du XIXe siècle qu'elles commencèrent peu à peu à être élucidées. Et ce n'est pas fini...

Fluide vital pulsé par le cœur sur les 200 kilomètres de l'arborescence des vaisseaux, le sang irrigue tous les tissus et les organes, les nourrit, les nettoie, les défend. Au travers des capillaires, il fournit aux cellules l'oxygène et le glucose qu'elles brûlent pour en tirer de l'énergie. Prenant le relais du tube digestif, il leur distribue les nutriments indispensables à leur métabolisme. À lui seul, par exemple, notre cerveau consomme 20 % de l'oxygène apporté par le sang. Au passage, ce dernier récupère le gaz carbonique, qu'il libère dans les poumons, et les déchets du fonctionnement cellulaire, qu'il évacue vers les reins. Il régule les échanges de sels entre les tissus de l'organisme, assurant ainsi une bonne répartition de la pression entre les membranes cellulaires.

Du sang dépendent aussi les défenses de notre organisme. Il dispose d'une équipe de spécialistes — bombardiers, tueurs, épurateurs... — qui, en temps normal, réagissent dès que se présentent bactéries, virus, parasites, une cellule anormale, voire un allergène*...

Le sang assure lui-même la surveillance et la réparation de son circuit. En cas de blessure d'un vaisseau, il répare la brèche. Loin d'être une simple suspension de cellules, il véhicule aussi d'innombrables molécules d'information — des hormones, des messagers chimiques.

Quant au vaisseau sanguin, il n'est pas un tuyau inerte : sa surface sensible, tactile, est très active. Elle régule les passages des nutriments et des cellules de défense, échange aussi des molécules messagères avec le sang. Respiration, immunité, réparation, nutrition, communication, ces cinq fonctions majeures font bien du sang un organe aussi primordial que le cerveau ou le cœur.

De quoi est-il composé ?

Un homme de 70 kilogrammes a cinq litres de sang, une femme en a quatre. Un peu plus de la moitié est un liquide transparent de couleur paille, le plasma. Le plasma c'est surtout de l'eau, qui véhicule des sels minéraux (calcium, sodium, magnésium, potassium...), du sucre, des molécules messagères — hormones, interleukines* — et leurs protéines de transport. Il y a 70 grammes de protéines par litre de sang. L'albumine, qui retient l'eau comme une éponge, est la plus abondante. Les immunoglobulines (les anticorps) participent à la défense immunitaire. D'autres protéines (apolipoprotéines) transportent les graisses ou encore interviennent, comme le fibrinogène, dans la coagulation. Bien que liquide, le sang est pour les biologistes un tissu très organisé, dans lequel circulent de nombreuses cellules. Les globules rouges, ou hématies, sont les outils de notre respiration. Nous en avons quatre à cinq millions par millimètre cube de sang. Ces disques biconcaves, de 7 à 8 micromètres de diamètre, circulent dans les vaisseaux (où ils restent confinés), empilés comme des rouleaux de pièces de monnaie. Les hématies n'ont pas de noyau. Ce sont des sacs d'hémoglobine, un pigment comportant du fer, qui les colore et transporte l'oxygène qu'il capte et relâche facilement. Leur morphologie et la structure de leur membrane confèrent aux hématies solidité, élasticité et capacité de déformation, indispensables pour pénétrer dans les capillaires les plus fins. Enfin, cette membrane est hérissée de protéines sucrées particulières, déterminant l'appartenance aux groupes sanguins.

Nous avons beaucoup moins de globules blancs, les spécialistes de la défense immunitaire. Une goutte de sang en contient de 4 000 à 8 000 par millimètre cube. Il s'agit d'une vaste famille de « vraies » cellules possédant un noyau, qui peuvent s'infiltrer dans les tissus. Les globules blancs polynucléaires (en fait, ils n'ont qu'un noyau, mais de forme biscornue) sont chargés de détruire les envahisseurs étrangers, surtout

* Les **interleukines** sont des substances ayant un rôle de médiateur chimique. Elles interviennent dans la réponse immunitaire et dans la formation des cellules sanguines.

Fig.1 Formation des cellules sanguines dans la moelle osseuse

LES CELLULES SOUCHES HÉMATOPOIÉTIQUES peuvent donner naissance à toutes les lignées de cellules sanguines. Les précurseurs des cellules myéloïdes donnent naissance, après spécialisation, aux globules rouges, aux plaquettes, aux macrophages et aux polynucléaires. Les précurseurs des cellules lymphoïdes donnent naissance aux lymphocytes B et T. Toutes ces étapes se déroulent dans la moelle osseuse, sauf la spécialisation des lymphocytes T qui se produit dans le thymus. © D.R.

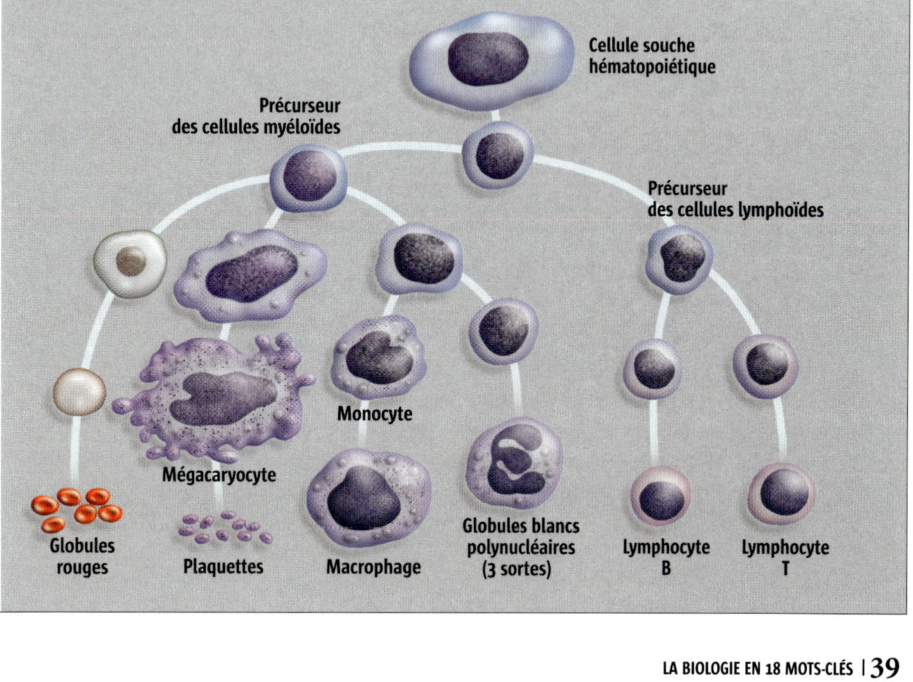

LA RECHERCHE A PUBLIÉ

Cécile Klingler, « Ces improbables bébés médicaments », février 2004, p. 46.

Dominique Thierry, Alain Chapel et Jean-Marc Bertho, « De la greffe à la thérapie cellulaire », avril 2002, p. 32.

Laure Schalchli, « Le système immunitaire », Bac to basics, septembre 1997, p. 90.

les bactéries. Les monocytes activés (appelés alors macrophages) sont des épurateurs. Ils phagocytent et dégradent presque tout : les micro-organismes infectieux, les cellules abîmées, les toxines... Les macrophages ont aussi une fonction immunitaire spécifique, car ils présentent les antigènes* à des cellules appartenant au troisième type de globules blancs, les lymphocytes, plus précisément les lymphocytes T (T pour thymus, un organe lymphoïde). Ces derniers sont préposés à la surveillance des virus et des tumeurs, et tuent les cellules leur présentant un antigène étranger. D'autres, les lymphocytes B (B pour la bourse de Fabricius*), produisent les immunoglobulines : les anticorps circulants.

La membrane des lymphocytes — tout comme celle de la plupart de nos cellules — porte des marqueurs essentiels, dits HLA*. Les globules blancs interagissent en permanence, grâce à des signaux chimiques.

Enfin, les plaquettes sont les acteurs de l'hémostase, autrement dit de l'ensemble des processus qui permettent l'arrêt du saignement. Ce sont les plus petites cellules du corps (leur diamètre : 1 à 2 millimètres). En principe, on compte 150 000 à 400 000 plaquettes par millimètre cube de sang. Ces cellules minuscules ont une structure complexe et possèdent des fonctions adhésives et contractiles. S'il y a rupture de la paroi d'un vaisseau, elles se collent dessus et colmatent la brèche.

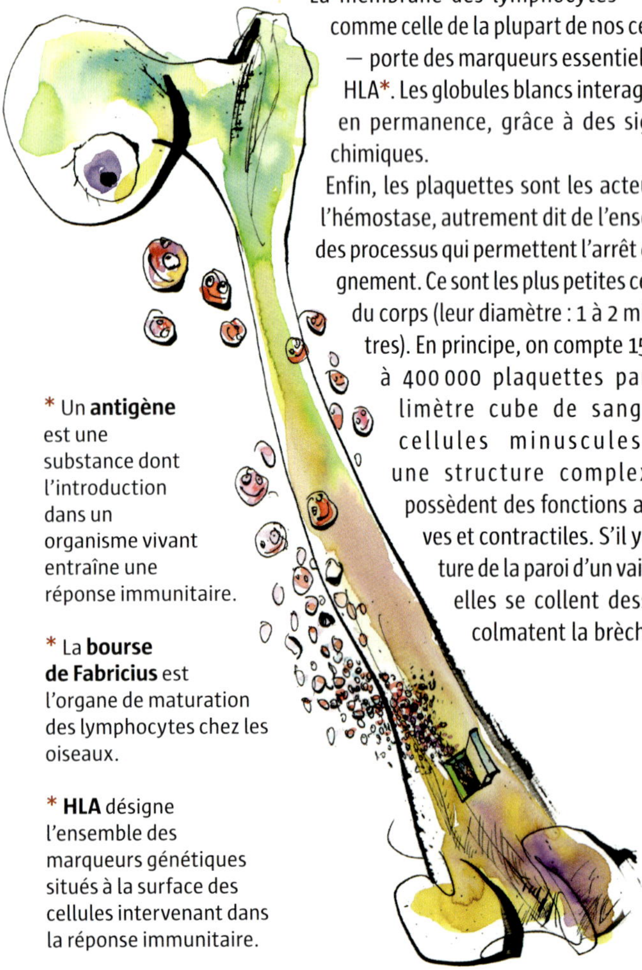

* Un **antigène** est une substance dont l'introduction dans un organisme vivant entraîne une réponse immunitaire.

* La **bourse de Fabricius** est l'organe de maturation des lymphocytes chez les oiseaux.

* **HLA** désigne l'ensemble des marqueurs génétiques situés à la surface des cellules intervenant dans la réponse immunitaire.

Comment se renouvelle-t-il ?

Comme tous nos organes, le sang, ou plutôt ses cellules, vieillissent et meurent. Une hématie vit environ trois mois, une plaquette une dizaine de jours. La grande majorité des globules blancs ne vit que quelques jours. Seuls certains, les lymphocytes T à mémoire, peuvent perdurer pendant des mois ou des années.

Il y a donc un renouvellement constant, finement régulé, des cellules. Ce qui est original, c'est que le sang ne les produit pas lui-même. Chez le fœtus, c'est le foie et la rate qui s'en chargent. Chez l'adulte, elles naissent et se différencient en permanence dans la moelle osseuse. Seule exception, la spécialisation des lymphocytes T se déroule dans le thymus. Ainsi, nos os — fémurs, humérus, clavicules, côtes, sternum et bassin — produisent continuellement du sang nouveau. Tout débute avec une cellule souche, dite multipotente car elle peut donner naissance à toutes les lignées de cellules sanguines [fig. 1]. Puis se succèdent différentes étapes, au cours desquelles les globules formés, encore immatures, acquièrent peu à peu leur spécialité. Le destin de toutes ces cellules est étroitement contrôlé par des molécules comme les facteurs de croissance ou les interleukines. Une hormone, l'EPO (l'érythropoïétine donnée aux insuffisants rénaux... et prise par les sportifs dopés), stimule la production des globules rouges. Ceux-ci, avant d'être déversés dans le sang, expulsent leur noyau. Le tout prend une petite semaine pour les hématies, deux semaines pour les globules blancs.

La naissance des plaquettes est étonnante. Le précurseur n'engendre pas deux cellules filles. Il duplique son contenu en ADN sans se diviser. Il devient une cellule géante ayant non pas deux lots de chromosomes, mais 4, 8, 16, 32, voire 64. Cette cellule finit par avoir un aspect de pieuvre. Ses multiples bras de cytoplasme se fragmentent ensuite pour donner une quantité de plaquettes.

Il arrive que la moelle ne produise pas assez

de cellules, ou qu'elle soit envahie par des cellules tumorales. Pour pallier ces troubles très graves, on donne au malade des cellules souches, provenant de la moelle, ou du sang (dans ce cas, on cultive d'abord les rares cellules souches circulantes), ou encore celles extraites du sang de cordon ombilical, plus riche en cellules souches.

Par ailleurs, on découvre que la moelle (comme le système nerveux) abrite d'autres cellules souches, appelées cette fois totipotentes, car elles peuvent engendrer n'importe quel type cellulaire. La moelle aurait donc aussi une fonction de régénération des tissus. Certaines de ces cellules souches se retrouvent même dans le sang circulant, et on peut alors les récupérer par une simple prise de sang et les utiliser pour régénérer certains tissus : c'est ce qui est par exemple en train d'être testé pour faire fabriquer de nouveaux vaisseaux afin de contourner les artères bouchées, dans le cas de l'artérite des membres inférieurs notamment.

Que se passe-t-il lorsque nous nous blessons ?

Lors d'une blessure, le vaisseau sanguin lésé se contracte. Très vite, débute une première étape que les biologistes appellent la formation du clou plaquettaire [fig. 2]. Les plaquettes se collent sur la lésion et changent de façon spectaculaire. Elles se mettent à sécréter de nombreuses substances qui leur permettent de recruter d'autres plaquettes. Celles-ci se collent aux toutes premières déjà adhérentes et aussi les unes aux autres pour former un bouchon, d'abord un peu lâche, puis de plus en plus dense. Pour un petit vaisseau sanguin, cela peut suffire.

En revanche pour des vaisseaux plus larges, se met en place une deuxième étape, la coagulation, la prise en masse du sang. Elle est encore plus complexe. De nombreuses molécules entrent en jeu : une cascade d'enzymes, des facteurs de coagulation et des anticoagulants... Pour simplifier, le plasma contient une protéine soluble, le

Fig.2 Réparation d'un vaisseau sanguin

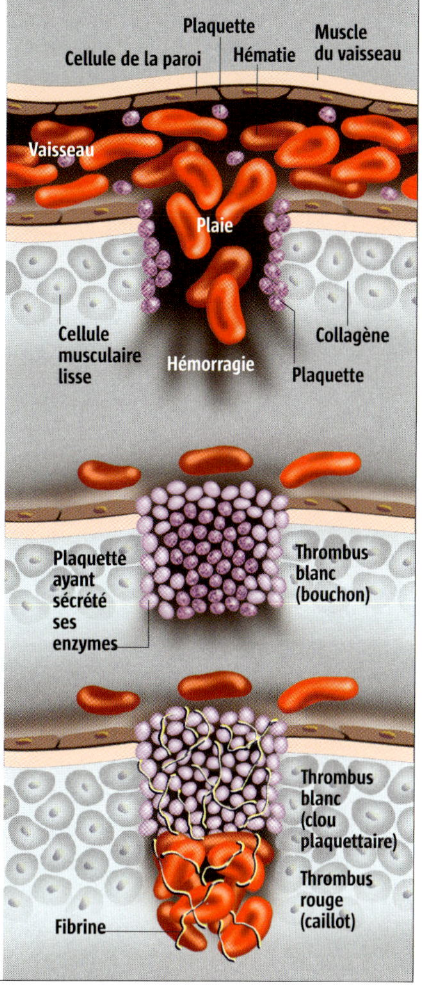

LORSQU'UN VAISSEAU SANGUIN EST LÉSÉ, les plaquettes s'accumulent au niveau de la plaie et sécrètent des substances pour recruter d'autres plaquettes. Le bouchon qui se forme ainsi devient de plus en plus dense et donne naissance au clou plaquettaire. Par ailleurs, le fibrinogène se transforme en fibrine, dont les brins renforcent le clou plaquettaire et emprisonnent les cellules sanguines, formant le caillot.

© D.R.

fibrinogène. Sous l'action d'une enzyme, la thrombine, celui-ci se transforme en fibrine insoluble. Les brins de fibrine renforcent le clou plaquettaire et emprisonnent les cellules sanguines, formant le caillot. Après la cicatrisation, ce réseau de fibrine est détruit par d'autres enzymes, et le caillot est dégradé : c'est la fibrinolyse. On voit bien pourquoi tout déséquilibre entre coagulation et fibrinolyse est dangereux : trop rapide, la coagulation peut conduire à la thrombose (un caillot qui bouche les vaisseaux), trop lente, et c'est l'hémorragie qui guette.

* La **leucémie** résulte d'une prolifération cancéreuse des cellules précurseurs des globules blancs dans la moelle osseuse et le sang.

SUR LE WEB

Le site de l'Association Saint-Louis pour la recherche sur les leucémies. **www.fondation-saint-louis.org**

Qu'arrive-t-il en cas de pénurie de cellules sanguines ?

Certains cancers, leurs traitements, des virus, des maladies génétiques ou auto-immunes, les médicaments... peuvent provoquer ces pénuries, appelées cytopénies. Quant à leurs conséquences, elles dépendent évidemment du type cellulaire qui fait défaut.

Les anémies sont dues à une baisse du taux normal d'hémoglobine, en général associée à une diminution du nombre de globules rouges circulants. Une personne anémiée est pâle, s'essouffle, et l'effort la fatigue beaucoup. Les causes les plus fréquentes d'anémies sont les hémorragies, et donc les pertes en fer, les inflammations (qui provoquent des troubles du métabolisme du fer), les carences nutritionnelles, etc. Dans le cas le plus simple et le plus courant d'anémie, après une hémorragie, on donne du fer au patient.

Quant aux autres cytopénies, touchant les globules blancs ou les plaquettes, une de leurs causes importantes est l'insuffisance de la moelle. Manquer de globules blancs expose à des infections sévères, et manquer de plaquettes, nous l'avons vu, provoque des hémorragies. Certaines de ces pathologies peuvent être traitées par la greffe de moelle osseuse.

Le sang peut-il devenir cancéreux ?

Oui et non : en fait, ce ne sont pas les cellules sanguines qui deviennent tumorales, mais celles de la moelle osseuse. Les leucémies* résultent d'un blocage de la différenciation des cellules souches : immatures et devenues immortelles, elles s'accumulent dans la moelle, le sang, la rate, le foie et les ganglions. Selon l'étape bloquée, il y a donc de nombreux types de leucémies. Elles ont d'ailleurs joué un rôle essentiel dans la compréhension des mécanismes du cancer.

La plupart des anomalies des gènes impliqués dans les cancers ont d'abord été caractérisées dans les leucémies. On comprend donc pourquoi on traite les leucémies comme les tumeurs solides (chimiothérapie, radiothérapie). Avec l'atout supplémentaire de pouvoir remplacer la moelle malade par une greffe.

Ce rôle pilote des leucémies en cancérologie se poursuit avec la génomique. L'étude des chromosomes et l'établissement de la carte d'identité moléculaire de ces maladies permettent d'identifier l'anomalie biologique responsable et de définir un traitement spécifique. Un exemple emblématique est celui de la leucémie dite à promyélocytes. Elle a pour origine un remaniement chromosomique qui rapproche deux gènes de façon anormale, conduisant à la synthèse d'une protéine dite de fusion. L'un de ces deux gènes code le récepteur d'un dérivé de la vitamine A, l'acide rétinoïque. D'où l'idée de donner aux malades de l'acide rétinoïque qui détruit la protéine de fusion et rétablit la capacité de différenciation des cellules de la moelle. C'est ainsi qu'est apparu, il y a quelques années, le premier traitement ciblé et efficace d'un cancer. Depuis, une autre approche a été testée avec succès pour la leucémie myéloïde chronique. À partir de la forme de la protéine de fusion, on a dessiné par ordinateur et synthétisé une molécule qui empêche son bon fonctionnement. Cette molécule est devenue un médicament très utilisé contre cette leucémie.

Comment a-t-on découvert les groupes sanguins ?

Au XVIIe siècle, on tenta beaucoup de transfusions, souvent mortelles. Au point que Louis XIV interdit cette pratique. Bien après, en 1900, à Vienne, le jeune Karl Landsteiner prélève le sang de ses collaborateurs. Il mélange le sérum des uns avec les globules des autres et s'aperçoit qu'il arrive que le sérum agglutine les globules rouges, ces amas pouvant provoquer les accidents transfusionnels. Il venait de découvrir les premiers groupes sanguins, le système ABO. On comprend ensuite assez vite que les humains se répartissent en quatre groupes, selon qu'ils possèdent l'antigène A, le B, les deux antigènes A et B, ou aucun d'entre eux, un groupe appelé O (en fait, pour ce dernier, il existe aussi un antigène, appelé H). Nous avons tous des anticorps dirigés contre les antigènes des autres groupes que le nôtre. Ces anticorps sont dits naturels, car ils se forment très tôt dans la vie, notamment parce que des bactéries de la flore intestinale portent ces antigènes ABO.

C'est encore Karl Landsteiner qui découvrit en 1939 le facteur rhésus, après avoir cette fois fait son mélange avec les globules rouges d'un macaque rhésus. L'un de ses élèves fit le lien entre ce facteur et la très grave maladie hémolytique du nouveau-né. Cette maladie est due à une incompatibilité entre les facteurs rhésus de la mère et de son enfant. On sait maintenant que le système rhésus comprend de nombreux sous-groupes. Une troisième étape importante est la découverte par Jean Dausset, en 1952, du complexe majeur d'histocompatibilité, ou CMH. On l'appelle aujourd'hui le système HLA. Ce sont des marqueurs présents sur les globules blancs, mais aussi sur les cellules de nos tissus, dont l'importance est capitale lors des greffes. Le système HLA est d'une grande complexité et définit notre identité : on connaît aujourd'hui six cents millions de combinaisons HLA. En fait, il existe des dizaines d'autres systèmes de groupes sanguins. Mais ils ne sont pas gênants pour les transfusions.

La transfusion sanguine est-elle sûre aujourd'hui ?

De grands progrès ont en effet été réalisés en France depuis le début des années 1990, avec la réorganisation totale du système de transfusion. Différentes techniques (chauffage des produits, dépistage des virus dans les dons de sang, etc.) permettent d'éviter au maximum la contamination des produits de transfusion. Mais en médecine, comme dans d'autres domaines, le risque zéro n'existe pas. On ne connaît pas, par exemple, tous les virus transmis par le sang. Et certains se posent des questions à propos du prion, l'agent incriminé dans la maladie de la « vache folle ». Ainsi, par mesure de précaution, les États-Unis, le Canada et la Nouvelle-Zélande, ont-ils décidé d'exclure du don de sang les personnes ayant séjourné au Royaume-Uni au plus fort de la crise.

Peut-on faire du sang artificiel ?

On ne sait pas vraiment fabriquer du sang. Ses fonctions et ses constituants sont beaucoup trop complexes. Toutefois, les risques infectieux liés aux transfusions ont poussé les chercheurs à trouver des transporteurs d'oxygène pour remplacer les globules rouges. Sans réel succès. Plusieurs compagnies ont mis au point des solutions d'hémoglobines stabilisées par modification biochimique, dont certaines sont en développement clinique. Mais elles posent des problèmes d'effets secondaires mal élucidés. Une deuxième stratégie consiste à développer des molécules

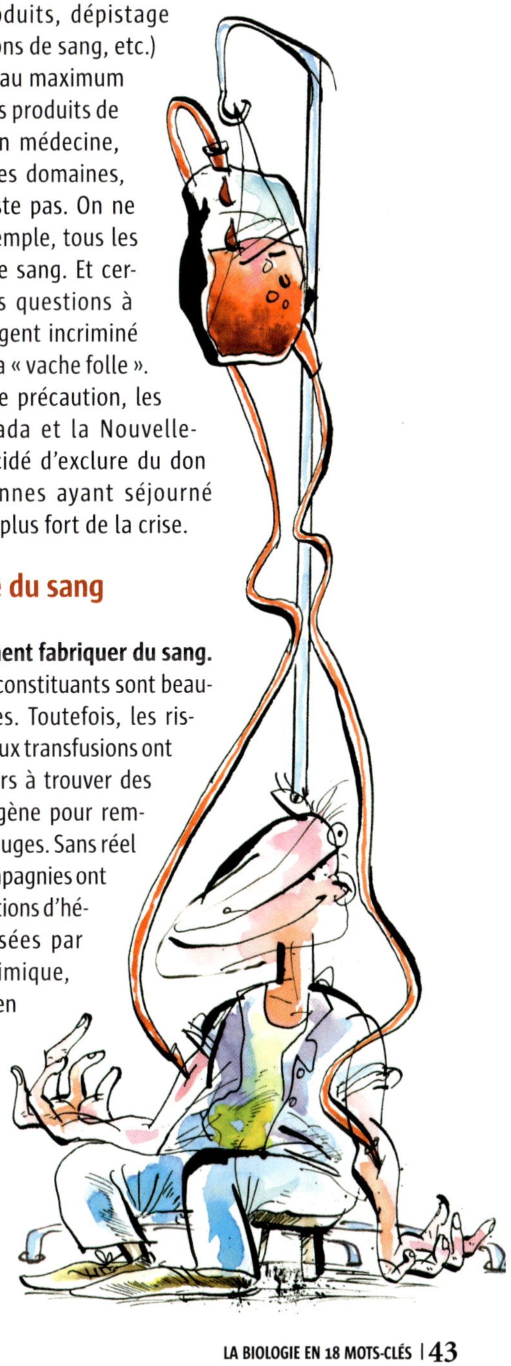

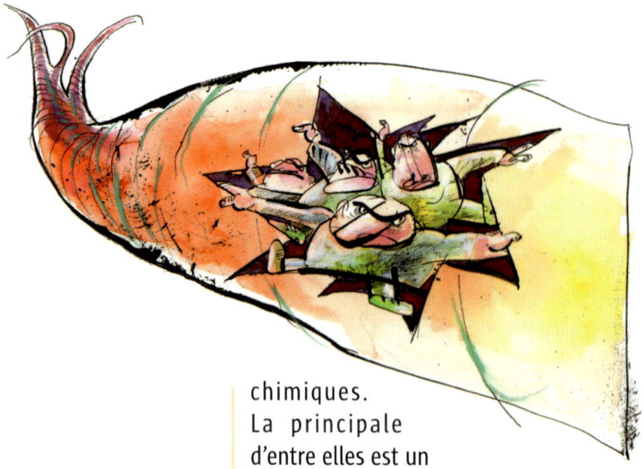

chimiques. La principale d'entre elles est un perfluorocarbone (PFC). Ce produit est autorisé aux États-Unis et au Japon dans des cas précis (réparation des artères coronaires, urgence pour des personnes refusant la transfusion). Avec les techniques de génie génétique, on a réussi à produire des protéines sanguines de substitution. C'est le cas des facteurs VIII et IX de coagulation, destinés au traitement de l'hémophilie.

Un laboratoire français a également montré qu'on peut fabriquer des globules rouges en grandes quantités à partir des cellules souches purifiées du sang. Mais cette approche prometteuse est encore très coûteuse et il faudra quelques années avant qu'on puisse envisager de l'utiliser en transfusion. Finalement la façon la plus efficace de compenser une forte perte de sang, accidentelle ou survenue lors d'une opération chirurgicale, reste la transfusion. Et la seule solution entièrement sûre et efficace est l'autotransfusion : donner son propre sang, en prévision d'une opération.

Tous les animaux ont-ils du sang ?

Non. Par exemple, les cellules des animaux très simples, comme les éponges ou les anémones de mer, assurent elles-mêmes leur approvisionnement en oxygène et nutriments. Ce n'est que lorsque les animaux deviennent plus grands et plus complexes que se met en place, au cours de l'évolution, un système d'irrigation facilitant le transport de ces substances aux cellules enfouies au plus profond de l'organisme. Et encore, l'appareil circulatoire ne devient-il complètement clos (à quelques exceptions près) que chez les vertébrés. Or la majorité des animaux sont des invertébrés (95 % des espèces).

Les zoologistes appellent leur sang l'hémolymphe. La plupart du temps, les pigments transporteurs d'oxygène sont en solution dans l'hémolymphe ; parfois, ils sont protégés dans des cellules. Seuls les insectes n'ont pas de pigments respiratoires : leurs trachées très ramifiées apportent directement l'oxygène aux différents organes.

L'hémoglobine est le plus familier de ces pigments : avec sa couleur rouge typique, elle est présente dans la plupart des embranchements. Mais on trouve une hémolymphe à pigment vert chez des vers segmentés et un pigment bleu chez certains mollusques et arthropodes.

Que sait-on de l'évolution des hémoglobines ou des hématies ? Peu de chose. À l'origine, l'hémoglobine pourrait avoir été une molécule chargée de piéger l'oxygène, toxique pour des organismes anaérobies. En témoigne celle des nématodes qui se lie avec une grande affinité à l'oxygène, mais le libère difficilement.

Par ailleurs, en dehors des mammifères, tous les vertébrés — poissons, amphibiens, reptiles et oiseaux — ont des globules rouges avec noyau. La perte de ce noyau au cours de l'évolution a été interprétée comme un moyen d'améliorer la souplesse des hématies pour se faufiler dans les capillaires et d'augmenter leur stock d'hémoglobine (donc augmenter la capacité du sang à se charger en oxygène). Cette mutation serait apparue quand se sont séparés les dinosaures et les mammifères. Seules exceptions connues à cette règle chez les vertébrés, les larves d'anguille et une famille de poissons de l'Antarctique.

POUR EN SAVOIR PLUS

- Nicole Aimé-Genty (dir.), *Le Sang. Dictionnaire encyclopédique*, Vuibert, 1999.
- Philippe Rouger, *La Transfusion sanguine*, « Que sais-je », PUF, 1997.
- Jean Bernard, *La Légende du sang*, Flammarion, 1992.

Les drogues

Elles ont souvent été mises au point pour des besoins médicaux, mais leur consommation abusive en a fait un problème de société. Douces ou dures, hédoniques ou toxiques, licites ou interdites, ces substances ont une large palette de moyens d'action.

Bertrand Lebeau
est spécialisé en médecine des addictions. Il est président de l'Association française pour la réduction des risques liés à l'usage des drogues.

Qu'est-ce qu'une drogue ?

Apparu au XIVe siècle en France, le mot drogue désignait alors un ingrédient servant à la teinture et aux préparations chimiques. Ce n'est qu'à partir du XIXe siècle qu'il prend son sens actuel : une substance naturelle ou de synthèse, habituellement illicite, dont la consommation provoque un état modifié de la conscience. On peut classer les drogues de plusieurs façons. Si on s'intéresse à leur effet psychique dominant, elles se répartissent en trois grandes catégories : les stimulants (cocaïne, amphétamines, nicotine…), les sédatifs (opiacés, en particulier héroïne, benzodiazépines…) et les hallucinogènes (LSD, cannabis…). Certaines substances ont des effets mixtes : l'alcool est d'abord excitant et désinhibant avant d'être sédatif ; la MDMA (méthylènedioxyméthamphétamine), principe actif de l'ecstasy, est à la fois stimulante et hallucinogène.

Si l'on s'intéresse cette fois au statut juridique des drogues, un certain trouble des frontières apparaît. Ainsi, nombreux sont les pays européens qui considèrent désormais l'alcool et le tabac sinon comme des drogues en tout cas comme des substances pouvant provoquer des comportements d'abus ou de dépendance et des dommages pour la santé. Cette extension du concept de drogue à des substances légales repose sur deux arguments : d'une part, les consommateurs mélangent fréquemment drogues licites et illicites ; d'autre part, certains mécanismes d'action, en particulier ceux qui aboutissent à la libération dans le cerveau d'une substance appelée dopamine, sont communs à ces deux groupes de produits.

La drogue est-elle un problème récent ?

La consommation de substances qui provoquent une ivresse est sans doute aussi vieille que l'humanité. Ainsi le pavot à opium est mentionné pour la première fois dans des tablettes sumériennes datant du IIIe millénaire avant notre ère. Mais la drogue en tant que question sanitaire, sociale et politique est bel et bien un problème récent, datant de deux siècles à peine. Il est né d'un double mouvement. D'une part, l'avènement de la chimie moderne a permis d'extraire les principes actifs de plantes dont on a notamment découvert les effets thérapeutiques. D'autre part, la révolution industrielle a engendré un exode rural massif qui s'est accompagné d'une montée de l'alcoolisme et de la consommation d'opium dans la classe ouvrière en Grande-Bretagne et en Europe continentale. À partir de 1805, date de l'extraction de la morphine (le plus puissant principe psychoactif de l'opium), la chimie arrache aux plantes leurs secrets : en 1859, la cocaïne est extraite de la feuille de coca ; en 1898, l'héroïne (un opiacé semi-synthétique dérivé de la morphine) commence à être utilisée en médecine. En 1903, apparaissent les barbituriques, premiers produits purement synthétiques. Le groupe des amphétamines est ensuite isolé par modification du principe actif d'une plante stimulante utilisée en Asie, l'éphédra.

Les guerres contribuent à faire connaître les drogues. Celle de 1870, où l'on a recours à la morphine pour soulager les douleurs des blessés, donne naissance à la morphinomanie (ou maladie du soldat). Utilisée par les pilotes de chasse pour lutter contre la fatigue et la peur, la cocaïne devient à la mode après la Première Guerre mondiale. La Seconde Guerre mondiale suscite l'utilisation des amphétamines chez les militaires, puis, une fois la paix revenue, chez les civils. Vers la fin des années 1950, on commercialise les premières benzodiazépines pour un usage médical. Jusque-là, la consommation de drogues est restée cantonnée à des groupes marginaux (coloniaux, artistes...). Mais la jeunesse contestataire des années 1960 et 1970 fait de certaines drogues (marijuana dont le principe actif, le THC, n'est découvert qu'en 1964, LSD, etc.) un symbole du droit à l'hédonisme. L'« épidémie » va ensuite aller en s'amplifiant jusqu'à devenir un problème de société, encore irrésolu à ce jour.

Comment les drogues agissent-elles sur le cerveau ?

Les drogues interfèrent avec des mécanismes fondamentaux de transmission de l'information d'un neurone à un autre, notamment lorsque ces mécanismes utilisent des messagers chimiques appelés neurotransmetteurs ou neuromédiateurs* [fig. 1]. On connaît aujourd'hui plusieurs dizaines de substances de ce type.

De nombreuses drogues provoquent la libération de l'une de ces substances, la dopamine, et ce mécanisme semble jouer un rôle fondamental dans leur action. Il stimule en effet un réseau de neurones appelé « système de

* Un **neuromédiateur** est une substance chimique de petite taille synthétisée par le système nerveux et jouant le rôle de messager entre les neurones ou entre des groupes de neurones.

Fig.1 Action sur le système nerveux central

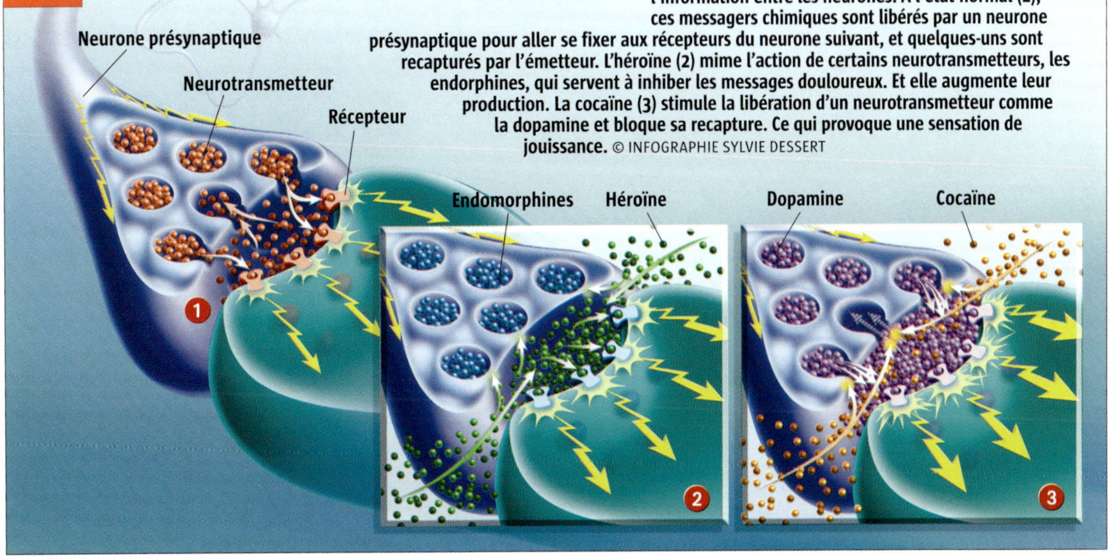

LES DROGUES AGISSENT AU NIVEAU DES NEUROTRANSMETTEURS qui font circuler l'information entre les neurones. À l'état normal (1), ces messagers chimiques sont libérés par un neurone présynaptique pour aller se fixer aux récepteurs du neurone suivant, et quelques-uns sont recapturés par l'émetteur. L'héroïne (2) mime l'action de certains neurotransmetteurs, les endorphines, qui servent à inhiber les messages douloureux. Et elle augmente leur production. La cocaïne (3) stimule la libération d'un neurotransmetteur comme la dopamine et bloque sa recapture. Ce qui provoque une sensation de jouissance. © INFOGRAPHIE SYLVIE DESSERT

LA RECHERCHE A PUBLIÉ

« Le dossier du cannabis », mars 2003.

récompense » ou « système hédonique », ce qui provoque une sensation de jouissance. Celle-ci semble être d'autant plus intense et rapide que la substance est fumée ou injectée (et non avalée).

Il existe également des mécanismes spécifiques à certains produits, permettant de comprendre pourquoi les uns ralentissent l'activité mentale, pourquoi d'autres au contraire l'accélèrent, et pourquoi certains, enfin, provoquent des hallucinations. Prenons le cas d'une substance calmante dérivée de la morphine : l'héroïne. On sait, depuis les années 1970, que les molécules d'héroïne agissent en se fixant, telles des clés, à des récepteurs qui jouent le rôle de serrures et sont situés à la surface de certains neurones. Ces récepteurs sont normalement occupés par des neuromédiateurs produits par le système nerveux lui-même. En d'autres termes, l'héroïne vient mimer l'action de ces messagers chimiques internes (que l'on appelle « endorphine » ou « morphine endogène ») dont le rôle est de diminuer l'intensité des messages douloureux. Un tel mécanisme « mimétique » a été ensuite démontré pour les benzodiazépines (des médicaments prescrits contre l'anxiété ou pour induire le sommeil) et pour le cannabis.

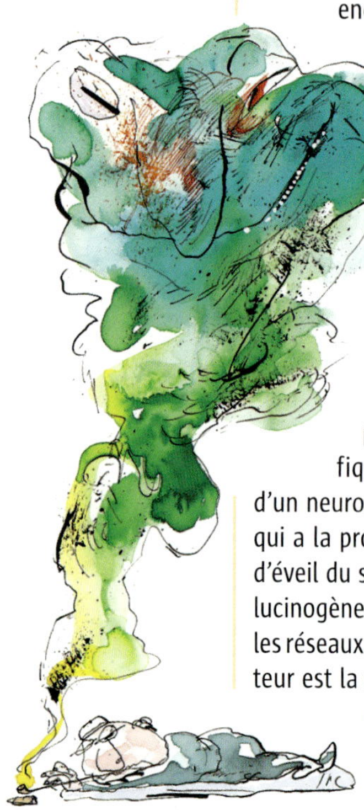

Les excitants comme la cocaïne ou les amphétamines agissent par un autre mécanisme spécifique : ils favorisent la libération d'un neuromédiateur appelé noradrénaline qui a la propriété de stimuler les fonctions d'éveil du système nerveux. Quant aux hallucinogènes, ils agissent principalement sur les réseaux de neurones dont le neuromédiateur est la sérotonine ; celle-ci joue un rôle important dans la gestion des informations sensorielles, d'où les effets spectaculaires que provoquent ces drogues.

Quand parle-t-on de dépendance ?

Lorsque la consommation de drogue est régulière et qu'elle constitue l'axe à partir duquel s'organise la vie du sujet, on parle de dépendance. Elle s'accompagne souvent d'une désocialisation et d'une dégradation de l'état de santé. Le phénomène peut être uniquement psychique ou, également, physique. Grâce aux modèles animaux (rongeurs, primates), on a pu étudier la dépendance psychique induite par les stimulants (cocaïne ou amphétamines). Elle se manifeste par une tendance répétitive et compulsive à consommer, et le désintérêt pour toute autre activité (nourriture, sexualité, sommeil), en particulier lorsque l'animal peut lui-même provoquer la délivrance intraveineuse de drogue en appuyant sur un levier. Cependant, l'arrêt brusque des stimulants ne provoque pas de syndrome de sevrage.

En revanche, l'alcool, les opiacés, les barbituriques et les benzodiazépines provoquent bel et bien une dépendance physique qui s'ajoute à la dépendance psychique. Cette dépendance physique déclenche le plus souvent un violent syndrome de manque, à l'arrêt de la consommation du produit. Pour le comprendre, prenons l'exemple de l'héroïne, qui se fixe sur les récepteurs aux opiacés et les stimule fortement. Durant cette phase d'intoxication, l'organisme cesse de produire des endorphines puisqu'un équivalent exogène, l'héroïne, pénètre en quantités importantes dans le corps. À l'arrêt soudain de l'héroïne, les récepteurs aux opiacés sont privés de toute stimulation, car notre système opioïde naturel a besoin de quelques jours pour synthétiser des endorphines : le syndrome de sevrage se manifeste alors par des douleurs intenses et diffuses, et une anxiété. Il peut être particulièrement sévère chez l'alcoolique (*delirium tremens* caractérisé par des hallucinations et des troubles de la conscience) ou chez les grands consommateurs de benzodiazépines (crises convulsives).

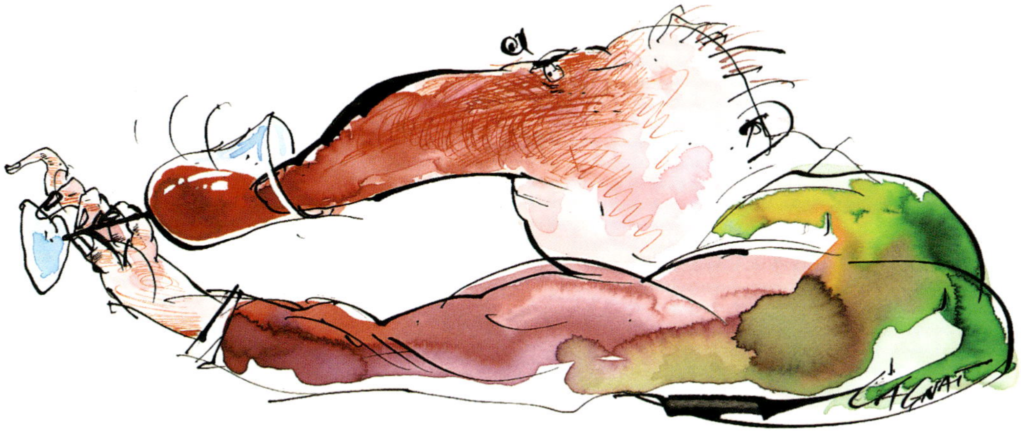

Quels sont les dangers des drogues ?

Le danger le plus souvent évoqué, la destruction des neurones, est loin de concerner toutes les drogues. La neurotoxicité, c'est-à-dire la toxicité pour les cellules nerveuses elles-mêmes, a été établie en cas de consommation abusive d'alcool, de stimulants et probablement d'ecstasy. En revanche, le cannabis, le LSD et les opiacés ont fait la preuve d'une faible toxicité pour le système nerveux central*. Un deuxième danger, également souvent évoqué, le risque de surdose mortelle, existe bel et bien avec les opiacés, la cocaïne et l'alcool, ou en cas de polyconsommation.

Par ailleurs, il existe des risques comportementaux. Par exemple, l'abus de stimulants, d'alcool ou de benzodiazépines peut entraîner des complications psychiatriques (dépression, bouffée délirante...). La nécessité de se procurer une drogue interdite et onéreuse (comme l'héroïne) peut conduire à des comportements délinquants ou les accentuer. L'altération de la conscience peut entraîner des conduites dangereuses pour soi-même et pour autrui (ivresse au volant). Tous ces risques sont fortement augmentés en cas de polyconsommation (par exemple, alcool et cannabis ou héroïne et cocaïne). À noter enfin que la voie injectable (héroïne, cocaïne, amphétamines...) induit des risques spécifiques : surdoses plus fréquentes, abcès au point d'injection ou complications plus graves (septicémies*) et enfin contamination par des virus transmissibles par voie sanguine (sida, hépatites B et C).

Existe-t-il des drogues douces ?

Pour les uns, accoler « drogue » à « douce » serait une contradiction dans les termes, et l'expression aurait pour seule fonction de banaliser et de rendre acceptable l'usage de drogues. Pour les autres, au contraire, ce ne serait pas les drogues qui seraient douces ou dures, mais les usages. Dans ce cas, les produits ne seraient pas en cause, y compris ceux qui charrient une image de drogues dures, comme l'héroïne ou la cocaïne, mais bien les comportements. Quoi qu'il en soit, la question n'est pas seulement de nature scientifique, mais aussi politique et sociétale.

A priori, une drogue pourrait être dite douce à trois conditions : elle ne provoque qu'une faible dépendance psychique, pas de dépendance physique et elle est faiblement toxique. Le cannabis semble répondre à ces critères. Sa dangerosité a, en effet, été sérieusement revue à la baisse ces dernières années comme en témoigne, par exemple, le rapport de Bernard Roques paru en 2002 sur la dangerosité des drogues. Si la toxicité de la fumée de cannabis est avérée pour les poumons, les experts continuent de débattre des liens entre cannabis et maladies psychiatriques

* Le **système nerveux central** est la partie du système nerveux se trouvant dans la boîte crânienne (principalement le cerveau et le cervelet) et que l'on oppose au système nerveux périphérique (moelle épinière, racines et nerfs).

* La **septicémie** est une infection, habituellement bactérienne, du sang. Elle affecte l'ensemble de l'organisme et met en jeu le pronostic vital.

SUR LE WEB

Le site de la Mission interministérielle de lutte contre la drogue et la toxicomanie.
www.drogues.gouv.fr

L'Observatoire français des drogues et des toxicomanies.
www.ofdt.fr

(révèle-t-il une pathologie sous-jacente ou est-il capable à lui seul de la provoquer ?) ou des dangers du cannabis au volant.
Une autre drogue, liée au départ à la culture techno et aux événements festifs de type *rave party*, a eu cette image d'innocuité, au moins chez beaucoup de ses utilisateurs : l'ecstasy. Aussi sa consommation a-t-elle grimpé ces dernières années en Europe occidentale. Présentant à la fois les propriétés d'un stimulant et celles d'un hallucinogène, l'ecstasy est une drogue qui lève les inhibitions et favorise la communication avec autrui. Son image d'innocuité est liée à son effet psychique modéré qui reste gérable par le consommateur (à la différence de celui provoqué par le LSD par exemple). Mais à partir de recherches sur des modèles animaux (rongeurs et primates), certains neurobiologistes comme George Ricaurte, de la Johns Hopkins University School of Medicine, ont été convaincus de la forte toxicité de la MDMA, le principe actif de l'ecstasy, pour les neurones à sérotonine. Ce qui en fait une exécrable candidate au statut de drogue douce. Sa neurotoxicité pourrait être la conséquence d'une recapture forcée de dopamine par des neurones à sérotonine, qui seraient incapables de la dégrader correctement.

Pourquoi se drogue-t-on ?

La majorité des usagers ne se droguent pas pour se détruire, mais pour éprouver du plaisir et stimuler leur « système de récompense ». On peut aussi commencer à consommer des drogues par curiosité ou par ennui (éprouver des sensations fortes, transgresser un interdit, fréquenter des milieux marginaux, tenter d'échapper aux problèmes de l'existence), ou même par conformisme ou pour toutes ces raisons à la fois. Ce n'est que dans un deuxième temps, une fois passé la « lune de miel » avec les produits, que vont apparaître les conséquences négatives de l'usage. Loin d'être une expérience limitée à des groupes marginaux et interlopes ou à la *jet set*, l'usage de drogues se répand dans la société. Le sociologue Alain Ehrenberg a donné un nom à ce phénomène : la « démocratisation de la bohème ». Comme si la « passion de l'égalité » dans laquelle Tocqueville voyait la clé de compréhension des sociétés démocratiques concernait aussi l'usage de drogues. Ainsi les images d'exclusion et d'autodestruction longtemps associées à l'usage de drogue se mêlent à une autre vision : une image d'inclusion, cette fois, qui relie drogue et culte de la performance – être en forme, travailler, vivre vite, jouir de l'existence. Témoigne de cette mutation l'importante consommation actuelle de médicaments anxiolytiques, antidépresseurs, voire de produits dopants que l'on peut eux aussi assimiler à des drogues.

Sommes-nous tous égaux devant les drogues ?

Non. De nombreuses études montrent que l'expérimentation de drogues est une pratique assez répandue : aujourd'hui, plus d'un garçon de 17 ans sur deux a au moins une fois consommé du cannabis. Mais si la rencontre avec les produits a lieu, la place qu'une telle rencontre occupera dans la trajectoire d'un individu donné dépend de facteurs de vulnérabilité. L'usage de drogue(s) se définit en effet comme la rencontre d'un produit, d'une personnalité et d'un contexte. La recherche de sensations fortes, le non-conformisme, l'apaisement transitoire de tensions psychologiques favorisent le désir de renouveler une expérience qui aurait pu rester anecdotique ou sans conséquence grave.

Mais il peut s'agir aussi de troubles psychiques plus marqués qui attirent vers les drogues : personnalité « antisociale » (impulsivité, incapacité à supporter les frustrations) ou troubles psychotiques, voire psychose avérée. Dans ce dernier cas, la consommation de drogues, surtout lorsqu'il s'agit de substances sédatives comme l'héroïne, comporte une dimension d'automédication.

Le contexte social joue aussi un rôle déterminant. Lorsque les personnes vivent dans des environnements dégradés, que la rencontre avec les produits s'accompagne de délinquance, de revente ou de prostitution, que les perspectives d'insertion sont faibles, le risque est grand que l'usage devienne problématique, voire chaotique. À l'inverse, une bonne insertion protège des usages les plus lourds.

Peut-on guérir les toxicomanes ?

Le traitement de la toxicomanie est long et incertain. Il s'agit d'une maladie chronique, avec ses rechutes et ses lentes reconstructions, dans laquelle les facteurs sociaux et psychologiques jouent un rôle majeur. L'épidémie de sida, qui a lourdement frappé les consommateurs utilisant des seringues à partir du début des années 1980, a profondément modifié les conceptions que l'on se fait du soin et de la guérison. On a d'abord voulu aider les toxicomanes à se protéger d'un virus alors mortel en ayant accès à des seringues propres (décret Barzach de mai 1987) et en renonçant aux pratiques de partage.

Puis, toujours dans une logique de réduction des risques, les traitements de substitution à l'héroïne ont été mis au point pour limiter le recours à l'injection, favoriser l'accès aux soins, freiner la désocialisation.

Tardivement mis en place en France (1995), ces traitements y ont été largement développés depuis lors : près de 100 000 personnes environ sont actuellement sous Subutex et 13 000 sous méthadone sur une population d'héroïnomanes chroniques évaluée à 200 000 personnes. Le traitement par le sevrage a donc diminué, et la prise en charge médicale, sociale et psychologique est devenue la règle. Des dispositifs d'accueil pour les publics les plus précaires ont été ouverts. À noter que ces nouvelles orientations se caractérisent par une certaine modestie : plutôt que de soigner les toxicomanes, il s'agit au moins de prendre soin d'eux. Et s'ils ne peuvent tous s'en sortir, c'est-à-dire vivre sans drogue et se réinsérer professionnellement, au moins leur assure-t-on un minimum de services sanitaires et sociaux. Il est aujourd'hui possible de faire un bilan raisonné de cette orientation développée sous diverses modalités dans tous les pays d'Europe de l'Ouest : les contaminations par le virus du sida ont baissé, mais pas celles dues au virus de l'hépatite C (car les risques de transmission par le sang sont bien plus élevés). Les surdoses mortelles ont aussi beaucoup diminué, l'accès aux soins s'est amélioré. Revers de la médaille : les patients bénéficiaires de ces services sont relativement âgés (35-40 ans), usés par leur existence et deviennent bon gré mal gré des assistés. En revanche, entrer en contact avec les jeunes consommateurs reste une tâche difficile, car, à ce stade de leur parcours, ils ne sont pas encore demandeurs de soins. ■■

POUR EN SAVOIR PLUS

- Observatoire français des drogues et des toxicomanies, *Drogues et dépendances, données essentielles,* La Découverte, 2005.
- Serge Héfez et Béatrice Bantman, *Un écran de fumée, le cannabis dans la famille,* Hachette Littératures, 2005.

Le goût

Complice de l'odorat, il émoustille les papilles, s'éduque, vieillit, mais reste profondément ancré dans nos cultures. Ce sens qui nous permet de percevoir toute la gamme des saveurs est aussi au cœur de tout un secteur industriel.

Véronique Leclerc, docteur en chimie-physique, elle a été rédactrice scientifique et scénariste du cédérom *Comprendre le goût* récompensé par le prix Roberval en 2000 ; avec la collaboration de

Patrick MacLeod, professeur à l'École pratique des hautes études (Massy) et directeur du laboratoire de neurobiologie sensorielle,

Benoist Schaal, directeur de recherche au Centre des sciences du goût au CNRS (Dijon).

Le goût est-il plutôt une affaire de nez que de langue ?

Il vous est sûrement déjà arrivé de manger alors que vous étiez enrhumé. Vous avez pu constater que dans ces conditions, le goût des aliments ou des boissons change. Heureusement réversible, cette impression cesse dès que le nez est dégagé et qu'il est possible de respirer sans gêne. Aussi surprenant que cela puisse paraître, l'olfaction s'avère être un sens primordial pour percevoir le goût. L'olfaction rétronasale, liée aux arômes des aliments qui remontent vers les fosses nasales à partir de la bouche, est en effet responsable à elle seule de près de 80 % du goût [fig. 1]. On doit cette découverte aux œnologues qui, vers le milieu du XXe siècle, ont analysé les unes après les autres toutes les sensations que procure une gorgée de vin. Ils ont ainsi montré que les molécules volatiles exhalées par le vin ou par tout autre aliment stimulent les récepteurs olfactifs par la voie nasale directe et par la voie rétronasale lors de la déglutition. Les aliments libèrent aussi dans la salive des molécules sapides* responsables d'environ 10 % du goût. Elles interagissent avec des récepteurs gustatifs répartis sur le dessus de la langue dans certaines papilles gustatives et sur le voile du palais. Ces récepteurs, appelés bourgeons du goût, ont été décrits dans les années 1960 par les anatomistes américain et japonais Raymond Murray et Masako Takeda, spécialistes de microscopie électronique. Ces bourgeons forment un amas de 50 à 100 cellules qui réagissent à toutes les saveurs. Ainsi, chaque saveur peut être perçue par n'importe quel bourgeon gustatif sur n'importe quelle partie de la langue.

Mais goûter un aliment n'est pas qu'une question de nez et de langue : tous les sens interviennent. La vision renseigne sur l'apparence des aliments et de leur environnement, l'audition apporte les notions de croquant, craquant, croustillant, et le tact développé dans la cavité buccale permet de définir la texture. La sollicitation de tous ces capteurs prépare l'organisme à l'arrivée des aliments. Qui n'a pas salivé à la vue de friandises ! Et cela va même plus loin puisque des enzymes digestives et des hormones comme l'insuline sont sécrétées dès l'alerte d'une arrivée imminente de nourriture. La simple détection de la saveur sucrée, par exemple, suffit à faire recouvrir une bonne partie de son tonus en cas d'hypoglycémie, avant même qu'il y ait une réelle assimilation du sucre par l'organisme !

* Les molécules **sapides** sont celles qui ont un goût.

Quand le goût est-il apparu ?

Les premiers organismes vivants possèdent déjà ce sens, du moins dans sa forme la plus basique : ils sont capables de reconnaître les substances nutritives. Procaryotes et protozoaires sont ainsi attirés par certaines molécules comme le glucose et les acides aminés, et repoussés par des substances toxiques.

Mais c'est lors du passage des organismes unicellulaires aux multicellulaires que les principales fonctions se répartissent dans des organes spécifiques. Et les récepteurs gustatifs se distinguent alors des récepteurs olfactifs.

Chez les invertébrés, l'olfaction est particulièrement bien développée. Chez les insectes sociaux comme les abeilles, les fourmis et les termites, les antennes portent les récepteurs olfactifs et une communication complexe s'établit à partir de messages odorants. Chez les vertébrés, l'organe de l'olfaction est situé dans le nez ou le museau.

Les récepteurs gustatifs, quant à eux, sont souvent répartis à proximité de la cavité buccale. Mais ils peuvent aussi être situés sur les pattes chez certains insectes, ou sur les tentacules comme chez l'escargot.

En général, les animaux reconnaissent mieux les sensations salées et acides mais certains d'entre eux, les omnivores — le rat, le porc et l'homme — ont développé un appareil sensoriel particulièrement perfectionné. Leurs besoins en nutriments variés les poussent à diversifier leur alimentation et pour cela à innover. C'est un avantage considérable par rapport aux mangeurs spécialisés comme le koala ou le panda qui ne s'alimentent qu'avec des feuilles d'eucalyptus ou de bambou et risquent de disparaître avec la forêt. Mais toute médaille à son revers. Qui dit nouvel aliment dit aussi risque d'intoxication d'où anxiété face au danger potentiel.

Cette néophobie a été spécialement étudiée par le psychosociologue américain Paul Rozin. Les omnivores associent alors étrangement néophilie et néophobie ! C'est le paradoxe de l'omnivore tel que le définit le sociologue français Claude Fischler.

Combien existe-t-il de saveurs ?

À la fin du XIXe siècle, le biophysicien Herman von Helmholtz avait montré que toutes les perceptions de couleurs résultent de la combinaison de seulement trois couleurs « primaires ». Dans son sillage, le physiologiste allemand Adolph Fick chercha à étendre le raisonnement à tous les autres sens et commença par le goût.

Il définit ainsi quatre saveurs primaires ou fondamentales : le sucré, l'amer, l'acide et le salé. Le raisonnement était faux, mais il a guidé les recherches pendant plus d'un siècle ! L'Américain Carl Pfaffmann, pionnier de l'électrophysiologie des nerfs gustatifs, est le premier à le remettre en cause en 1939. Mais ce n'est que dans les années 1980 que, grâce à des expériences d'électrophysiologie, Annick Faurion, une neurobiologiste française, démontre que

Fig.1 Des aliments au cerveau

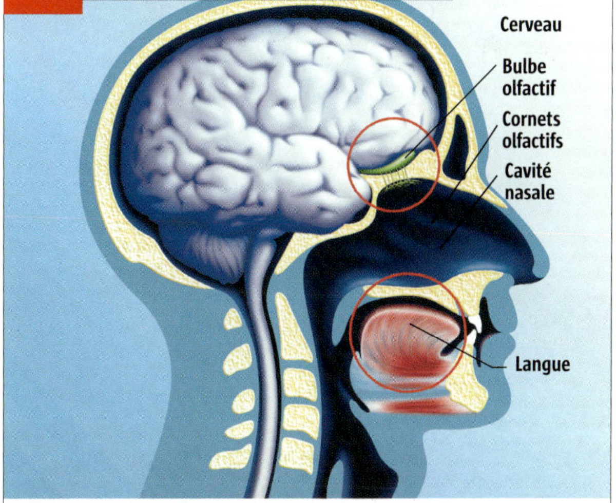

LE GOÛT SOLLICITE DEUX SYSTÈMES SENSORIELS : inhalées, certaines molécules libérées par les aliments stimulent les récepteurs olfactifs (cercle du haut, et figure 2) et, en bouche, d'autres excitent les récepteurs gustatifs (cercle du bas, et figure 3). Chaque molécule sapide possède une saveur particulière reconnue spécifiquement par le cerveau. © D.R.

LA RECHERCHE A PUBLIÉ

Joël Candau, « De la ténacité des souvenirs olfactifs », La Recherche juillet-août 2001, p. 58.

* Une **flaveur** est une association d'odeurs et de saveurs.

chaque molécule sapide possède une saveur particulière reconnue spécifiquement par le cerveau. Il n'y a donc pas quatre saveurs fondamentales mais tout un *continuum* gustatif. Cependant, Annick Faurion précise que *« s'il y a mille et une saveurs, il n'y a que quatre mots pour le dire »,* du moins en français. En effet, faute d'un vocabulaire commun pour exprimer toutes les sensations perçues par chaque individu, seul un petit nombre de molécules sont associées au nom d'une saveur : le saccharose est sucré ; le chlorure de sodium, salé ; la quinine, amère et l'acide chlorhydrique est... acide.

Connaissez-vous la saveur umami ?

Dans les années 1950, la firme agroalimentaire japonaise Ajinomoto développe une nouvelle saveur à l'échelle industrielle : la saveur umami. En japonais, ce mot signifie tout simplement délicieux ou goûteux. Cette saveur est produite par la combinaison de deux acides aminés, l'aspartate et le glutamate, présents dans les aliments riches en protéines comme la viande, le soja et les champignons. Mais si le produit industrialisé est nouveau, la saveur elle-même est très ancienne puisque les Japonais l'appréciaient déjà, il y a plus de 2 000 ans, dans un bouillon d'algues très riche en glutamate de sodium. Elle est aussi connue en Occident. En effet, à la fin du XIXe siècle, le père du remarquable développement de la chimie en Allemagne, Gustus von Liebig constate que les hydrolysats protéiques possèdent une saveur très agréable. L'idée est exploitée industriellement par un fabricant suisse, Julius Maggi, qui obtient un important succès commercial avec les fameux bouillons de cuisine.

Il y a une vingtaine d'années, une autre saveur est nommée : c'est le goût de réglisse produit par l'acide glycyrrhizique. Cependant, le véritable défi pour les industries agroalimentaires n'est pas seulement de trouver de nouvelles saveurs mais plutôt de nouvelles flaveurs*. Des arômes artificiels peuvent être ajoutés à des produits peu goûteux pour leur donner une nouvelle flaveur. C'est le cas du surimi qui connaît un certain succès depuis quelques années : il s'agit d'un hydrolysat de protéines de poissons auquel on ajoute arômes et colorants pour lui donner à la demande le goût du crabe ou d'un poisson. Les industriels utilisent également beaucoup les « exhausteurs de goût » qui eux renforcent la flaveur originale des aliments, comme le glutamate de sodium. Outre le fait d'être une saveur à part entière, l'umami est aussi l'exhausteur le plus utilisé, après le chlorure de sodium. On le retrouve même dans certains sels de table.

Pourquoi certaines molécules ont-elles du « goût » ?

Soit parce qu'elles sont odorantes, soit parce qu'elles sont sapides, soit les deux (phénomène le plus répandu). Toutes ces molécules sont organiques et appartiennent à toutes les familles chimiques sans exception. Cependant, elles doivent tout de même répondre à certains critères. Les premières doivent être de petite taille pour se volatiliser facilement et gagner les narines.

Fig.2 Les récepteurs olfactifs

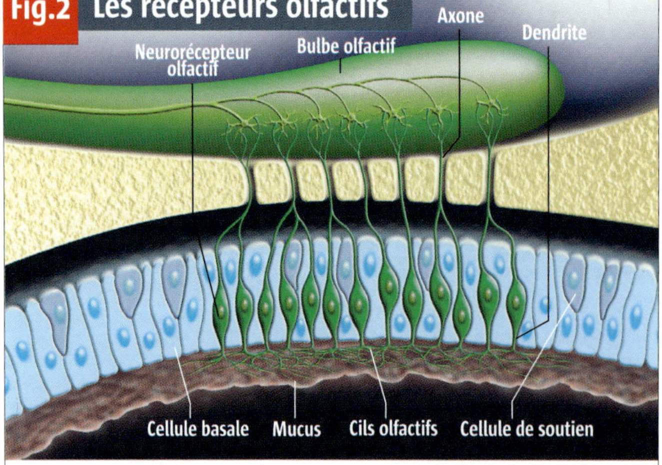

LES RÉCEPTEURS OLFACTIFS SONT STIMULÉS par certaines molécules libérées par les aliments. De petite taille, ces molécules sont relativement solubles dans l'eau pour traverser le mucus aqueux qui recouvre les parois du nez, puis atteindre les protéines réceptrices des cils olfactifs. © D.R.

Autrement dit, il s'agit de molécules dont le poids moléculaire doit être compris entre 30 et 400 daltons*. Cela va de l'oxygène (32 daltons), odorant à partir d'une pression de 1,6 atmosphère, jusqu'au musc et aux stéroïdes (environ 300 daltons). Elles doivent aussi être relativement solubles dans l'eau de manière à traverser le mucus aqueux recouvrant les parois du nez [fig. 2]. Cependant, la présence de lipides et de protéines « porteuses » dans le mucus permet le passage de molécules moins solubles jusqu'aux protéines réceptrices des cils olfactifs.

Quant aux molécules sapides, elles doivent aussi être solubles dans l'eau pour se dissoudre dans la salive et interagir avec les cellules des bourgeons gustatifs [fig. 3]. Les recherches dans ce domaine ont débuté avant la Première Guerre mondiale avec les travaux du chimiste allemand Georg Cohn et de son compatriote, le psychologue Hans Henning. Ils cherchaient à identifier dans les molécules sapides des groupements d'atomes canoniques, responsables du goût. Georg Cohn a ainsi décrit les groupes « sapophores » de près de 6 000 composés sapides. Cette notion est maintenant dépassée puisqu'il y a autant de saveurs que de molécules sapides. Cependant, de récentes études de chimie structurale ont révélé un point commun aux molécules sucrées. Toutes possèdent un groupement accepteur et un groupement donneur de protons, dont l'un au moins est uni au récepteur gustatif par une liaison hydrogène.

Aujourd'hui, les scientifiques s'accordent à dire qu'il y a globalement deux types de *stimuli* capables d'activer les récepteurs gustatifs. D'une part, les ions hydrogène et sodium génèrent les saveurs acide et salée, identiques pour tout le monde. D'autre part, il y a un *continuum* multidimensionnel formé par les molécules organiques. Elles s'adsorbent sur des récepteurs non spécifiques c'est-à-dire que chaque molécule est reconnue par plusieurs récepteurs et chaque récepteur peut fixer plusieurs molécules. C'est le cas des molécules aux goûts sucrés ou amers. Les liaisons les unissant aux récepteurs étant de faible énergie, un simple rinçage de la bouche avec de l'eau suffit à en faire disparaître le goût.

Frais, fort ou astringent : goûts, saveurs ou sensations ?

Si la langue permet de percevoir différentes saveurs, le goût d'un aliment se définit aussi par des sensations. Sensations fortes, fraîches ou astringentes, il s'agit en fait de la stimulation d'autres récepteurs sensoriels de la cavité buccale : ceux de la douleur, de la température et du tact. Ainsi, de nombreuses épices, comme la capsaïcine des piments ou la pipérine du poivre blanc et gris, sont capables d'activer les terminaisons nerveuses réceptrices de la douleur. Le goût rafraîchissant, lui, provient de la stimulation des récepteurs de basse température de la cavité buccale. Des molécules comme le menthol ou le sorbitol se solubilisent dans l'eau en prélevant de l'énergie à leur environnement. La réaction est dite endothermique. La cavité buccale perd un peu de chaleur et les récepteurs du froid en sont alertés. Le menthol renforce en outre la sensation de froid et il suffit d'ouvrir la bouche pour que la sensation de fraîcheur soit dix fois plus importante. L'astringence, quant à elle, définit la propriété de certaines substances à resserrer les tissus, comme les tanins du vin. Ce sont alors les récepteurs tactiles qui sont sollicités.

Le goût évolue-t-il avec l'âge ?

Oui, et ce d'autant plus qu'il est lié à tous les sens. Avec l'âge, les déficiences touchent en premier lieu l'audition et la vision dont les capteurs ne sont pas renouvelés au fur et à mesure de leur disparition. En revanche, les récepteurs gustatifs et olfactifs se renouvellent constamment, respectivement tous les dix jours et tous les trois mois. Mais, en vieillissant, l'acuité gustative et olfactive s'étiole tout de même avec un renouvellement cellulaire moins efficace. Il faut

* Le **dalton** est l'unité de masse utilisée pour les atomes et les molécules. Un dalton correspond à la masse d'un atome d'hydrogène, soit $1{,}66.10^{-24}$ g.

en mettre plus pour sentir et goûter. Une enquête menée en 1985 par le psychologue américain Richard Doty, de l'université de Pennsylvanie, montre que les performances olfactives diminuent à partir de la soixantième année. Mais en réalité, c'est la capacité à comprendre les mots qui s'amenuise. D'une façon générale, la dégradation du système nerveux central est plus rapide que la dégradation périphérique des sens. Mais si le cerveau perd irrémédiablement des neurones tous les jours, l'apprentissage et l'entraînement des sens et de la mémoire peuvent compenser cette perte en multipliant les synapses, c'est-à-dire les liens entre les neurones.

L'âge n'est pas le seul facteur capable de modifier la perception du goût. L'identité sexuelle et l'équilibre hormonal d'un individu influencent ses capacités olfactives et gustatives, en agissant surtout sur la sécrétion et la composition de la salive. Ainsi, pendant la puberté, la grossesse, la ménopause et l'andropause, mais aussi avec la prise de contraceptifs, les aliments sembleront avoir un autre goût. Sous pilule par exemple, la perception des saveurs de type amer et sucré diminue légèrement alors que la sensibilité gustative pour le salé s'amplifie.

Des médicaments comme les anesthésiques et les drogues, mais aussi la température, la pression atmosphérique, la couleur et même le bruit peuvent perturber la perception du goût. Ainsi, au-delà de 60 décibels, l'acuité gustative diminue. Et qui n'a pas en mémoire le souvenir d'une glace, soudainement devenue trop sucrée une fois fondue !

Le goût s'éduque-t-il ?

Goûteurs professionnels, œnologues et même parfumeurs le savent bien : l'apprentissage et l'entraînement sont à la base de leurs performances. C'est en fait très tôt que débute l'apprentissage du goût. Dans le ventre de sa mère, le fœtus entraîne ses sens. Dès que ses capteurs sensoriels commencent à être réceptifs et que son cerveau est capable d'intégrer des informations, vers 6 mois, il peut utiliser ses sens et mémoriser ses sensations. Cet acquis cognitif sera conservé, au moins en partie, lors du passage à la vie extra-utérine. Soumis très tôt à certaines odeurs et à certaines saveurs, le bébé pourrait ainsi développer plus tard une préférence pour certains aliments.

Le premier à s'être intéressé aux préférences chimio-sensorielles de tout jeunes mammifères est le physiologiste français Jacques Le Magnen. Ses premières expériences menées en laboratoire en 1968 portent sur le rat. Elles indiquent que certains arômes apportés par l'allaitement entraînent par la suite une préférence alimentaire chez le raton. Dans les années 1990, Julie Mennella, du centre Monell de Philadelphie, réalise des expériences chez l'homme. Elle montre ainsi que la consommation de produits tels que l'ail ou la vanille par la mère allaitante influence le comportement du nouveau-né. Les arômes transmis au fœtus pendant la grossesse peuvent conduire à une appétence particulière quelques jours ou quelques semaines après la naissance.

Pourquoi les bébés préfèrent-ils le sucré ?

En 1887, le physiologiste allemand Wilhelm Preyer découvre que le nouveau-né réagit en souriant. Cette mimique permet un meilleur contact avec le produit sucré et le bébé essaye de téter. En revanche, l'amer provoque une grimace et l'enfant rejette la solution testée. Ce sont de véritables réflexes – les centres nerveux supérieurs n'interviennent pas – et ils existent déjà chez les enfants nés prématurément, deux mois avant le terme. Les biologistes s'accordent à penser qu'il y a eu progressivement association entre le goût d'un aliment et ses effets après ingestion. L'organisme subit un apprentissage inconscient lié aux conséquences physiologiques de cette ingestion. Il ne s'agit pas d'un conditionnement pavlovien où le temps de réaction

SUR LE WEB

Le site du Centre européen des sciences du goût.
www.cesg.cnrs.fr/

Beaucoup de documents sur le site de l'équipe CNRS « Neurosciences & Systèmes Sensoriels »
http://olfac.univ-lyon1.fr
et sur le site de l'équipe CNRS « Neurobiologie sensorielle ».
http://nbs.jouy.inra.fr/accueil.htm

est assez court, comme le chien qui salive quand il aperçoit son repas, car plusieurs heures peuvent séparer la prise alimentaire de ces conséquences. Positifs en cas de gain d'énergie, négatifs en cas d'intoxication, ces effets vont donc définir les préférences et les aversions alimentaires.
Le sucré correspond à une source d'énergie immédiatement disponible : les sucres rapides. En revanche, l'amertume déclenche une aversion « innée », sans doute liée au goût amer des alcaloïdes végétaux toxiques pour l'organisme. À ces réflexes viendront ensuite se greffer les préférences et aversions acquises par des expériences alimentaires.
L'apprentissage permettra d'apprécier le goût amer du pamplemousse et du café. On se méfiera de l'acidité, caractéristique des fruits non mûrs souvent indigestes. Et une carence en sels minéraux peut engendrer une appétence prononcée pour le salé.
La préférence à la naissance pour le sucré, constatée chez tous les mammifères étudiés en laboratoire et que l'on relie au goût sucré du lait maternel, peut également s'atténuer voire disparaître. C'est le cas pour le chat qui, devenu adulte, ne fait plus de différence entre un bol de lait sucré ou non sucré.

Fig.3 Les récepteurs gustatifs

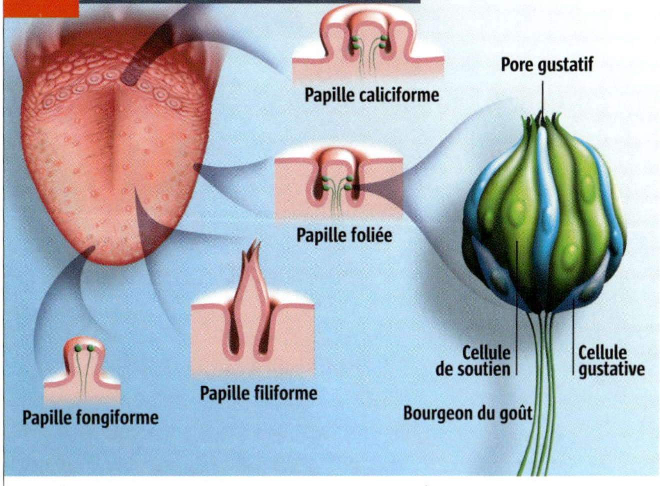

LES RÉCEPTEURS GUSTATIFS, OU BOURGEONS DU GOÛT, sont répartis dans trois types de papilles : caliciformes, foliées et fongiformes. Quant aux papilles filiformes — les plus nombreuses —, elles n'en possèdent pas. Ces bourgeons forment des amas de 50 à 100 cellules qui réagissent à toutes les saveurs. © D.R.

Les goûts résistent-ils aux échanges culturels ?

Thé à la menthe, pâtes italiennes, poissons fermentés scandinaves, nems asiatiques, boudins antillais… les spécificités alimentaires sont essentielles dans la définition d'une identité collective. Elles permettent sa reconnaissance culturelle à l'intérieur comme à l'extérieur du groupe. L'historien français Lucien Fèbvre a montré en 1938 que les systèmes culinaires possèdent un certain nombre d'éléments fondamentaux qui ne changent pas au cours du temps. Ils ont résisté aux conquêtes, à la colonisation, aux changements sociaux, aux migrations et aux révolutions techniques, et figurent ainsi parmi les traits culturels les plus solides. Lucien Fèbvre et ses collaborateurs les ont nommés « fonds de cuisine ». Les corps gras utilisés pour la cuisson des aliments (beurre, saindoux, huile d'olive, graisse d'oie, etc.) en sont un exemple dont ils ont dressé la carte pour la France. Cette idée a été étendue à d'autres cultures dans les années 1970 par les Américains Elisabeth et Paul Rozin, sous l'appellation « principes de flaveur ». Grâce à ces invariants culturels, des immigrants bien intégrés dans leur pays d'accueil et qui ne pratiquent même plus leur langue d'origine, conservent encore leurs spécificités culinaires. Ils cuisinent en effet les produits nouveaux selon un mode spécifique de leur culture : le fond de sauce ail-tomate-huile d'olive est, par exemple, typique d'une culture méditerranéenne.
Mais un aliment introduit dans un système culinaire peut être complètement adopté par la culture d'accueil à tel point qu'on en oublie l'origine : qui se rappelle aujourd'hui que les fameuses « tomates provençales » ont été rapportées d'Amérique du Sud par les grands voyageurs du XVIe siècle ? Dans leurs bagages, également, la pomme de terre, le maïs et le chocolat… ▮▮

POUR EN SAVOIR PLUS

▮ André Holley, *Le Cerveau gourmand*, Odile Jacob, 2006.

▮ Catherine Rouby *et al., Olfaction, Taste and Cognition*, Cambridge University Press, 2002.

La vision

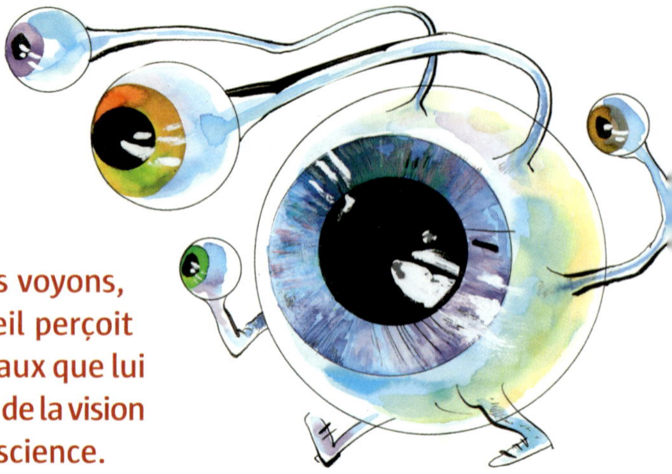

Qui dit vision, pense œil. Mais si nous voyons, c'est aussi grâce à notre cerveau. L'œil perçoit la lumière, le cerveau analyse les signaux que lui fournit l'œil. Les mécanismes en jeu font de la vision la porte d'entrée privilégiée de la conscience.

Olivier Blond,
avec la collaboration de
Henry Kennedy,
Ken Knoblauch,
François Vital-Durand,
de l'unité Inserm « Cerveau et vision ».

* Une **cupule** est une petite coupe peu profonde, ou une dépression.

Qu'est-ce qu'un œil ?

Œil d'escargot, œil de mouche, œil humain… La diversité des yeux est immense. Mais tous ont un point commun : ce sont des structures photosensibles, qui transforment le signal lumineux véhiculé par les photons en un signal électrique interprétable par le système nerveux. Chez les unicellulaires déjà, des molécules photoréceptrices permettent à l'animal de s'orienter en fonction de la luminosité. Chez les animaux pluricellulaires, les yeux les plus simples sont constitués du regroupement de quelques cellules photosensibles qui tapissent parfois une cupule* peu profonde. C'est le cas des vers plats, de certaines méduses et de certains mollusques – la patelle, par exemple. Là encore, ces yeux servent simplement de détecteur de lumière.

La plupart des autres organismes disposent d'organes plus spécialisés capables de donner une représentation plus ou moins précise de leur environnement. Les plus élaborés sont construits autour de trois structures : la cornée, la lentille et les photorécepteurs.

Chez les vertébrés – et donc l'homme –, la cornée est une membrane transparente au travers de laquelle la lumière pénètre dans l'œil. La lentille correspond au cristallin dont la courbure, contrôlée par un muscle, permet focalisation et mise au point. La rétine tapisse le fond de l'œil et contient les neurones sensibles à la lumière, qui envoient les informations reçues au cerveau [fig. 1]. Les céphalopodes ont des yeux construits sur un schéma très similaire.

Cette construction tripartite se retrouve chez les insectes : les grands dômes présents à l'avant de leur tête sont composés de milliers de petites unités appelées ommatidies. Chacune possède sa cornée – ou facette, d'où le nom d'œil à facettes –, sa lentille, et sa région photosensible dénommée rhabdome. Les propriétés et le nombre (jusqu'à plusieurs dizaines de milliers chez la libellule) des ommatidies varient selon les espèces. En fait, les insectes possèdent souvent deux types d'yeux : en plus des yeux à facettes, ils possèdent en nombre variable des yeux plus simples (appelés ocelles) sur le dessus de la tête.

Comment l'œil est-il apparu ?

L'évolution de l'œil a longtemps interpellé les spécialistes de l'évolution. Comment en effet expliquer qu'un dispositif aussi complexe soit apparu avant que d'être achevé ? À quoi pourrait servir une rétine sans cornée, ou l'inverse ? Si l'évolution ne fonctionne que par petits changements progressifs, la sélection naturelle aurait-elle pu favoriser l'apparition d'une partie seulement de rétine ou de cristallin ?

En étudiant la diversité du vivant, plusieurs chercheurs, dont le biologiste anglais Richard Dawkins, ont réussi à construire une chaîne continue de microévolutions partant de structures similaires aux taches oculaires des unicellulaires et aboutissant à l'œil des vertébrés, en passant par des formes en cupule comme chez certains mollusques, et bien d'autres... Des travaux que Richard Dawkins résume dans son livre *L'Horloger aveugle*.

L'autre grande question, au regard des différences entre, par exemple, l'œil des insectes et celui des vertébrés, est de savoir si les systèmes visuels de tous les animaux ont une origine commune. Il semble que ce soit le cas : le biologiste suisse Walter Gehring a fourni un élément de réponse essentiel en 1995, en montrant que le développement de l'œil de mouche et celui de l'œil de souris sont contrôlés par un gène similaire qui pourrait donc avoir un ancêtre commun.

Par ailleurs, des analyses phylogénétiques ont montré que toutes les molécules photoréceptrices ont un même ancêtre commun.

Comment perçoit-on les couleurs ?

Grâce aux informations fournies au cerveau par une catégorie de cellules photosensibles appelées cônes (une rétine humaine en contient 7 millions). Les cônes fonctionnent uniquement quand l'intensité lumineuse est supérieure à un certain seuil, ce qui est le cas dès le point du jour. Au-dessous de ce seuil, d'autres cellules photosensibles entrent en jeu. Ce sont les bâtonnets, capables de réagir à de très faibles intensités lumineuses, mais en revanche vite saturés quand la luminosité augmente. Ils sont environ 100 millions dans la rétine humaine, et assurent la vision nocturne.

Ces deux catégories de cellules détectent la lumière grâce à des molécules appelées pigments, qui toutes appartiennent à une même famille moléculaire, celle des opsines. La nature et la quantité du pigment déterminent la capacité de la cellule photosensible à percevoir le signal lumineux. En effet, une cellule donnée ne contient qu'un seul type de pigment, et un pigment donné ne réagit qu'à une gamme particulière de longueurs d'onde. Dans la rétine humaine, il n'y a qu'un seul type de bâtonnet. En revanche, il y a trois types de cônes, classés en fonction du type de pigment qu'ils contiennent, sensibles respectivement aux longueurs d'onde courtes, moyennes et élevées du visible. Les signaux fournis par les cônes permettent de distinguer environ 2,3 millions de couleurs. Lorsque l'un des pigments est absent ou défectueux, comme c'est le cas dans le daltonisme, l'œil perd sa capacité à discerner les couleurs correspondantes.

Parmi les mammifères, seuls les singes de l'Ancien Monde et l'homme possèdent cette vision trichromatique. Les chevaux, par exemple, ne disposent que d'une vision bichromatique. La plupart des poissons ont une vision trichromatique ; plusieurs oiseaux ont une vision tétrachromatique – ils perçoivent les ultraviolets grâce à un pigment supplémentaire. Certains serpents, comme le crotale, détectent les ondes infrarouges. Quant aux insectes, un grand nombre perçoit la lumière ultraviolette.

LA RECHERCHE A PUBLIÉ

Ralf Dahm, « L'étrange transparence du cristallin », mars 2004, p. 60.

Axel Cleeremans, « Ces zombies qui nous gouvernent », juillet-août 2003, p. 37.

Pierre Vandeginste, « Lueurs d'espoir pour l'œil bionique », février 2003, p. 64.

Russell Foster, Zoë David-Gray et Robert Lucas, « De l'œil aux rythmes biologiques », hors-série n°5, avril 2001, p. 70.

Comment l'information passe-t-elle de l'œil au cerveau ?

Les cellules photosensibles de la rétine sont des neurones qui convertissent le signal lumineux en signal nerveux. Ce dernier est transmis à d'autres neurones rétiniens appelés cellules ganglionnaires, dont les axones constituent le nerf optique. Ces axones se partagent en deux groupes, à un endroit nommé chiasma optique [fig. 2] : la moitié gauche du champ visuel est perçue par le cerveau droit, et inversement. La plupart aboutissent finalement dans une zone particulière du thalamus* nommée corps genouillé latéral. Là, d'autres neurones prennent le relais pour envoyer l'information dans le cortex cérébral, plus précisément dans l'aire corticale primaire de la vision, appelée V1, située à l'arrière du cerveau. À ce niveau, les informations des deux yeux convergent. C'est cette convergence qui crée la possibilité d'effets binoculaires, c'est-à-dire la vision en trois dimensions. L'information est ensuite traitée selon de multiples modes, dans des aires visuelles secondaires spécialisées : selon leur forme dans V2, selon leur couleur en V4, selon leur mouvement en V5, etc., (on connaît une trentaine d'aires secondaires).

En 2002, les chercheurs ont découvert que chez les mammifères, certaines cellules ganglionnaires de la rétine sont également photosensibles (elles contiennent un pigment : la mélanopsine). Sensibles au niveau général d'illumination, elles sont reliées par des voies particulières à la zone cérébrale qui contrôle l'horloge biologique, le noyau

Fig.1 Capter la lumière

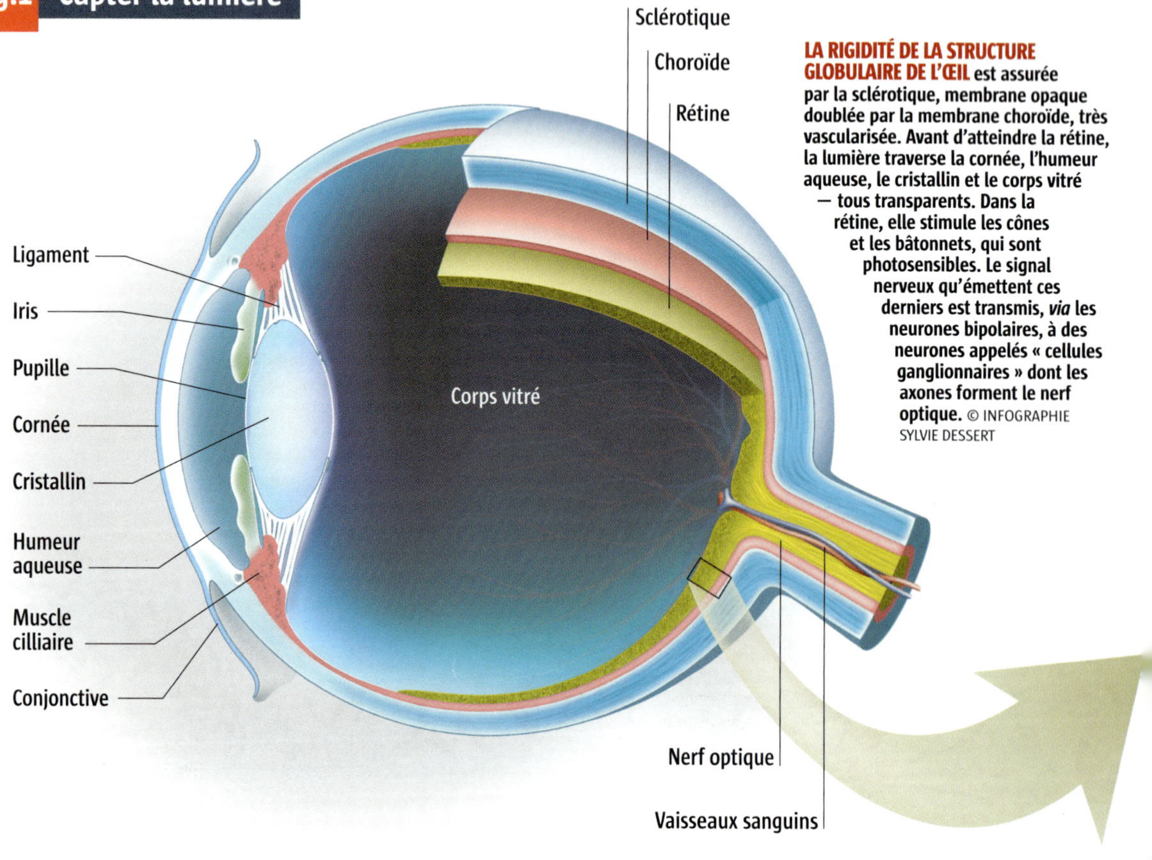

LA RIGIDITÉ DE LA STRUCTURE GLOBULAIRE DE L'ŒIL est assurée par la sclérotique, membrane opaque doublée par la membrane choroïde, très vascularisée. Avant d'atteindre la rétine, la lumière traverse la cornée, l'humeur aqueuse, le cristallin et le corps vitré — tous transparents. Dans la rétine, elle stimule les cônes et les bâtonnets, qui sont photosensibles. Le signal nerveux qu'émettent ces derniers est transmis, *via* les neurones bipolaires, à des neurones appelés « cellules ganglionnaires » dont les axones forment le nerf optique. © INFOGRAPHIE SYLVIE DESSERT suprachiasmatique [fig. 2]. *Via* d'autres relais encore, elles contrôlent la contraction de la pupille.

Quel rapport entre voir un objet et le reconnaître ?

En 1918, le neurologue britannique Gordon Holmes décrivit le cas d'un patient qui, suite à une lésion du cortex visuel, était capable de percevoir et d'identifier des objets, mais ne pouvait ni les toucher ni les situer correctement dans l'espace. Depuis 1982 et les travaux des Américains Leslie Ungerleider et Mortimer Mishkin, les chercheurs séparent deux voies de transmission de l'information visuelle, l'une dite ventrale, l'autre dite dorsale [fig. 3]. De façon très simplifiée, la première est impliquée dans la reconnaissance des objets et leur représentation consciente. La seconde intervient dans la localisation des objets et guiderait les actions dirigées vers ces derniers par un traitement largement inconscient.
Lorsque certaines zones du cortex sont endommagées, alors même que les yeux sont opérationnels, on observe des cécités dites centrales. Par exemple, des dommages infligés à la zone permettant la reconnaissance des visages entraînent une prosopagnosie*, trouble étrange qui a fourni au neurologue Oliver Sacks le titre de son livre *L'Homme qui prenait sa femme pour un chapeau.* Des défauts du système de l'attention, eux, peuvent être à l'origine de l'héminégligence : les patients qui en souffrent ne perçoivent qu'une moitié de l'Univers.

LA RECHERCHE A PUBLIÉ

Dossier « Du regard au geste : comment le cerveau commande la main », mai 1998, p. 53.

* Le **thalamus** est une structure cérébrale qui transmet au cortex les informations provenant des voies sensorielles.

* La **prosopagnosie** est la perte de la reconnaissance des visages.

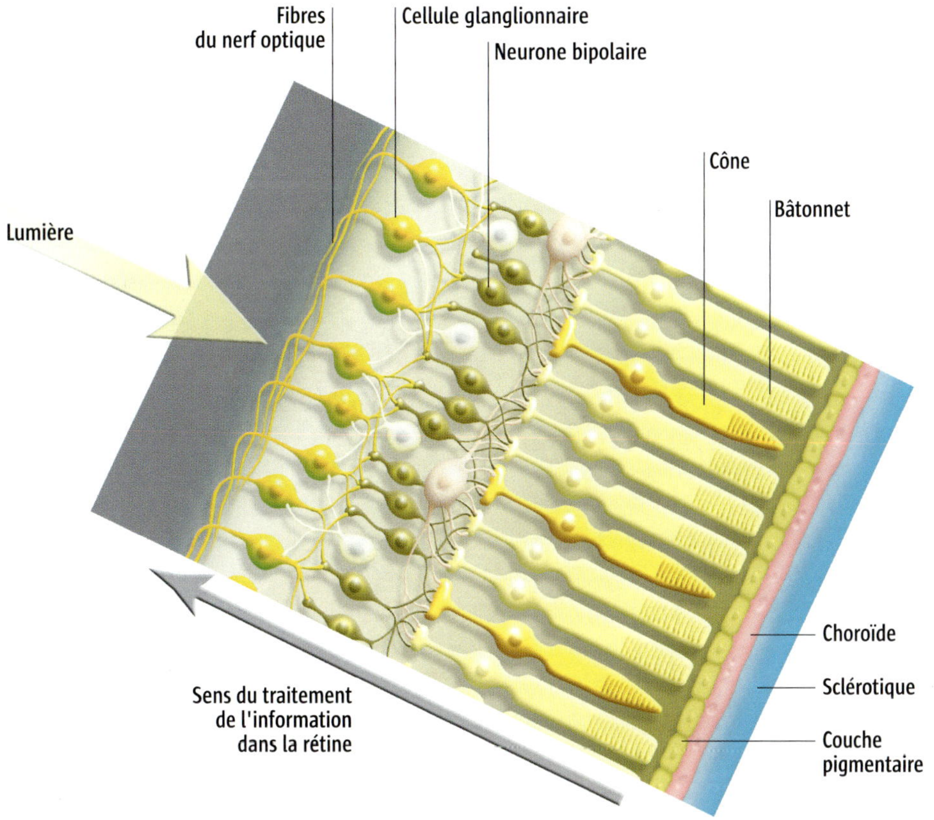

SUR LE WEB

Un cours détaillé sur l'œil par des enseignants de l'université Pierre-et-Marie-Curie, à Paris.
www.snv.jussieu.fr/vie/documents/oeil/index.htm

Dans le menu « Les détecteurs sensoriels », une présentation du fonctionnement de l'œil agrémentée de nombreuses illustrations.
www.lecerveau.mcgill.ca/flash/index_d.html

Un portail sur la recherche sur la vision humaine et animale (en anglais).
http://visionscience.com/

La manière dont tous les modes de traitement de l'information sont rassemblés pour former l'image finale consciente reste largement discutée. Le débat achoppe en effet sur la question d'une définition de la conscience. Mais inversement, la vision est à l'heure actuelle la porte d'entrée privilégiée par les scientifiques pour étudier la conscience.

A-t-on conscience de tout ce qu'on voit ?

Lorsque l'aire visuelle primaire V1 est lésée, ce n'est plus une partie mais toute la vision qui est atteinte : les sujets deviennent aveugles. Toutefois, dans certains cas, une forme de vision inconsciente persiste, appelée vision aveugle. Les premiers cas ont été répertoriés pendant la Première Guerre mondiale quand des soldats, victimes de cette forme de cécité cérébrale, plongeaient néanmoins pour éviter les balles. Depuis, les descriptions abondent de personnes aveugles et pourtant capables de désigner avec précision un objet qui se déplace. Comment cela est-il possible ? Il semble qu'une petite partie des neurones issus du corps genouillé ne se projette pas vers V1, mais directement vers V5, l'aire du mouvement. Ces connexions pourraient expliquer pourquoi certains aveugles sont sensibles aux déplacements. Chez l'homme, la vision aveugle est probablement le vestige d'un système visuel primitif qui transmettait les informations aux aires du cerveau chargées de déclencher les réactions « automatiques » à différents *stimuli,* comme celles permettant au lézard d'attraper une mouche avec sa langue.

À l'inverse, on croit parfois voir des choses qui n'existent pas : il s'agit soit d'illusions, soit d'hallucinations. Les illusions résultent de phénomènes optiques ou bien d'« erreurs de calcul » de notre cerveau, souvent liées au fait que notre perception dépend du contexte dans lequel est présenté un objet donné. Quant aux hallucinations, ce sont des expériences sensorielles purement cérébrales. L'observation par imagerie cérébrale de personnes se trouvant dans ces situations a révélé que les aires de la vision et de la reconnaissance sont activées comme elles le seraient dans la vision normale, mais que l'activation des zones non corticales (tel le thalamus) est généralement modifiée. Toutefois, ces phénomènes restent très mal compris.

Fig.2 De l'œil au cerveau

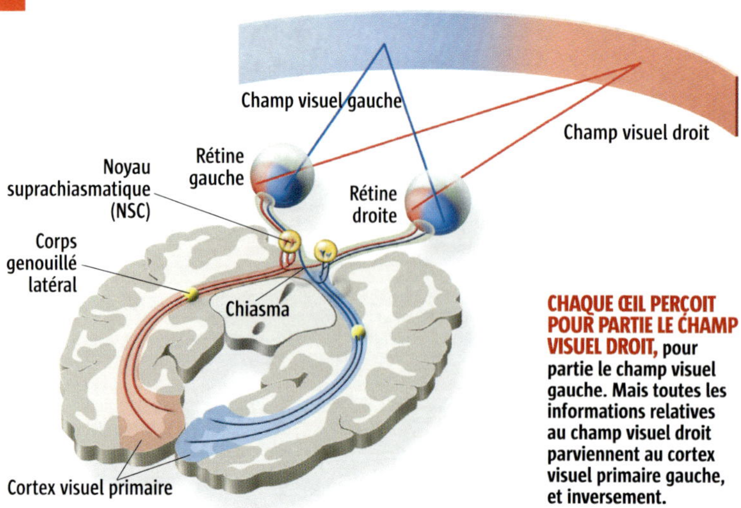

CHAQUE ŒIL PERÇOIT POUR PARTIE LE CHAMP VISUEL DROIT, **pour partie le champ visuel gauche. Mais toutes les informations relatives au champ visuel droit parviennent au cortex visuel primaire gauche, et inversement.**

© INFOGRAPHIE SYLVIE DESSERT

Que voit vraiment un bébé ?

On a longtemps considéré le nouveau-né comme aveugle, jusqu'à ce que l'on mette en évidence une sensibilité à la lumière dès le septième mois de vie intra-utérine : l'exposition du ventre maternel à une lumière vive et clignotante provoque une accélération du rythme cardiaque du fœtus et l'agitation de ses membres.

À la naissance, le nouveau-né est capable de fixer son regard et de suivre un objet déplacé lentement, ce qui signe l'existence de réflexes oculomoteurs innés. Mais ce n'est qu'à partir de 12 mois que le bébé suit un objet en déplacement rapide avec la même précision que l'adulte. Quant à l'acuité visuelle, infime à la naissance, elle augmente progressivement pour atteindre 4/10e à 12 mois, et 10/10e à 4 ans.

Par des travaux qui leur ont valu le prix Nobel en 1981, David Hubel et Torsten Wiesel, de l'université Harvard, ont montré que l'activité visuelle structure le cortex visuel de façon très profonde. Cet effet structurant n'est toutefois possible que pendant une période déterminée. Si l'opportunité est manquée (dans leur expérience, en suturant les paupières d'un chaton), le réarrangement cortical n'est plus possible, et la vision de l'adulte est considérablement altérée. Par ailleurs, le développement de la vision permet aussi le développement des zones motrices du cortex. Ainsi, le simple fait de voir un mouvement active dans le cerveau les mêmes zones qui seraient mobilisées si on faisait ce mouvement. C'est la base biologique de l'imitation – un mécanisme essentiel de l'apprentissage, en particulier chez les tout-petits.

Pourquoi devient-on myope ou astigmate ?

Les déformations du globe oculaire ou de la cornée modifient les propriétés optiques de l'œil et engendrent une baisse d'acuité visuelle. Celle-ci correspond à la taille du plus petit détail qu'un œil peut voir à une distance donnée. En pratique, une acuité de 10/10e marque la capacité de distinguer un objet de 0,6 millimètre situé à 5 mètres.

Si l'œil est trop court ou que la cornée n'est pas assez bombée, l'image des objets proches se forme en arrière de la rétine : c'est l'hypermétropie. Dans la presbytie, c'est le cristallin qui n'accomode plus. Si l'œil est trop long ou que la cornée est trop bombée, l'image des objets lointains se forme en avant de la rétine : c'est la myopie. Quand la déformation touche non pas l'ensemble de l'œil, mais seulement une orientation particulière, l'œil est dit astigmate.

Pour répandus et familiers que soient ces troubles, leur origine reste parfois mystérieuse. Ainsi, pour les myopies fortes, on a longtemps incriminé des facteurs génétiques, sur la base d'études menées chez des jumeaux plus ou moins myopes. Mais il semble à présent que le style de vie soit essentiel : par exemple, seuls 10 % des Indiens vivant en Inde sont myopes, contre 70 % des Indiens

Fig.3 Deux voies de traitement

LE CERVEAU TRAITE LES INFORMATIONS fournies par le cortex visuel primaire V1 suivant deux voies. L'une, dorsale, passe par le cortex pariétal postérieur. L'autre, ventrale, passe par le cortex pariétal inférieur. Les deux aboutissent au cortex prémoteur et moteur.
© INFOGRAPHIE SYLVIE DESSERT.

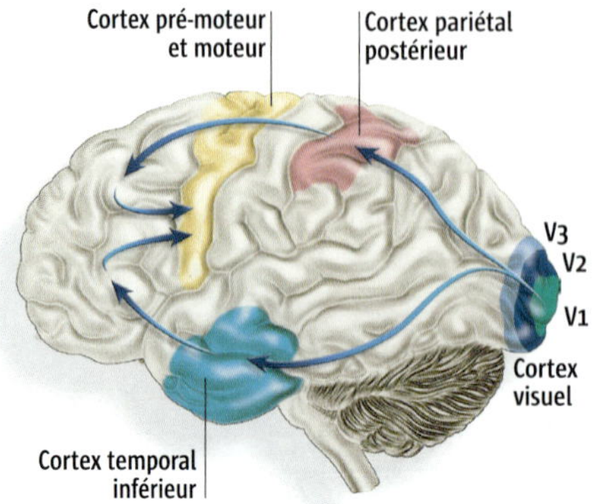

vivant à Singapour. Le problème, c'est que si tout le monde sait que lire ou regarder un écran de télévision ou d'ordinateur fatigue les yeux, on ne comprend pas pourquoi cela aboutit à une déformation de la cornée ou du globe oculaire.

Pendant longtemps, ces troubles ont été corrigés par des verres adaptés. Depuis vingt-cinq ans environ, on utilise également les lentilles de contact. Leur rôle est de dévier plus ou moins la lumière pour que l'image se forme sur la rétine (c'est l'explication des dioptries, qui mesurent cette focalisation). Plus récentes, les techniques « laser » permettent d'abraser la cornée pour restaurer des propriétés optiques à peu près normales. Elles sont efficaces pour les myopies, les astigmatismes et les hypermétropies faibles ou moyennes.

Quelles sont dans le monde les principales causes de cécité ?

La première est le trachome, ou conjonctive granuleuse, qui touche près de 500 millions de personnes, principalement en Afrique et dans certaines régions d'Asie du Sud et d'Amérique latine. Il s'agit d'une pathologie due à une petite bactérie, *Chlamydia trachomatis,* qui provoque une inflammation oculaire. Non traitée, celle-ci aboutit à la cécité.

La deuxième cause est la « cécité des rivières » ou onchocercose, maladie endémique dans 30 pays d'Afrique et six pays d'Amérique. Environ 120 millions de personnes y sont exposées, et plus de 17 millions de personnes sont atteintes. C'est une maladie parasitaire transmise par la piqûre d'un insecte, la simulie ou « mouche noire ». Elle entraîne de sérieuses lésions cutanées et, dans sa phase finale, une cécité irréversible.

Des traitements efficaces existent contre l'une et l'autre de ces maladies, et des programmes internationaux de lutte ont été mis en place. Pour l'onchocercose, par exemple, le traitement – un médicament antiparasitaire – a permis en vingt ans de ramener pratiquement à zéro la transmission de la maladie en Afrique de l'Ouest. Mais la lutte continue dans le reste du continent et en Amérique du Sud.

Dans les pays occidentaux, les risques sont tout différents. Le premier, la dégénérescence maculaire liée à l'âge (la région centrale de la rétine, appelée *macula,*

dégénère). Viennent ensuite : la rétinopathie diabétique, qui est une conséquence du diabète (l'œdème ou l'occlusion des vaisseaux rétiniens entraînent progressivement la perte de la vue) ; le glaucome (une augmentation de la pression intra-oculaire provoque la compression du nerf optique) et la cataracte (opacification du cristallin). La première touche en France 1 200 000 personnes, le second plus de 500 000, la troisième presque 100 % des personnes de plus de 80 ans, mais peut faire l'objet d'une chirurgie de remplacement du cristallin.

Pourra-t-on un jour rendre la vue aux aveugles ?

Si des implants visuels « bioniques » sont en développement, leurs résultats sont pour l'instant peu concluants. Ces implants visuels reposent sur des systèmes de caméras reliées, dans certains cas à la rétine, dans d'autres au cortex visuel, dans d'autres encore à la langue. La difficulté, encore largement non résolue, consiste à transformer l'information numérique en provenance de la caméra en un signal interprétable par le cerveau.

Aussi une autre stratégie est-elle explorée : la reconstruction des tissus endommagés. Concernant la cornée, la greffe d'organes prélevés chez les personnes décédées est une opération relativement courante (4 000 opérations par an environ en France). Mais les greffons manquent, et les chercheurs tentent de mettre au point des cultures de cellules pour pallier cette pénurie. Les premiers résultats chez l'homme ont été obtenus en 2000. Les greffes de rétine, elles, sont beaucoup plus complexes. Il a ainsi fallu attendre 2002 pour qu'une première personne reçoive 2 millimètres carrés d'une rétine prélevée chez un fœtus avorté, ce qui a restauré une « perception lumineuse temporaire ». Depuis, six personnes ont bénéficié de ce traitement. Là encore, la pénurie de greffons et, surtout, les problèmes techniques et éthiques incitent les chercheurs à travailler sur la mise au point de tissus rétiniens en culture, à partir de cellules souches. La complexité du tissu rétinien, composé de plusieurs couches de cellules aux connexions multiples, rend toutefois ces recherches très difficiles.

POUR EN SAVOIR PLUS

- Robert Rodieck, *La Vision,* De Boeck, 2003.
- Richard Dawkins, *L'Horloger aveugle,* Robert Laffont, 1999.
- Robert Rodieck, *The First Steps in Seeing,* Sinauer Associates, 1998.
- Brian Wandell, *Foundations of Vision,* Sinauer Associates, 1995.

L'odorat

Certaines odeurs nous sont agréables, d'autres non. Mais est-ce seulement dû à la nature des molécules en cause ? Loin de là. Car la perception olfactive est un phénomène complexe qui comprend des facettes tant biologiques que culturelles.

Anne Lefèvre-Balleydier,
avec la collaboration de

Patrick MacLeod,
professeur à l'École pratique des hautes études,

André Holley,
professeur émérite au Centre européen des sciences du goût.

* La **cuticule,** chez les arthropodes, désigne la couche externe de l'épiderme, constituée principalement de chitine.

Tous les animaux ont-ils de l'odorat ?

Comme le goût, l'odorat résulte de la stimulation de cellules sensorielles par des composés chimiques. Mais, de l'amibe à l'homme, tous les êtres vivants sont doués de sensibilité chimique. Dès lors, comment distinguer l'odorat du goût ? Est-ce en fonction du milieu véhiculant le stimulus chimique, l'air pour les odeurs, et l'eau pour les goûts ? Contrairement à ce qu'on lit souvent, la réponse est non. Le distinguo entre système gustatif et olfactif s'effectue sur la base de l'existence de deux systèmes de perception distincts. De plus, la gustation implique un contact physique avec la source des composés détectés, tandis que l'olfaction concerne la détection de ces composés à distance de leur source d'émission, après qu'ils ont été transportés par l'air ou l'eau.

Ces conditions sont réunies chez les arthropodes et les vertébrés. Ainsi, les insectes perçoivent le goût et les odeurs des substances qu'ils touchent grâce aux poils (ou sensilles) qui recouvrent leurs palpes buccaux, parfois leurs pattes, et leurs antennes. Ces sensilles abritent des neurones olfactifs que les molécules odorantes atteignent *via* les nombreux pores qui parsèment la cuticule* à cet endroit. Quant aux poissons, ils possèdent, le plus souvent autour de la bouche, de petits organes appelés « bourgeons du goût ». Mais ils ont aussi des narines, qui débouchent dans des fosses nasales tapissées sur toute leur surface de neurones olfactifs capables de percevoir à grande distance l'odeur d'une proie ou d'un prédateur.

Ce système a évolué chez les vertébrés terrestres : les fosses nasales font partie du système respiratoire et communiquent avec la cavité buccale ; de plus, les neurones olfactifs occupent une zone restreinte de la muqueuse nasale, au sommet des fosses. Chez l'homme, cette zone mesure environ 2,5 centimètres carrés pour chaque fosse, le nombre total de neurones olfactifs avoisinant les 50 millions. Par ailleurs, outre ce système olfactif dit « principal », les vertébrés terrestres, en particulier les reptiles et les mammifères, possèdent un second système dit « accessoire ». Il s'agit de l'organe voméronasal ou organe de Jacobson, du nom du chirurgien danois qui l'a découvert en 1813. Situé à la base de la cloison nasale, de chaque côté de cette dernière, l'organe voméronasal est une structure tubulaire qui s'ouvre, selon les espèces, dans la cavité nasale, la cavité buccale ou dans le canal qui les relie.

À quoi sert l'odorat ?

Les molécules qui pénètrent par les narines fournissent des informations sur l'environnement : ce sont autant d'indications que les animaux mettent à profit pour accomplir diverses tâches, par exemple localiser des sources de nourriture, détecter des prédateurs, ou encore s'orienter dans l'espace. L'odorat joue également un rôle crucial dans la communication entre congénères. Le système olfactif accessoire est alors mis à contribution. En effet, la communication au sein d'une espèce s'effectue en grande partie *via* les phéromones, des molécules inodores perçues par l'organe voméronasal (par les sensilles chez les insectes). Les phéromones régissent les rituels sociaux en déclenchant de façon stéréotypée certains comportements, par exemple, lors des interactions sexuelles. Elles agissent soit directement, en signalant par exemple le statut social de l'animal, soit indirectement, en entraînant des modifications de l'état hormonal de l'individu qui les perçoit. Elles sont, pour cette raison, déterminantes dans la structuration des sociétés animales. La première phéromone a été isolée et caractérisée en 1959 chez un papillon, le bombyx du mûrier.

L'idée de phéromones humaines, proposée au début des années 1970, demeure controversée. Car si l'organe voméronasal est repérable chez le fœtus humain, il régresse ensuite, si bien qu'on le pense inactif chez l'adulte. Toutefois, les odeurs corporelles perçues par le système olfactif principal jouent un rôle non négligeable dans les relations entre humains – par exemple dans la relation mère-enfant.

Dernier point : même si l'odorat et le goût diffèrent, ils ne sont pas sans interactions. En effet, un aliment dégage des molécules odorantes dans l'arrière-gorge. Comme celle-ci communique avec les fosses nasales, les molécules stimulent les récepteurs olfactifs. De fait, on estime que cette olfaction rétronasale participe pour 80 % à la perception du goût (lire « Le goût », p. 52).

Fig.1 Du nez au bulbe olfactif

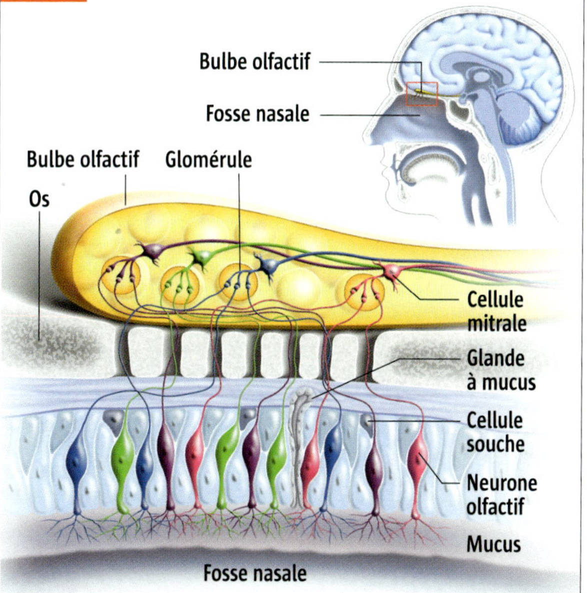

LA MUQUEUSE OLFACTIVE contient des millions de neurones ; l'extrémité de leur dendrite est pourvue de cils qui s'étalent dans le mucus. Les axones des neurones convergent vers les glomérules situés dans le bulbe olfactif. Le signal nerveux est ensuite transmis aux cellules mitrales qui le propagent vers le cortex olfactif. © INFOGRAPHIE SYLVIE DESSERT

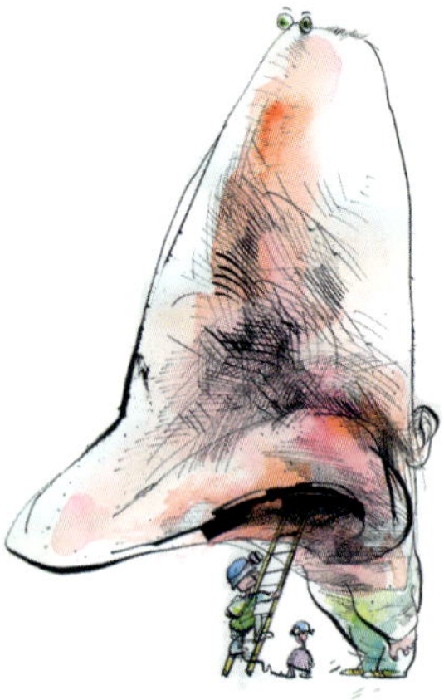

Comment perçoit-on une odeur ?

Au terme de la propagation de signaux nerveux de la muqueuse olfactive jusqu'au cerveau, en passant par une structure nerveuse intermédiaire appelée bulbe olfactif. Imaginez-vous devant un café bien chaud. Son arôme tient à quelque 800 composés chimiques volatils capables de parvenir jusqu'à la muqueuse olfactive. Les millions de neurones olfactifs qui s'y trouvent ont une disposition particulière : l'extrémité de leur unique dendrite est pourvue de cils qui s'étalent dans le mucus [fig. 1]. La membrane de ces cils contient des protéines appelées récepteurs olfactifs, auxquels se lient les molécules odorantes. Cette liaison entraîne une réaction en chaîne dans le neurone, avec pour résultat final l'émission d'un signal nerveux. Après avoir découvert en 1991 les premiers récepteurs olfactifs, les Américains Linda Buck et Richard Axel, prix Nobel de physiologie et médecine en 2004, ont montré que chaque neurone olfactif possède un seul type de récepteurs, que chaque récepteur répond à plusieurs molécules, et que chaque molécule est reconnue par plusieurs récepteurs.

Les axones des neurones qui expriment un même récepteur convergent vers une même zone – nommée glomérule – dans le bulbe olfactif, à raison de 25 000 neurones pour un glomérule chez la souris (et 2 000 glomérules par bulbe). Le signal de ces 25 000 neurones y est transmis à 25 cellules mitrales, des neurones qui le propagent vers le cortex olfactif. Ce dernier recouvre en fait plusieurs structures cérébrales interconnectées, en particulier le cortex piriforme et le cortex entorhinal. La complexité de l'information initiale est restituée à ce niveau, car le cortex olfactif reçoit des signaux en provenance de plusieurs glomérules. Les multiples niveaux de codage de l'ensemble du système expliquent qu'avec seulement quelques centaines de récepteurs différents, on distingue des milliers d'odeurs.

Au sortir du cortex olfactif, l'information est envoyée vers l'hypothalamus, le thalamus, l'amygdale, l'hippocampe et le cortex orbitofrontal [fig. 2]. Or certaines de ces structures, en particulier l'hippocampe et l'amygdale, sont également impliquées dans la mémorisation. Ainsi, l'hippocampe enregistre-t-il les faits s'étant déroulés lors de la perception de l'odeur. C'est probablement ce qui explique la capacité d'une odeur à faire resurgir des souvenirs, selon le célèbre « syndrome proustien ». Mais les liens entre mémoire et olfaction sont infiniment complexes. Pour citer Vladimir Nabokov : *« La mémoire peut tout faire revivre sauf les odeurs, bien que rien ne fasse plus complètement revivre le passé qu'une odeur qui lui fut à un moment associée. »*

Fig.2 Du bulbe au cerveau

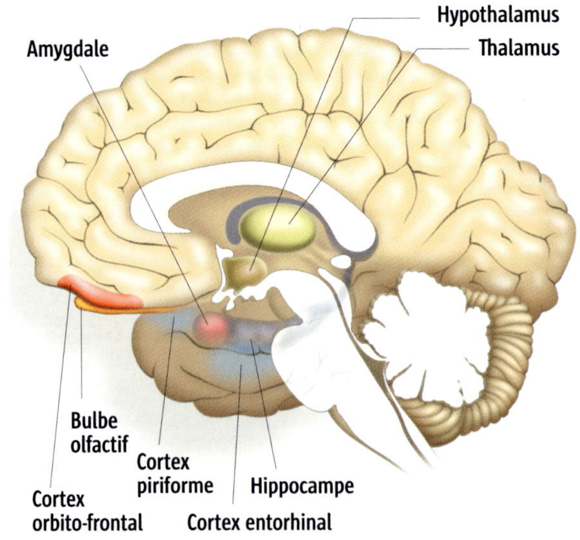

DU BULBE OLFACTIF le signal nerveux est envoyé vers le cortex piriforme et le cortex entorhinal, qui le transmettent à l'hippocampe, l'amygdale, l'hypothalamus, le thalamus et le cortex orbitofrontal.
© INFOGRAPHIE SYLVIE DESSERT

Qu'est-ce qui fait qu'une molécule est odorante ou pas ?

Impossible de dresser un parallèle entre la structure des molécules odorantes et les odeurs dégagées ! En effet, deux molécules très différentes du point de vue structural peuvent avoir des odeurs très voisines. Inversement, deux molécules ayant une structure très proche peuvent être perçues de façon très différente – il arrive également que l'une sente quelque chose, et l'autre rien. Les molécules chirales* en sont un bon exemple. Ainsi, la carvone « droite » a une odeur de cumin, la carvone « gauche » une odeur de menthe verte.

À défaut de savoir prédire l'odeur d'une molécule donnée une fois qu'elle est entrée en contact avec la muqueuse olfactive, on sait quelles sont les propriétés physiques qui importent pour qu'elle ait la moindre chance de parvenir jusqu'à cette muqueuse. En tête, arrive la volatilité (ou la solubilité, selon que l'on s'intéresse à l'olfaction en milieu aérien ou aquatique). Elle découle directement de la tension de vapeur de la substance considérée : il s'agit de la proportion de molécules émises à l'état gazeux à partir d'une source solide ou liquide. Plus une molécule est petite, plus elle est volatile. Revers de la médaille, elle possède alors moins de sites de liaisons potentiels à un récepteur donné. La compilation des données sur les molécules odorantes a permis de montrer que leur poids moléculaire est compris entre quelques dizaines et quelques centaines de daltons*.

La solubilité des substances volatiles dans le *mucus* aqueux, qui recouvre la muqueuse olfactive (ou la lymphe qui baigne les neurones olfactifs dans les sensilles d'insectes), devrait en toute logique entrer en ligne de compte. Toutefois, l'expérience a montré que bon nombre de ces substances, dont les plus odorantes, sont hydrophobes. Dès lors, comment accèdent-elles aux récepteurs olfactifs ? Dans les années 1980, les scientifiques ont montré que lymphe et mucus abritent de petites protéines, les OBP (Odorant Binding Proteins), capables de se lier aux molécules odorantes. Leur rôle dans la perception olfactive a été mis en évidence chez plusieurs espèces d'insectes : elles facilitent notamment la solubilisation et le transport des molécules odorantes dans la lymphe. Mais on ignore si elles jouent le même rôle dans le mucus des vertébrés.

Pourquoi l'homme a-t-il moins d'odorat que le chien ?

D'abord parce qu'il a un organe olfactif moins développé : moins étendue (environ 5 centimètres carrés pour les deux fosses nasales, contre 150 à 200 centimètres carrés chez un labrador), sa muqueuse renferme environ quinze fois moins de cellules olfactives. Ensuite, parce que son répertoire en récepteurs olfactifs est moins riche. Des recherches récentes ont permis de montrer que, si tous les mammifères possèdent environ 1 000 gènes codant des récepteurs olfactifs différents (906 chez l'homme, 1 509 chez le rat et 1 122 chez le chien), ces gènes ne fonctionnent pas tous. Or, la proportion de gènes inactifs, qui est de 20 % chez la souris ou chez le chien, passe à 60 % chez l'homme ! D'où un odorat moins sensible que celui de bien d'autres mammifères. En comparant les séquences de 50 gènes de récepteurs olfactifs communs aux humains et à différentes espèces de singes, l'équipe de Doron Lancet, de l'Institut Weizmann en Israël, a trouvé en 2003 que chez l'homme, 54 % des gènes portent une mutation les empêchant de fonctionner, contre seulement 28 % à 36 % chez les singes. Leur analyse a permis de situer le moment de la divergence. La détérioration aurait commencé voici trois à cinq millions d'années, à une vitesse quatre fois plus grande dans la branche menant à l'homme que chez les autres primates. Cette diminution de l'olfaction est corrélée au développement de la vision, sans que l'on sache s'il y a un lien de cause à effet.

* Des molécules **chirales** sont image l'une de l'autre dans un miroir, comme le sont la main gauche et la main droite.

* **Le dalton** est l'unité de masse utilisée pour les atomes et les molécules. Un dalton correspond à la masse d'un atome d'hydrogène, soit 1,66.10^{-24} g.

LA RECHERCHE A PUBLIÉ

Jean-Pierre Montmayeur, « Quand le cerveau a du nez », janvier 2005, p. 58.

Viviane Thivent et Francesco Bonadonna, « Ces oiseaux qui s'orientent à vue de nez », novembre 2003, p. 52.

Rémi Gervais, « Neurobiologie des odeurs », juillet-août 2001, p. 62.

Joël Candau, « De la ténacité des souvenirs olfactifs », juillet-août 2001, p. 58.

SUR LE WEB

Un cours très complet sur les mécanismes moléculaires de la perception olfactive.
www.123bio.net/revues/vmatarazzo/index.html

Une introduction à tous les mécanismes de l'olfaction (en anglais).
www.leffingwell.com/olfaction.htm

Pourquoi y a-t-il de bonnes et de mauvaises odeurs ?

Pour des raisons biologiques et culturelles. Parfois, la perception olfactive que l'on a d'une molécule dépend de sa concentration. Ainsi, l'indole dégage une note florale proche du jasmin lorsqu'il est dilué, et une odeur fécale lorsqu'il est concentré. Cela tient probablement au fait que le panel des récepteurs olfactifs mis en jeu est d'autant plus diversifié que la concentration de la substance odorante est élevée. À l'autre extrémité de la chaîne de perception olfactive, l'interprétation d'une odeur peut, elle aussi, varier en fonction de la valeur hédonique qui lui est associée, grâce aux liens privilégiés entre le cortex olfactif et l'amygdale, structure cérébrale qui joue un rôle clé dans les émotions. Les souvenirs associés à une odeur donnée peuvent eux aussi influencer la façon dont ces odeurs sont catégorisées. Des chercheurs ont ainsi récemment testé la perception de douze molécules en France, au Vietnam et au Congo. En faisaient partie deux molécules volatiles du fromage, les acides isovalérique et butyrique. En France, on associait bien leurs effluves à celles du fromage. Au Congo, pays récemment en guerre civile, on parlait plutôt de pourriture, de plaies, et d'hôpital. Et au Vietnam, où ces odeurs sont inhabituelles, elles évoquaient l'humidité et le moisi. Enfin, la culture intervient sur le ressenti de chacun, *via* les choix sémantiques qu'elle privilégie par exemple dans ses expressions imagées. C'est ainsi qu'en France une rose sentira toujours meilleur qu'un bouc.

Comment l'odorat s'affine-t-il ?

Dès la cinquième semaine de son développement, alors qu'il ne mesure que 4 millimètres, l'embryon humain possède des structures munies de neurones olfactifs à l'emplacement des futures fosses nasales. Et à huit semaines, les bulbes olfactifs sont proches de ceux de l'adulte. Or, le fœtus est exposé à certains arômes présents dans l'alimentation maternelle, car ils passent dans le sang, traversent le placenta et parviennent dans le liquide amniotique. La barrière placentaire devenant plus perméable au cours de la grossesse, la quantité de ces molécules odorantes augmente. Et le fœtus va s'en souvenir. La preuve ? Quand on lui fait sentir plusieurs liquides amniotiques, un nouveau-né se tourne immanquablement vers le sien. Dès la naissance, il fait la différence entre l'odeur du colostrum de sa mère, celui d'une autre femme et un lait artificiel. Son odorat va s'affiner avec l'expérience, par mise en mémoire, puis reconnaissance des odeurs lors de rencontres successives. Mais aucun entraînement ne pourra rien changer au fait qu'il existe un très fort polymorphisme dans les 347 gènes humains codant des récepteurs olfactifs fonctionnels, avec pour conséquence que nous n'avons pas tous les mêmes récepteurs olfactifs. Du coup, le seuil de sensibilité à une molécule donnée peut varier d'un facteur 100 d'un individu à un autre.

Quelles sont les causes de perte de l'odorat ?

L'obstruction des voies respiratoires, qu'elle soit consécutive à un rhume ou à des allergies, est la première cause d'une baisse transitoire de l'odorat. La muqueuse olfactive s'épaissit sous l'effet de l'inflammation, et dans ses plis et replis certaines adhérences se forment, ce qui aboutit à la destruction de neurones olfactifs. L'inhalation de produits chimiques toxiques (tabac, solvants, pesticides...) peut elle aussi détruire ces neurones, qui présentent

la particularité d'être les seuls à se trouver au contact direct du milieu extérieur – quand bien même leurs cils baignent dans un *mucus* partiellement protecteur. Toutefois, ces altérations de l'odorat sont en général réversibles. Pourquoi ? Parce que les neurones olfactifs des mammifères ont la particularité de se renouveler en permanence. Dès qu'il en meurt (leur durée de vie moyenne estimée à 40 jours chez la souris, et à 100 jours chez l'homme), d'autres apparaissent à partir de cellules souches présentes à la base de la muqueuse olfactive. Ces cellules souches se divisent et donnent naissance à de jeunes neurones dont la dendrite s'allonge jusqu'à la fosse nasale, et l'axone jusqu'à un glomérule. Tant que ces cellules souches ne sont pas touchées, l'odorat peut être récupéré – même si passé l'âge de 60 ans, il décline suite à la dégénérescence des vaisseaux sanguins qui tapissent la muqueuse nasale. Toute récupération est en revanche impossible lorsque les nerfs olfactifs qui relient la muqueuse au bulbe sont cisaillés, par exemple lors d'un traumatisme facial ou crânien. Accidents vasculaires, tumeurs et maladies neurodégénératives peuvent eux aussi engendrer une baisse irréversible de l'odorat ou le modifier, s'ils affectent les diverses régions du cerveau où sont traitées les informations olfactives.

Existe-t-il des nez artificiels ?

Les premiers remontent à une dizaine d'années. Il ne s'agit en rien de prothèses : ce sont des outils destinés à remplacer peu à peu les hommes chargés d'évaluer la qualité olfactive d'un produit (aliments, boissons, parfums), les nuisances olfactives d'industries, de déchetteries, etc. Ces nez artificiels sont constitués d'une batterie de capteurs, capables d'identifier les molécules odorantes soit en les pesant par spectrométrie de masse, soit en réagissant avec elles. Plusieurs types de réactions physicochimiques, qui induisent une variation de température, de conductivité électrique ou encore de couleur, sont exploités. Une interface électronique associée aux capteurs numérise ces variations. Les données enregistrées sont alors traitées par l'ordinateur et comparées à celles mises en mémoire. Le nombre et surtout la sensibilité des capteurs équipant ces nez artificiels limitent néanmoins l'éventail d'odeurs qu'ils peuvent détecter. Les chercheurs travaillent donc à les remplacer par des biocapteurs, avec pour objectif d'utiliser de vraies cellules olfactives.

POUR EN SAVOIR PLUS

- Gérard Brand, *L'Olfaction, de la molécule au comportement*, Solal Éditeurs, 2001.
- André Holley, *Éloge de l'odorat*, Odile Jacob, 1999.

La peau

Une simple enveloppe ? Vision ô combien réductrice ! La peau est un organe à part entière dont les cellules se renouvellent en permanence. Barrière, mais aussi lieu d'échanges. On va même jusqu'à lui attribuer, chez l'homme, le qualificatif de « cerveau étalé ».

Ursula Lenseele
avec la collaboration de

Daniel Schmitt,
directeur de l'unité Inserm « Peau humaine et immunité » à l'hôpital Édouard-Herriot de Lyon.

Tous les animaux ont-ils une peau ?

Pas exactement : au sens strict, la peau est l'apanage des seuls vertébrés. Pour désigner l'ensemble des tissus qui recouvrent un animal quel qu'il soit, on parlera de téguments. Parmi ces derniers, quelle variété ! Chez les organismes unicellulaires, il s'agit de la membrane cellulaire et du revêtement qu'elle peut sécréter. La paroi de nombreuses bactéries, par exemple, leur confère une forme bien définie. Quant aux invertébrés, leur tégument est une couche de cellules épithéliales, faite de plusieurs types de cellules comme les cellules sensorielles ou les glandes. Elle peut porter des cils, voire des épines, et secréter des revêtements qui vont du manteau muqueux des anémones ou des méduses à la cuticule* rigide et articulée des insectes. Cette dernière est en quelque sorte un squelette externe, dur et composé de plusieurs couches de chitine*, auquel sont attachés les muscles. Les vertébrés, eux, ont un squelette interne, et c'est leur peau, faite de deux couches principales – épiderme et derme –, qui assure l'interface avec le milieu aquatique ou aérien. Certains vertébrés sont restés marins, d'autres ont conquis le milieu aérien, et leur peau s'est adaptée. Aussi ceux des amphibiens qui sont restés aquatiques ont-ils une peau fine, recouverte de mucus. Leurs congénères terrestres ont au contraire une peau plus épaisse, cornée. Quant aux reptiles, encore plus affranchis de l'eau, leur peau très épaisse va jusqu'à recevoir, parfois, des contributions osseuses du derme. Au cours de l'évolution, sont ensuite apparus les dinosaures, suivis de leurs descendants contemporains, les oiseaux. Leurs plumes, les annexes épidermiques spécialisées, remplissaient à l'origine la fonction d'isolateur thermique, indispensable au maintien de la température interne élevée et quasiment constante. Avec la peau des mammifères, foin de plumes et place aux poils, là encore selon une échelle très variable : peau glabre chez les cétacés comme les dauphins, très poilue chez les ours polaires.

* Chez les arthropodes, la **cuticule** désigne la couche externe de l'épiderme, constituée principalement de chitine.

* La **chitine** est un polysaccharide contenant de l'azote, de structure semblable à celle de la cellulose.

La peau : barrière ou lieu d'échanges ?

Contrairement à des idées reçues qui eurent longtemps la vie dure, la peau n'est pas qu'une simple enveloppe : c'est aussi un lieu d'échanges. Certes, elle joue le rôle de contenant en empêchant que les liquides vitaux ne s'échappent du corps. Il s'agit là d'une fonction vitale chez l'homme, comme chez tout autre organisme terrestre, car nous sommes composés d'environ 70 % d'eau, alors que nous évoluons dans un milieu aride. La couche cornée de l'épiderme [fig. 1] et le film hydrolipidique – mélange de sueur et de sébum sécrétés par des glandes – se révèlent, à cet égard, très efficaces. La capacité qu'ont les substances lipidiques à franchir cette barrière est explorée et exploitée par l'industrie pharmaceutique : là réside l'intérêt des patchs, dont les molécules diffusent à travers la peau et sont absorbées de manière plus constante par l'organisme que des médicaments ingérés ou injectés.

La peau joue également le rôle de barrière immunitaire *via* certaines de ses cellules, les cellules de Langerhans. Celles-ci sont les premières à se trouver au contact d'un micro-organisme infectieux, et migrent ensuite vers les ganglions les plus proches pour présenter les antigènes étrangers aux lymphocytes, et les activer. N'oublions pas, non plus, les cellules génératrices du pigment, les mélanocytes, qui sont à l'origine de la couleur et qui contribuent à la protection des tissus exposés aux rayonnements solaires.

Mais la peau est aussi un lieu d'échanges considérables, absolument vitaux pour certaines espèces. C'est le cas des amphibiens. Même si l'adulte fait l'acquisition de poumons, il garde une capacité à respirer par la peau, héritée du temps où il était larve. Lisse, nue, très fine et recouverte d'un mucus gluant, cette peau laisse pénétrer l'oxygène qui va gagner les vaisseaux sanguins localisés en surface. Elle est aussi perméable à l'eau dans les deux sens. Mais le mucus, qui préserve son humidité, empêche l'évaporation et évite la déshydratation due au vent et au soleil. La perméabilité très importante de la peau chez les amphibiens explique leur sensibilité à la pollution ! D'autres animaux utilisent la peau de façon annexe pour respirer. Le turbot, par exemple (et plus généralement les poissons plats dépourvus d'écailles), pompe 30 % de l'oxygène dont il a besoin par cette voie ! Faculté qui lui permet de résister à l'appauvrissement du milieu en oxygène, voire à... sa mise hors de l'eau. La peau joue aussi un rôle dans les échanges de chaleur, notamment chez les animaux homéothermes comme les mammifères qui doivent garder leur température constante. La dilatation des vaisseaux sanguins superficiels, et l'évaporation de la sueur à la surface cutanée constituent les mécanismes régulateurs essentiels. Enfin, rappelons la fonction tactile de cette interface entre l'organisme et l'environnement.

Qu'est-ce que la chair de poule ?

En amont, se trouve le frisson, réponse au froid de la plupart des espèces à sang chaud dont la température est indépendante de celle du milieu ambiant. La contraction des muscles sous-cutanés provoque une augmentation de la température au niveau

Fig.1 Structure de la peau humaine

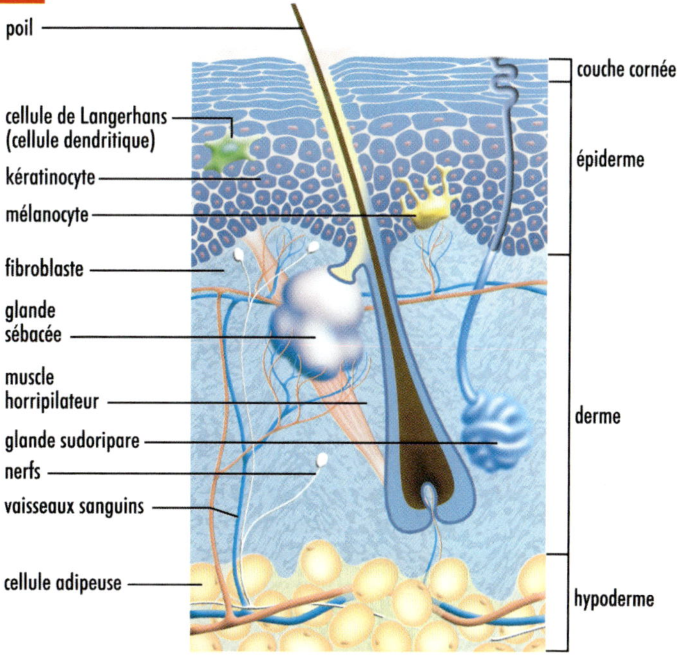

LA PEAU HUMAINE EST FORMÉE DE DEUX COUCHES PRINCIPALES, l'épiderme et le derme. L'hypoderme est une couche plus profonde qui contient les cellules adipeuses. À la surface, la couche cornée est principalement composée de cellules mortes. © D.R.

LA RECHERCHE A PUBLIÉ

Jean-Paul Escande, « La peau change de statut », hors-série n° 12, juillet 2003, p. 70.

* Les **phanères** sont les éléments apparents sur la peau, tels que les poils, les plumes, les ongles ou les griffes.

de la peau. Puis apparaît la chair de poule, résultat de la contraction des muscles horripilateurs (redresseurs de poils) attachés au niveau du sac dans lequel se trouve le poil. Qui dit contraction, dit gonflement, d'où la petite bosse caractéristique à la surface de la peau. Il s'agit d'un souvenir du temps où l'homme était beaucoup plus poilu et où, comme d'autres animaux à fourrure et à plumes, il pouvait contrôler l'épaisseur de la couche d'air emprisonnée entre ses phanères*, en tirant parti de l'érection de sa pilosité pour s'isoler du froid... Fourrure et plumes ne sont pas les seuls moyens mis en place par les homéothermes pour se protéger du froid. N'oublions pas la couche de graisse sous-cutanée ! Elle est primordiale chez les animaux aquatiques comme le phoque.

Pourquoi transpire-t-on ?

Lorsqu'il fait chaud, les animaux à sang chaud cherchent à abaisser la température de leur peau. Les grandes oreilles des éléphants leur sont bien utiles pour se rafraîchir ! Quatre mètres carrés recto verso, parcourus par un important réseau de vaisseaux sanguins : voilà qui représente une considérable surface d'échange avec l'air. C'est donc en battant des oreilles que l'éléphant abaisse sa température sanguine. Un système original, mais loin d'être le plus répandu : chez de nombreuses espèces, on observe un mécanisme de refroidissement par évaporation d'eau. À quel niveau ? Les poumons ou la peau. On parle alors de halètement ou de sudation. L'eau peut aussi provenir de la salive (et être répartie sur le corps par léchage comme chez le rat), ou de l'urine, comme chez certains oiseaux tropicaux. L'éléphant (encore lui) utilise l'eau de son bain, et le nombre important de ses rides cutanées fait que l'humidité y perdure plus que sur une peau lisse. Et la sudation ? Elle n'est utilisée que par quelques mammifères seulement, dont l'homme, les équidés et les camélidés. Avec ses 500 à 1 000 glandes sudoripares par centimètre carré, l'homme détient un record quantitatif et qualitatif. Car, lorsque les glandes sudoripares ne sont présentes qu'à certains endroits bien spécifiques, comme la pulpe digitale chez les chats, la sueur est bien peu efficace en matière de refroidissement... C'est qu'elle a aussi d'autres fonctions. Il y a en effet deux types de glandes sudoripares : les glandes eccrines et les glandes apocrines. Ce sont les premières qui, réparties sur tout le corps, sécrètent une sueur jouant le rôle de régulateur thermique lors de l'évaporation. Les glandes apocrines, elles, ne sont localisées qu'en certains points du corps (aisselles, périnée chez l'homme). La production de sueur par ces glandes ne répond pas à une stimulation thermique mais à des stimuli émotionnels importants ou à des hormones sexuelles. Chez l'homme, leur rôle n'est pas bien connu, mais chez les autres mammifères, elles sont impliquées dans la reconnaissance olfactive entre individus et jouent parfois un rôle dans la sexualité, comme chez le célèbre putois.

La peau se renouvelle-t-elle ?

« Il était un pauvre serpent qui collectionnait toutes ses peaux : l'Homme. » En l'occurrence, Jean Giraudoux avait tort. Car même si l'on n'y pense pas de prime abord, l'homme, comme tous les mammifères, voit sa peau constamment renouvelée ! Ce sont les cellules basales de l'épiderme qui, en migrant, remplacent les cellules mortes en surface, perdues par desquamation. C'est qu'il y a, dans les follicules pileux des mammifères adultes, des cellules souches multipotentes capables d'engendrer toutes les lignées cellulaires épithéliales de la peau. Ce sont elles qui donnent naissance, tout au long de la vie de l'animal, aux cellules basales de l'épiderme, et assurent son renouvellement. Elles, également, qui interviennent dans le processus de cicatrisation. En cas de blessure, la peau est en effet capable de s'autoréparer, soit par la migration de cellules basales de l'épiderme sain, soit par la migration de cellules souches en provenance des follicules pileux. Voilà qui ouvre de nouvelles perspectives dans les cas de cicatrisation difficile. On peut imaginer déposer, sur la plaie, des molécules capables d'orienter ces cellules souches vers leur différenciation en épiderme. Et s'en servir aussi, peut-être, pour reconstruire une peau de qualité chez les grands brûlés.

Tous les animaux ne renouvellent pas leur peau de cette manière progressive. Pour grandir, les reptiles se défont de leur peau lors de la mue. Lors de ce phénomène, les cellules germinatives de l'épiderme se multiplient pour former une nouvelle couche de cellules kératinisées qui va se placer sous l'ancienne. Un liquide visqueux, la lymphe, diffuse alors sous cette dernière. Le passage de la lymphe et l'action d'enzymes créent un espace qui sépare l'ancienne couche cornée de la nouvelle, et l'animal peut alors quitter sa vieille peau. Les tortues et les crocodiliens muent par petits lambeaux, les lézards en plusieurs grands morceaux, les serpents en une seule fois. Chez l'homme, la desquamation normale est invisible à l'œil nu. Toutefois, pendant les états inflammatoires, dans certaines pathologies et lors du vieillissement, les cellules de la couche cornée ne se détachent plus individuellement mais par paquets, ce qui se manifeste cliniquement comme des pellicules, squames ou tout simplement par la « sécheresse » cutanée.

Comment et pourquoi fabrique-t-on de la peau artificielle ?

La peau est le premier tissu à avoir été reconstruit en laboratoire. Au cours des années 1970, l'Américain Howard Green dépose des cellules épidermiques dans des boîtes en plastique contenant des milieux nutritifs. Il observe alors que non seulement les cellules ne meurent pas, mais qu'au contraire elles se multiplient pour donner un épiderme stratifié. Les scientifiques parviennent ensuite à mettre en culture d'autres cellules cutanées comme les mélanocytes et obtiennent un épiderme qui ressemble à de la peau d'embryon. Puis une équipe française découvre qu'en plaçant cette peau à l'interface air-liquide une couche cornée faite de plusieurs assises de cellules mortes se forme spontanément. C'est précisément ce type d'épiderme de culture qui est utilisé pour greffer les grands brûlés. Dans un premier temps, un pansement de collagène, qui sert d'équivalent dermique et va boucher les plaies, est placé sur la brûlure nettoyée. Parallèlement, des cellules épidermiques prélevées par biopsie sur des tissus non brûlés sont mises en culture. À partir de deux centimètres carrés de tissu, on obtient en quinze jours une surface totale d'un mètre carré. Les lambeaux d'épiderme sont alors agrafés sur le lit de greffe. Le derme, lui, se reconstituera de lui-même après plusieurs années.

Mais il est aussi possible de reconstituer, en laboratoire, la peau dans son entier : l'épiderme avec ses différentes cellules (kératinocytes, mélanocytes, cellules de Langerhans), le derme avec ses fibroblastes qui vont synthétiser le collagène et l'élastine, des vaisseaux sanguins, des cellules immunitaires et des éléments nerveux [fig. 1]. On sait même y implanter des « embryons » de poils. Cette peau reconstruite avec plusieurs types cellulaires n'est pas utilisée dans les greffes de peau car elle est trop complexe pour être rapidement préparée en grandes quantités. En revanche, elle est mise à profit en cosmétologie et en pharmacologie. Produite dans les conditions n'autorisant pas la kératinisation (elle devient, du coup, une muqueuse), elle permet, par exemple, de tester la pénétration du virus du sida et l'efficacité des médicaments antiviraux. Dans le domaine des allergies, cette peau artificielle permet d'évaluer les réactions allergiques cutanées à divers produits et, dans le cas de l'eczéma, de tester différentes

solutions pour éviter le déclenchement de la réaction allergique. Par ailleurs, tout ce que l'on apprend sur la reconstitution cutanée sert à élaborer des protocoles de reconstitution d'autres tissus épithéliaux, y compris les modèles de pathologies.

Le contact est-il essentiel ?

La peau est l'organe du toucher, le deuxième sens après la vue en termes d'informations traitées par le cerveau. Ce sont les terminaisons des fibres nerveuses situées dans la peau, les récepteurs sensoriels, qui vont réagir à la pression, à la température ou à la douleur. Toutes les parties du corps n'ont pas la même sensibilité car elles ne possèdent pas le même nombre de récepteurs tactiles. Chez l'homme, ces récepteurs sont plus nombreux au niveau de la paume des mains, de la pulpe des doigts, et du visage, qu'au niveau du dos. Ces récepteurs vont traduire, en ce qui concerne le toucher, l'intensité, la force et la durée de la pression qu'ils subissent. L'information est ensuite transmise au cortex cérébral, au niveau de l'aire sensitive corticale qui est la projection précise de tous les points du corps. Le cerveau élabore alors une réponse au stimulus détecté par les récepteurs tactiles.

Le toucher est un sens vital, qu'il soit manuel ou autre. C'est, par exemple, grâce à un léchage intensif que certains animaux mettent en route les fonctions vitales de leur progéniture. Mais le toucher est essentiel dès avant la naissance : les contacts *in utero* sont indispensables aux petits des mammifères. Le psychologue américain Harry Harlow, spécialiste du développement et du comportement humain, avait démontré, dans les années 1960, l'importance du contact chez les bébés singes. Les contacts physiques permettent au prématuré de développer et de structurer les connexions nerveuses de l'encéphale et l'amènent ainsi au même niveau de développement que le bébé né à terme. Le contact cutané représente, de plus, une forme de développement de l'identité. Lors d'hospitalisations prolongées, la privation du contact physique avec la mère et le manque de *stimuli* peuvent plonger l'enfant dans un véritable état dépressif. Plus tard, le toucher continue à avoir une grande importance : il acquiert notamment une fonction sociale qu'illustre par exemple la poignée de main. Cette fonction sociale n'est pas l'apanage des primates. On la retrouve, sous une forme ou une autre, chez nombre d'animaux, les orques, par exemple, à la peau très sensible, lors de la parade nuptiale, se frottent contre des galets. Cela n'est pas un signe de démangeaisons dues à de quelconques parasites dont ils essaieraient de se débarrasser, mais fait partie du rituel amoureux.

La peau reflète-t-elle nos états d'âme ?

L'épiderme et le système nerveux ont une origine embryonnaire commune, puisqu'ils proviennent tous deux de l'ectoderme. En quelque sorte, la peau est un peu comme un « cerveau étalé ». Sous l'angle neurobiologique, elle a gardé quelques propriétés du système nerveux. Et sous l'angle psychanalytique, elle pourrait révéler des troubles psychologiques plus ou moins enfouis dans l'inconscient.

C'est l'observation d'un lien entre certaines maladies cutanées (psoriasis, acné, etc.) et le stress qui a relancé, ces dernières années, la recherche de liens entre peau et système nerveux. Comme la peau est innervée, on a réalisé qu'elle renfermait des neuromédiateurs dès la découverte de ceux-ci. Mais, jusqu'à une date récente, on leur avait conféré un rôle uniquement sensitif ou neurovégétatif. Ce n'est que depuis une vingtaine d'années qu'on a commencé à comprendre que les fibres nerveuses sécrètent des neuromédiateurs dans des circonstances variées, et qu'ils jouent un rôle dans l'inflammation, dans l'immunité et dans toutes les fonctions cutanées. Puis on a découvert, il y a moins de dix ans, que les cellules cutanées produisent elles aussi des neuromédiateurs. Aujourd'hui,

SUR LE WEB

Un chapitre dédié à la peau et aux phanères sur ce site de la faculté de médecine Pitié-Salpêtrière dédié à l'histologie.
www.chups.jussieu.fr/polys/histo/histoP2/peau.html

Un article entièrement consacré aux kératines.
http://ist.inserm.fr/basismedsci/2002/ms_1_2002/sommaire/45_02.pdf

Un portail internet animé par un dermatologue.
www.dermatonet.com/

on sait que tous les types de cellules de la peau en sont capables. Prudence cependant, car pour l'instant, ces résultats n'ont été obtenus qu'*in vitro*. *In vivo*, l'incertitude demeure : quand et comment y a-t-il production ? Une relation difficile à étudier, en raison de l'instabilité des neuromédiateurs.

Aujourd'hui, les chercheurs savent que le système nerveux contrôle de nombreuses fonctions cutanées et que des anomalies de ce contrôle sont à l'origine de maladies cutanées, ou vont aggraver ces maladies. Certaines maladies de peau peuvent donc avoir une composante psychosomatique qui doit être recherchée. Si elle est diagnostiquée, la prescription de psychotropes ou une psychothérapie peuvent être un complément utile au traitement dermatologique. L'état de la peau serait donc le reflet de nos agitations. Ce type de recherche présente un grand intérêt pour l'industrie. Peut-on rêver qu'un jour l'application d'une pommade suffira à nous déstresser ?

Fig.2 La peau et le soleil

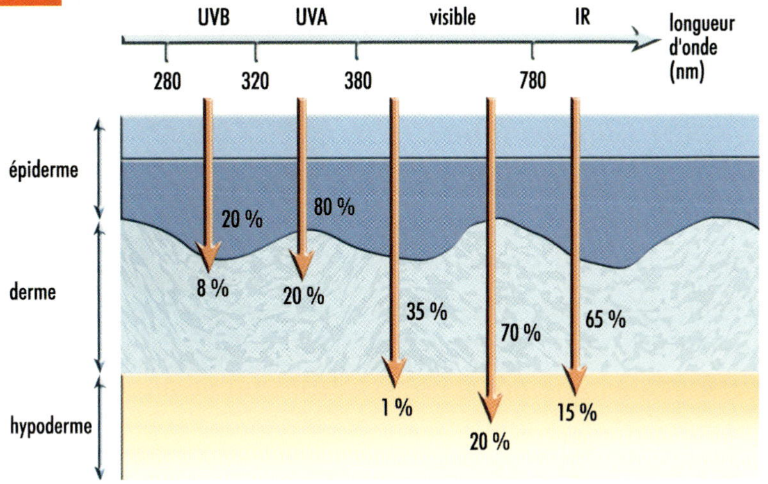

LA PEAU ABSORBE UNE BONNE PARTIE DU RAYONNEMENT SOLAIRE, avec une efficacité qui varie selon les longueurs d'onde et selon la concentration en mélanine de la peau (ici, absorption chez une personne à peau claire). © D.R.

La peau est-elle un objet symbolique ?

La peau humaine est un organe visible et, comme tel, un élément essentiel du paraître. Elle est le support de certaines formes de communication entre les hommes, et entre les hommes et leurs dieux, notamment par la réalisation des tatouages, pratique universelle. Les tatouages sont associés à de multiples religions : c'est un moyen de dialogue avec le monde des divinités, une protection contre les mauvais esprits, etc. Ce rituel se différencie de la scarification, incision qui aboutit à une cicatrice en creux ou en relief, et sculpte la peau foncée, alors que le tatouage utilise les pâleurs de la peau claire. Les scarifications sont notamment réalisées dans les rites de passage à l'âge adulte. Le tatouage pratiqué aujourd'hui en Occident se dégage de toute symbolique religieuse, mais participe au langage social. Langage qui inclut aussi le maquillage, l'usage du parfum, la coiffure... ou le bronzage, qui a pris son essor au XXe siècle, lorsqu'il a cessé d'être la preuve de l'obligation de participer aux travaux paysans pour devenir le témoin de la capacité du « bronzé » à se payer des vacances au soleil.

La peau joue un autre rôle extrêmement important du point de vue du paraître : elle est le premier organe à montrer des signes de vieillissement. Car avec l'âge, les fibroblastes synthétisent moins de collagène, et les fibres élastiques cessent de se former après cinquante ans. La lutte contre le vieillissement cutané est presque aussi vieille que les rides elles-mêmes : elle est déjà mentionnée sur les papyrus égyptiens !

POUR EN SAVOIR PLUS

- Colette Dezutter-Dambuyant, *Biologie de la peau humaine*, Inserm, 2004.
- Laurent Misery, *La Peau neuronale. Les nerfs à fleur de peau*, Ellipses, 2000.
- Alexandre Mélissopoulos et Christine Levacher, *La Peau. Structure et physiologie*, Tec & Doc Lavoisier, 1998.
- Daniel Schmitt et Valèrie Noly, *L'Homme et sa peau*, Arppam Édition, Muséum de Lyon, 1996.

L'os

L'os permet le maintien du corps : il n'en fallait pas plus pour lui donner l'image d'une structure figée. Cette vision est néanmoins réductrice. Usine cellulaire en constante transformation et lieu de stockage de minéraux, l'os est avant tout vivant.

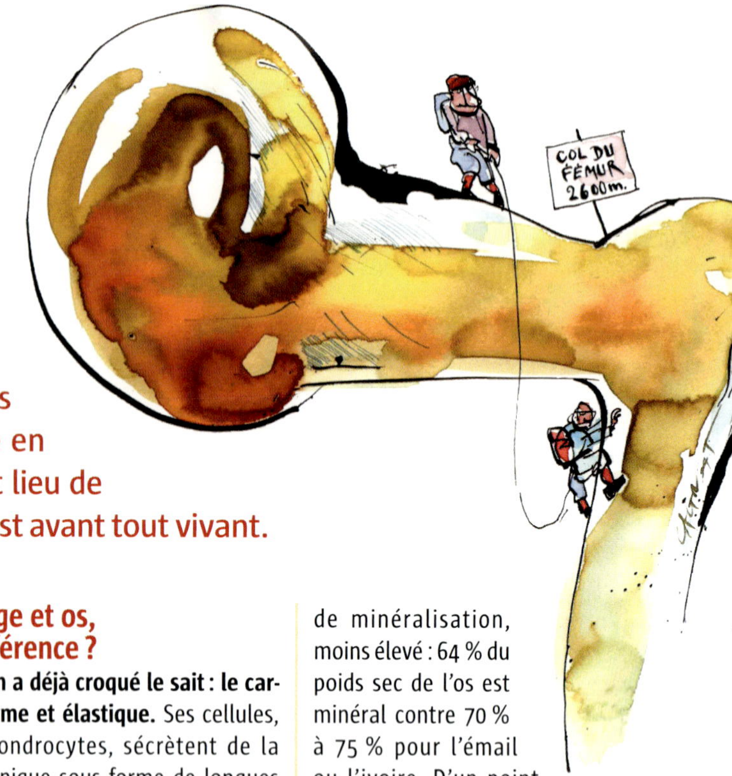

Viviane Thivent
avec la collaboration de

Jean-Denis Vigne,
directeur de recherches au CNRS, directeur de l'équipe « Archéozoologie, histoire des sociétés humaines et des peuplements animaux » au Muséum national d'histoire naturelle,

Joël Blondiaux,
médecin et membre du centre d'études paléopathologiques du Nord.

Cartilage et os, quelle différence ?

Quiconque en a déjà croqué le sait : le cartilage est ferme et élastique. Ses cellules, appelées chondrocytes, sécrètent de la matière organique sous forme de longues molécules de collagène et de protéoglycanes*. L'ensemble ne représente toutefois qu'une faible portion de la matrice cartilagineuse. Celle-ci est, en effet, constituée de 70 % à 80 % d'eau. Pas un vaisseau sanguin ne l'irrigue. Le transport de l'oxygène ou des nutriments vers les chondrocytes s'effectue donc par simple diffusion à partir de vaisseaux sanguins de surface.

L'os, lui, présente une structure bien différente : il est non seulement calcifié, mais aussi vascularisé et innervé. Le collagène que sécrètent les cellules osseuses, les ostéoblastes, s'associe à des minéraux (calcium et phosphore), acheminés jusqu'aux ostéoblastes par la circulation sanguine. Quant aux arêtes qui indisposent tant les gourmets, ce sont bien des os. Mais elles se forment par ossification intermusculaire et ne s'attachent que rarement à la colonne vertébrale. Ce qui explique que, dans l'assiette, elles restent cachées dans la chair !

Les tissus osseux se distinguent de ceux des dents, de l'émail ou de l'ivoire, par leur degré de minéralisation, moins élevé : 64 % du poids sec de l'os est minéral contre 70 % à 75 % pour l'émail ou l'ivoire. D'un point de vue évolutif, cartilage et os seraient apparus à peu près simultanément, il y a 400 millions d'années. Du point de vue ontogénique, le cartilage constitue une grande partie du squelette des vertébrés, au début de leur développement. Il est ensuite remplacé par du tissu ossifié, sauf chez les requins, les raies ou les chimères, poissons cartilagineux de la classe des chondrichthyens.

Comment l'os grandit-il ?

En 1864, l'anatomiste allemand Karl Gegenbaur identifie, dans les os en croissance, des « corpuscules granulaires » actifs qu'il baptise ostéoblastes. Ces cellules participent aux deux processus d'ossification existants, dont l'un aboutit à la formation des os courts ou plats (par exemple, les omoplates) et l'autre, à la formation des os longs (ceux des membres). Le premier processus s'effectue à partir d'un tissu vascularisé, d'où son nom d'ossification dermique. Des cellules souches présentes dans ce tissu se différencient en ostéoblastes, qui sécrètent alors la

* Les **protéoglycanes** sont des protéines contenant une ou plusieurs chaînes de glucides.

matrice osseuse. Une fois la minéralisation achevée, les ostéoblastes sont nommés ostéocytes. Ils forment petit à petit des barres, les travées, dont le diamètre augmente au fur et à mesure que la matrice se calcifie à leur surface. Les travées finissent par se rejoindre, emprisonnant ainsi nerfs et vaisseaux sanguins. Ce processus induit la soudure de certains os immatures, d'où la réduction du nombre de noyaux osseux qui a lieu entre la naissance et l'âge adulte.

Dans le second type d'ossification, des vaisseaux sanguins envahissent le cartilage et y déposent des chondroclastes qui le désintègrent et des ostéoclastes qui construisent de la matière osseuse. C'est pour cette raison qu'on l'appelle ossification endochondrale [fig. 1]. Elle a beau avoir lieu dans le cartilage, il ne s'agit pourtant pas d'une ossification de ce dernier, mais de son remplacement par du tissu osseux. La croissance en épaisseur des os dermiques est assurée par des ostéoblastes localisés dans la membrane qui entoure l'os, le périoste. Chez les mammifères, la croissance en longueur des os longs se produit par apposition de matière osseuse au niveau d'une bande de cartilage située entre la partie centrale et l'extrémité de l'os. La croissance s'arrête lorsque ce cartilage disparaît au profit d'une couche d'os qui soude ces deux entités. Comme le phénomène se produit à différents moments de la croissance selon l'os considéré, l'observation radiographique de l'état de soudure des os permet d'estimer l'âge osseux de l'organisme. En 1895, Wilhelm Röntgen, le découvreur des rayons X, prend une radiographie de la main de sa femme : les os apparaissent, mais pas le cartilage. Aujourd'hui, une simple radiographie de la main suffit pour détecter d'éventuelles anomalies de croissance.

L'os est-il fragile ?

Partie intégrante du squelette, l'os permet le maintien du corps, la protection des organes vitaux et la motricité de l'organisme.
Il est à la fois solide et élastique. Les cristaux minéraux lui confèrent sa dureté mais ils se casseraient facilement sans la présence du collagène ou des protéoglycanes. Déformables jusqu'à un certain seuil, les fibres de collagène commencent à se déchirer lorsque la tension exercée sur l'os est trop forte. À ce stade, ce ne sont que des microfractures qui préservent les cristaux inorganiques et retardent l'arrivée de la fracture massive. Dans la maladie dite des os de verre, une anomalie génétique entrave la formation d'un collagène

Fig.1 Du cartilage à l'os

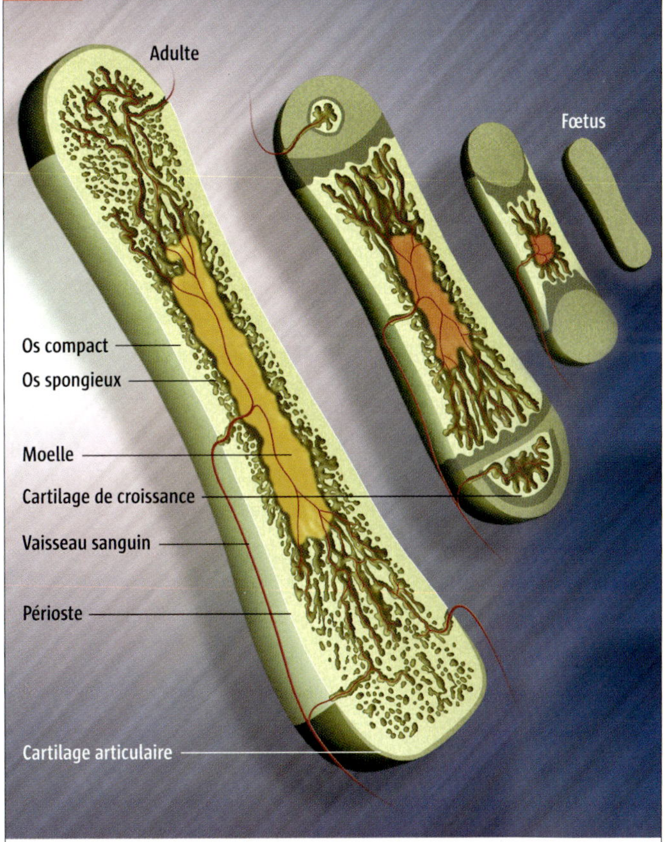

CHEZ LE FOETUS, les os longs sont entièrement cartilagineux. Le cartilage de croissance se multiplie et permet l'allongement de l'os. Il disparaît à terme, laissant un os entièrement minéralisé. La croissance en épaisseur des os dermiques est assurée par des ostéoblastes localisés dans la membrane qui entoure l'os, le périoste.
© INFOGRAPHIE SYLVIE DESSERT

LA RECHERCHE A PUBLIÉ

Nicolas Chevassus-au-Louis, « Le puzzle de l'os artificiel », hors-série n°12, juillet 2003, p. 34.

Evelyne Peyre, « Une mémoire enfouie dans l'os », hors-série n°6, novembre 2001, p. 41.

correct. C'est pourquoi les os se rompent au moindre coup.

À une échelle plus large, dans un même os, la présence de deux densités osseuses, spongieuse et compacte, le rend à la fois dur et léger. En surface, l'os compact est un tissu où les travées remplissent tout l'espace, d'où son nom. Il confère à l'os sa résistance aux chocs. L'os spongieux possède quant à lui des travées très espacées, ce qui lui donne l'aspect d'une éponge. Il emplit les extrémités des os longs et le cœur des os plats. Cela permet d'atténuer la violence des pressions reçues lors des déplacements de l'organisme : l'os spongieux agit alors comme un amortisseur.

La cavité centrale de l'os peut être comblée par des sacs à air pour certains os d'oiseaux. Une adaptation également observée dès le Trias, il y a 230 millions d'années, chez des dinosaures volants.

L'os est-il remodelable ?

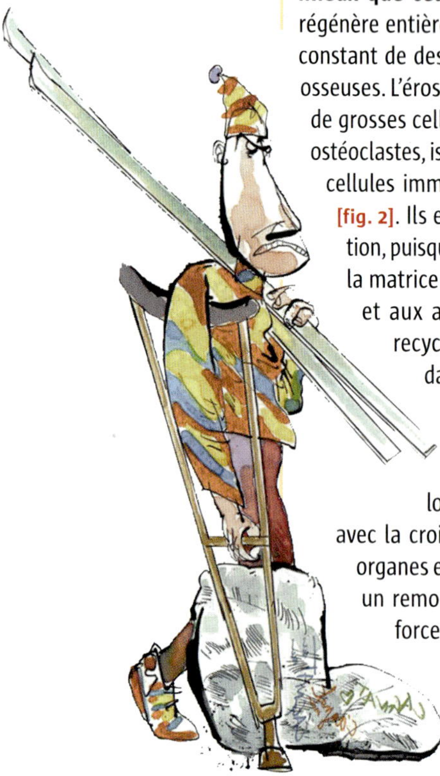

Mieux que cela ! Le squelette adulte se régénère entièrement en dix ans par un jeu constant de destruction et de construction osseuses. L'érosion de l'os résulte de l'action de grosses cellules à plusieurs noyaux, les ostéoclastes, issues de la fusion de plusieurs cellules immunitaires, les macrophages [fig. 2]. Ils en gardent d'ailleurs la fonction, puisque les ostéoclastes dégradent la matrice osseuse grâce aux enzymes et aux acides qu'ils produisent, et recyclent le calcium en le libérant dans la circulation sanguine. Ce phénomène permet le creusement de la cavité centrale des os, le développement des os en harmonie avec la croissance des muscles ou des organes et enfin, même chez l'adulte, un remodelage qui est fonction des forces de pression et de traction exercées. Parfois, les ostéoclastes, anormaux, ne parviennent pas à résorber correctement l'os. D'où une augmentation progressive de la densité osseuse qui provoque des problèmes neurologiques et hématologiques tels que ceux observés dans l'ostéopétrose.

Difficile enfin de parler de remodelage sans parler de la réparation des fractures. Celles-ci sont tout d'abord consolidées, en quelques semaines, par un cal de tissu conjonctif puis cartilagineux. Cet os immature est ensuite remplacé progressivement par un os calcifié. Le temps nécessaire à une résorption complète augmente avec l'âge de l'individu, la moyenne étant de deux mois. Cependant, il arrive parfois que le cal ne se calcifie pas normalement. C'est notamment le cas pour les côtes, que la respiration maintient en mouvement permanent. Il se forme alors une sorte de « nouvelle articulation » résultant du traumatisme.

Quel rôle pour la moelle osseuse ?

Sous le terme de moelle osseuse se cachent en fait deux substances : la moelle jaune, graisseuse, et la moelle rouge. À la naissance, tous les os sont gorgés de moelle rouge, qui se transforme progressivement en moelle jaune. Au stade adulte, seuls les os plats, courts, et les extrémités de quelques os longs renferment encore de la moelle rouge, soit moins de 50 % de la moelle totale. Cette moelle rouge joue un rôle primordial. Elle est en effet le siège de la production permanente des cellules du sang : plaquettes responsables de la coagulation, globules blancs mobilisés lors des réactions immunitaires, globules rouges impliqués dans le transport de l'oxygène (lire « Le sang » p. 38). Un type cellulaire unique, capable de proliférer et de se différencier, leur donne naissance : c'est la cellule souche hématopoïétique.

Dès la fin du XIXe siècle, soit bien avant la naissance du concept de « cellule souche », la moelle osseuse avait été identifiée comme la zone de production des cellules sanguines, d'où l'idée de l'utiliser pour soigner des patients atteints de leucémie.

En 1958, quatre physiciens yougoslaves irradiés sont guéris *in extremis* par une greffe de moelle. Le potentiel thérapeutique des cellules de la moelle osseuse prend corps. La méthode n'est cependant pas au point : la compatibilité immunitaire du greffon avec l'organisme receveur reste problématique. En 1976, la première autogreffe est réalisée : un peu de moelle du patient lui est prélevée, puis réinjectée après qu'il a subi une radiothérapie. Des greffes sont aussi réalisées à partir de donneurs étrangers.
Ces allogreffes n'ont cependant de chances de succès que si donneur et receveur sont suffisamment proches sur le plan immunologique. Aujourd'hui, on favorise la sélection des cellules souches prélevées dans le sang (85 % des sources actuelles de greffon). Les cellules sont ensuite cultivées en laboratoire pour accroître leur nombre, puis réinjectées au malade.

Notre alimentation joue-t-elle sur la santé des os ?

Oui, surtout pendant la croissance, la grossesse ou l'allaitement, autrement dit chaque fois que le métabolisme calcique est modifié.
Plus d'un tiers du capital osseux se constitue à l'adolescence. Durant cette période, les apports en calcium et en vitamines sont déterminants pour la santé osseuse future. Normalement puisé dans l'alimentation, le calcium est en effet prélevé dans les os en cas d'apports insuffisants. Par exemple, dès la huitième semaine de grossesse, une femme enceinte doit subvenir aux besoins calciques de son fœtus. En cas de déficit alimentaire en calcium, son stock osseux sera particulièrement entamé.
Le métabolisme du calcium est contrôlé par trois hormones : un stéroïde dérivé de la vitamine D qui augmente son absorption intestinale, la parathormone (PTH) qui régule sa concentration dans le sang et la calcitonine qui inhibe la destruction osseuse. La vitamine D est synthétisée par la peau sous l'action des rayons UV ; une trop faible quantité entraîne une hypocalcémie pouvant conduire au rachitisme, car la minéralisation de l'os nouvellement formé est imparfaite.
Le manque de calcium n'est toutefois pas le seul à incriminer en matière de mauvaise santé osseuse. Souvent prisée par les adolescents, une alimentation trop riche en phosphore (du type hamburger et soda) conduit à une augmentation de la proportion de phosphore stocké dans le tissu osseux, ce qui le fragilise. De même, un excédent alimentaire en vitamine A, substance favorisant les processus de croissance et que l'on trouve dans le beurre ou les œufs, semble augmenter la probabilité de fracture.

Fig.2 La croissance des os longs

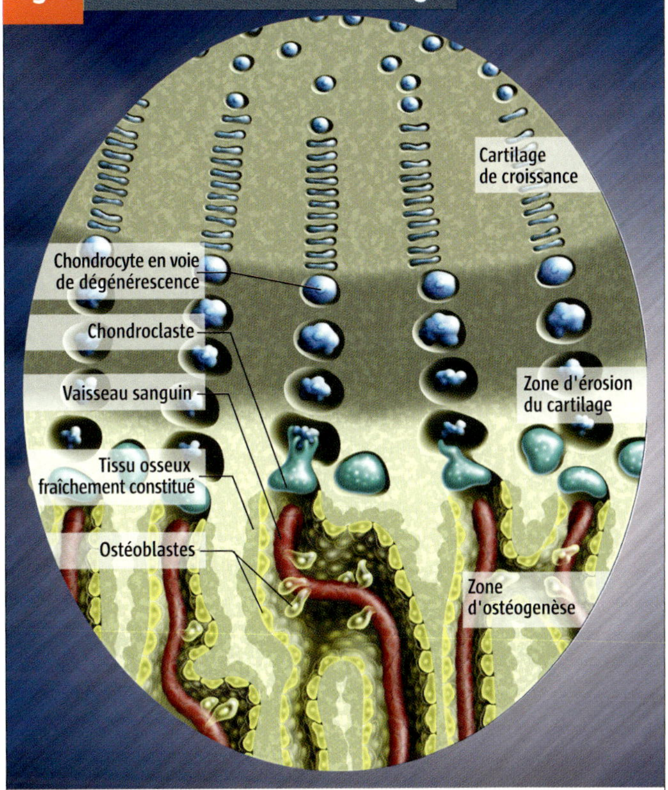

DES VAISSEAUX SANGUINS ENVAHISSENT LE CARTILAGE et y déposent des chondroclastes, qui le désintègrent et des ostéoblastes, qui sécrètent une matrice calcifiée. Chez les mammifères, la croissance en longueur des os longs se produit par apposition de matière osseuse au niveau d'une bande de cartilage située entre la partie centrale et l'extrémité de l'os. © INFOGRAPHIE SYLVIE DESSERT

SUR LE WEB

Un cours de l'université de Saint-Etienne sur le tissu osseux.
http://dossier.univ-st-etienne.fr/lbto/www/tissu-osseux/

L'os vieillit-il ?

Jusqu'à 35 ans, la balance entre construction et destruction osseuses est équilibrée. La résorption prend ensuite le pas sur la construction, et l'os se fragilise. Plus le capital osseux constitué en amont est important, plus la fragilisation est tardive. L'accentuation pathologique de ce vieillissement naturel s'appelle l'ostéoporose (« os poreux »). Les travées de l'os spongieux se raréfient et le tissu compact s'amincit, cela d'autant plus rapidement que le métabolisme de l'os est actif, comme c'est le cas dans la hanche. Un manque d'exercice, une carence en calcium ou en vitamine D facilitent son apparition. Rien que dans l'Union européenne, l'ostéoporose provoque une fracture toutes les 30 secondes. Premières victimes ? Les femmes. Une sur trois entre 60 ans et 70 ans. Et pour cause : leur capital osseux est moins important que celui des hommes et la ménopause provoque une carence soudaine en œstrogènes. D'où un développement accru des ostéoclastes qui bouleverse le remodelage osseux. Comment pallier ce phénomène ? Un premier mode d'action consiste en la prise de traitements hormonaux de substitution. Toutefois, certains d'entre eux sont aujourd'hui remis en question car ils augmenteraient les risques de développer un cancer du sein. Restent les suppléments vitamino-calciques ou les biphosphonates* pour empêcher la résorption osseuse. Il n'existe pas aujourd'hui de traitement capable de stimuler la formation osseuse même si des espoirs sont portés par la parathormone.

Une autre forme de vieillissement accéléré est l'ostéoporose dite de « désuétude ». Lors des immobilisations de longue durée, sur un lit d'hôpital par exemple, les patients subissent une forte décalcification car le renouvellement osseux est aussi fonction du poids exercé sur l'os. Une partie du calcium est recyclée, puis évacuée par les urines. Un phénomène similaire se produit lors des voyages spatiaux, ce qui n'est pas sans conséquence lors du retour sur Terre.

Peut-on créer de l'os artificiel ?

En général, les fractures se résorbent d'elles-mêmes. Il suffit de remettre en place les fragments osseux et d'immobiliser. Quand ce n'est pas le cas, une intervention plus importante est nécessaire : il s'agit alors de remplacer l'os. C'est à la fin du XIXe siècle qu'apparaissent les premières prothèses articulaires, alors en ivoire ou en titane. En 1962, l'Anglais John Charnley pose la première prothèse totale de hanche. Aujourd'hui, en France, deux millions de personnes vivent avec une prothèse articulaire. Cette solution n'est cependant que temporaire, car la prothèse doit être changée tous les 10 à 20 ans. Une autre voie est de faciliter la construction osseuse en greffant des fragments d'os. Le

Fig.3 Les cellules osseuses

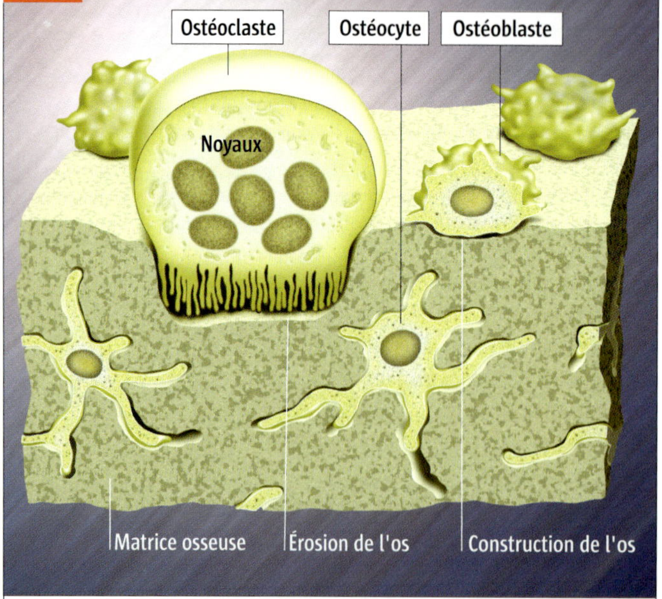

TROIS TYPES CELLULAIRES PARTICIPENT À LA VIE DE L'OS. De grosses cellules à plusieurs noyaux, les ostéoclastes, détruisent la matrice cartilagineuse grâce aux enzymes et aux acides qu'ils sécrètent. Les ostéoblastes, eux, sécrètent la matrice osseuse. Une fois achevée la calcification de cette dernière, ils se retrouvent piégés en son sein et prennent le nom d'ostéocytes. © INFOGRAPHIE SYLVIE DESSERT greffon peut être prélevé sur le patient ou sur quelqu'un d'autre (sous réserve de compatibilité immunitaire), mais il peut aussi être remplacé par des matériaux de substitution comme les céramiques. Biologiquement muets, ces derniers servent de support passif à la réparation osseuse.

En 1965, Marshall Urist implante un fragment déminéralisé d'os de lapin dans un tissu musculaire et obtient la formation d'un véritable os ; quelque chose dans la matrice a induit l'ossification. Sans le savoir, cet Américain venait de découvrir des protéines impliquées dans la morphogenèse de l'os, les BMPs (Bone Morphogenic Proteins). Vingt-cinq ans seront nécessaires à leur purification complète, et c'est au début des années 1990 que sont testés les premiers implants pourvus de BMPs, donc biologiquement actifs. Des implants inertes peuvent aussi être combinés avec des cellules ostéogènes. Ils permettent alors la construction osseuse. Une ultime piste de recherche consiste à faire appel à la thérapie génique. En 1999, une expérience menée chez le rat s'est révélée fructueuse. Un adénovirus a été utilisé pour transmettre des gènes codant les BMPs aux cellules de la moelle osseuse : la fracture s'est résorbée alors que celles des rats témoins restaient béantes.

Que nous révèlent les os sur notre passé ?

En paléontologie, l'os est une véritable machine à remonter le temps lorsque le hasard a permis sa fossilisation. L'étude des microstructures osseuses fournit des informations paléobiologiques de grande valeur. La croissance des organismes étant, à l'image des cernes des arbres, enregistrée par les tissus osseux, il est par exemple possible d'estimer le taux de croissance de certaines espèces fossiles et d'en déduire la nature de leur métabolisme énergétique. Les os d'animaux à température constante (oiseaux, mammifères) sont souvent trop fortement remaniés au cours de la vie pour que la structure de croissance initiale soit conservée. La croissance de quelques dinosaures révèle qu'ils auraient pu être capables de maintenir leur température interne à un niveau constant ! Au-delà, l'examen de la forme de l'os permet souvent de déterminer le mode de locomotion de l'espèce, par exemple le vol ou le saut.

S'il est suffisamment protégé de l'érosion, l'os peut conserver son collagène pendant près de 200 000 ans. Du collagène qui, comme toute protéine, contient de l'azote, du carbone et de l'oxygène. De ce fait, l'analyse détaillée des taux d'isotopes de ces éléments dans l'os permet de déduire le régime alimentaire de l'organisme fossile étudié. Il est même parfois possible d'identifier, dans l'alimentation, la présence de certains types végétaux. D'où la reconstitution, non seulement du régime alimentaire des animaux ou des hommes préhistoriques, mais aussi du paléoenvironnement dans lequel ils évoluaient.

La forme des points d'insertion musculaires ou tendineux permet encore d'aller plus loin, le degré de développement dépendant souvent des habitudes humaines. C'est ainsi que l'on a pu s'apercevoir que la Dame d'Hochfelden, dont le squelette date du Ve siècle, était une cavalière émérite : le relief de la partie haute de son fémur est en effet très accentué.

De même, des lésions osseuses peuvent indiquer la pratique de certains arts guerriers. Dans un bateau anglais du XVIe siècle, le *Mary Rose*, coulé alors qu'il emmenait des hommes combattre contre les Français, le quart des squelettes présentaient une rupture de l'extrémité de l'omoplate, signe d'une pratique précoce du tir à l'arc. Ce navire de guerre ne transportait donc pas n'importe quelle armée vers le continent : il s'agissait d'archers.

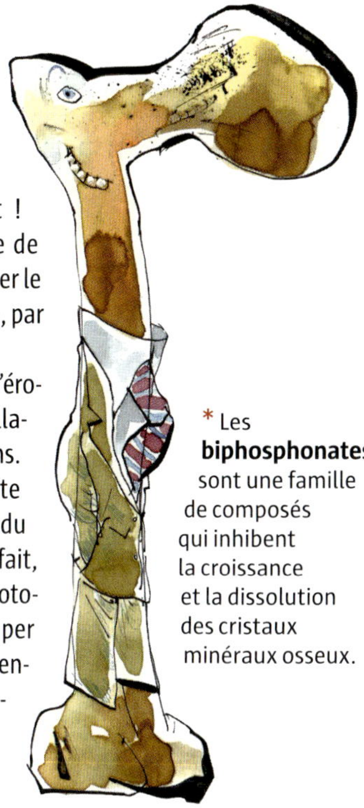

* Les **biphosphonates** sont une famille de composés qui inhibent la croissance et la dissolution des cristaux minéraux osseux.

POUR EN SAVOIR PLUS

- Didier Mainard, *Actualités en biomatériaux*, vol. V, Romillat, 2000.
- Philippe Fosse, « L'Industrie osseuse au paléolithique », *in Préhistoire d'os*, Publications de l'université de Provence, 1999.
- Jean-Claude Job, *Grandir, du nouveau-né à l'adolescent*, Hermann, 1997.
- Armelle Alduc le Bagousse, *et al.*, *La Dame d'Hochfelden*, Cahiers alsaciens d'archéologie d'art et d'histoire, 1992.

L'embryon

Poissons, amphibiens, oiseaux, mammifères... Peut-on seulement évoquer l'« embryon » au singulier, quand le développement de chacun de ces animaux présente tant de différences apparentes ? S'interroger sur l'embryon, c'est aussi s'interroger sur son statut.

Ursula Lenseele, avec la collaboration de

Louis-Marie Houdebine, directeur de recherche à l'INRA, unité de biologie du développement et de biotechnologie,

Pierre Jouannet, chef du laboratoire de biologie de la reproduction de l'hôpital Cochin/Paris-V,

Olivier Pourquié, directeur de recherche au CNRS, actuellement détaché au Stowers Institute for Medical Research (Kansas City, États-Unis).

Comment l'embryon se forme-t-il ?

Cela dépend. Chez les végétaux, l'embryon est issu de la reproduction sexuée et de la fécondation de l'ovule par le grain de pollen. Il est contenu dans la graine (lire « Les graines », p. 104). Chez les animaux, l'embryon est également issu de la reproduction sexuée et de la rencontre des gamètes mâle et femelle, sauf chez certaines espèces dites parthénogénétiques. Ces dernières font l'économie de la reproduction sexuée : l'ovule se divise sans qu'il y ait eu stimulation par le gamète mâle. Le recours à la parthénogenèse est dit « facultatif » chez certaines espèces comme l'abeille (les mâles sont issus de l'ovule non fécondé, les femelles de l'ovule fécondé), mais il est permanent chez d'autres (certains charançons par exemple). Dans ce cas-là, il y a moins de brassage et de diversité génétiques.

Le développement de l'embryon a longtemps été une énigme totale, même si Aristote avait déjà fourni des descriptions étonnantes du développement du poulet. Deux théories se sont longtemps affrontées : le préformisme, selon lequel l'adulte était contenu tout entier dans le germe (le développement n'étant alors conçu que comme un agrandissement progressif d'une miniature initiale), et l'épigenèse, selon laquelle les parties de l'organisme se diversifient à partir de structures simples progressivement élaborées. C'est cette seconde théorie qui s'impose, à la suite des progrès de la biologie du développement. L'embryologie qui, jusqu'à la fin de XIXe siècle, était une science essentiellement descriptive, devient expérimentale avec les premiers travaux de l'embryologiste allemand Wilhelm Roux sur les œufs d'amphibiens. Ceux-ci sont rapidement suivis, au début du XXe siècle, par les travaux de l'école de l'Allemand Hans Spemann (Prix Nobel de médecine en 1935).

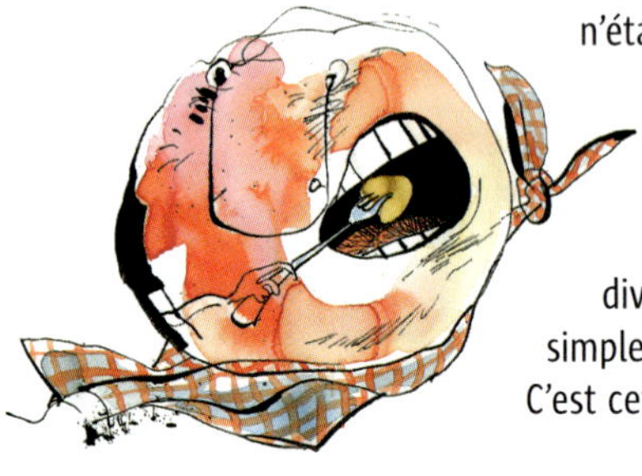

Que voit-on de l'embryon ?

L'enveloppe ou la coquille des œufs, et leurs dimensions restreintes, limitent *de facto* la quantité d'informations qu'il est possible de glaner à l'œil nu. Et ce, même si les embryologistes ont, ces dernières années, découvert un nouvel allié en la personne du poisson-zèbre *Danio rerio,* dont l'embryon est transparent à toutes les étapes de son développement.

Historiquement, il a fallu attendre le XVIIe siècle et le microscope pour espérer voir l'embryon. Au milieu du XIXe siècle, les progrès en embryologie ont été dopés par la mise au point de techniques histologiques : la réalisation de coupes de tissus, leur fixation et leur coloration ont permis de contourner les difficultés imposées par la durée des processus mis en jeu.

Enfin, plusieurs techniques apparues au XXe siècle ont permis d'observer l'embryon sans avoir à l'extraire de son environnement. D'où leur intérêt d'un point de vue médical, car elles sont pratiquées à des moments clés du développement de l'embryon et, surtout, du fœtus (ainsi nomme-t-on l'embryon humain à partir de la huitième semaine de grossesse). Dans les années 1950 s'est développée l'échographie obstétricale, qui utilise les vibrations de très haute fréquence des ultrasons. Capables de traverser les tissus, ces derniers sont renvoyés lorsqu'ils rencontrent la limite d'un organe, des tissus différents ou la paroi d'un vaisseau sanguin. Ils sont alors transformés en signaux électriques, puis en images. À la fin des années 1970, la technologie d'imagerie dynamique – qui repose aussi sur l'utilisation d'ultrasons – a permis de restituer en temps réel les éventuels mouvements des structures observées. Elle est parfois complétée par un examen Doppler qui permet l'étude des vaisseaux et de la circulation sanguine.

Comment une cellule unique, l'œuf, parvient-elle à donner un organisme complet ?

En 1995, le prix Nobel de physiologie et médecine fut attribué à Christiane Nüsslein-Volhard, Eric Wieschaus et Edward Lewis pour leurs découvertes concernant *« le contrôle génétique du développement embryonnaire précoce »*. Les deux premiers nommés avaient, à la fin des années 1970, identifié chez la drosophile des gènes impliqués dans l'édification du plan du corps selon l'axe tête-queue. Et l'on doit au troisième généticien d'avoir démontré, toujours chez la drosophile, l'hypothèse d'un contrôle génétique du développement des segments du corps. Les gènes impliqués, dits « homéotiques », furent retrouvés dans les années 1980 chez les mammifères, pourtant très

Fig.1 Un « classique » : le développement des amphibiens

DÈS LA FIN DU XIXe SIÈCLE, les amphibiens deviennent un modèle de choix pour l'étude du développement très précoce de l'embryon : toutes les étapes, de la fécondation à l'éclosion de la larve, sont externes et peuvent être menées en laboratoire. L'étude du développement des amphibiens a fortement contribué à la description des quatre grandes phases du développement embryonnaire retrouvées (avec des variantes) chez tous les animaux pluricellulaires : la segmentation, la gastrulation, la neurulation et l'organogenèse.

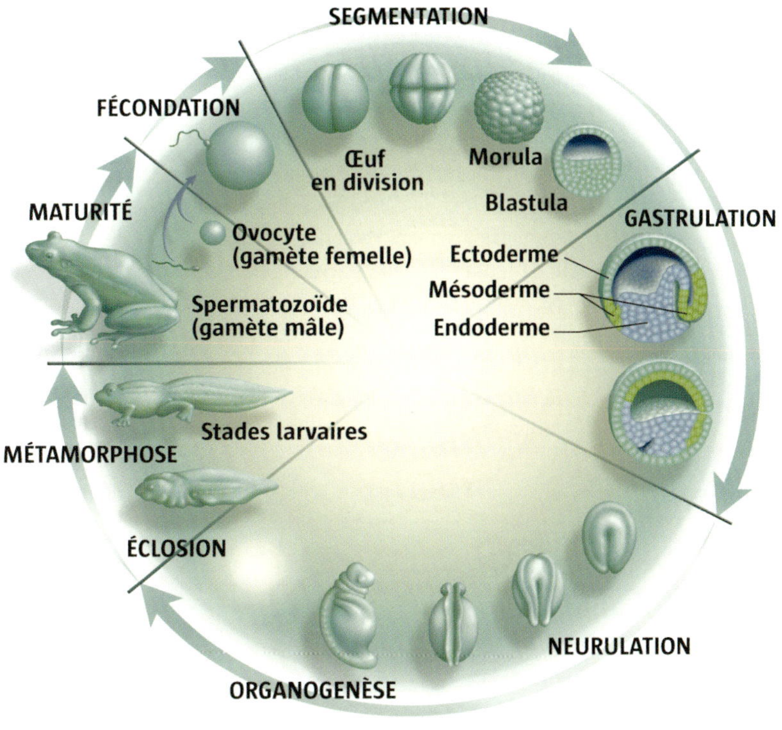

LA RECHERCHE A PUBLIÉ

Dossier « L'avenir du clonage humain », février 2006.

Cécile Klingler, « Cellules souches, résultats embryonnaires », janvier 2005, p. 38.

Entretien avec Ruwen Ogien, Pierre Jouannet et Henri Atlan, « Interdire le clonage reproductif ? », hors-série n°12, juillet 2003, p. 12.

Cécile Klingler, « Embryon : des souris et des hommes », avril 2002, p. 28.

Sylvie Gruszow, « La différenciation sexuelle », hors-série n°6, novembre 2001, p. 34.

éloignés de la drosophile d'un point de vue évolutif. Cette étonnante conservation des gènes régulant la morphogenèse, mise en évidence notamment par Walter Gehring, de l'université de Bâle, et Denis Duboule, de l'université de Genève, est l'une des grandes découvertes de la biologie du développement de ces vingt dernières années.

Mais le noyau et ses gènes ne sont pas seuls à orchestrer le développement de l'embryon. Le cytoplasme de l'ovocyte est, lui aussi, essentiel. En témoigne la technique du clonage, qui n'a de chance de succès que si le noyau de cellule somatique* utilisé est transféré dans un cytoplasme d'ovocyte. Chez de nombreuses espèces comme les insectes ou les amphibiens, les gènes du développement répondent à certaines substances présentes dans ce cytoplasme. La concentration de chacune d'entre elles peut varier suivant ce que l'on appelle un gradient de concentrations cytoplasmiques. À une concentration donnée correspond un type de différenciation précis, d'où le qualificatif de « morphogènes » attribué à ces substances. Il existe de nombreux exemples de gradients de morphogènes jouant un rôle important dans la définition des différentes régions de l'embryon. Lors de l'embryogenèse, après une phase de multiplication des cellules, celles-ci se mettent en mouvement et s'organisent : c'est la morphogenèse. Des interactions se produisent entre elles d'une part, entre elles et le matériel extracellulaire d'autre part. Ces interactions ont pour effet de guider la différenciation cellulaire qui aboutit à la formation des tissus et des organes.

* Les **cellules somatiques** constituent l'ensemble des cellules autres que les cellules sexuelles (dites aussi germinales).

* Les **fentes branchiales** sont les fentes étroites sur le côté de la tête de certains poissons, par lesquelles sort le courant d'eau qui a baigné les branchies.

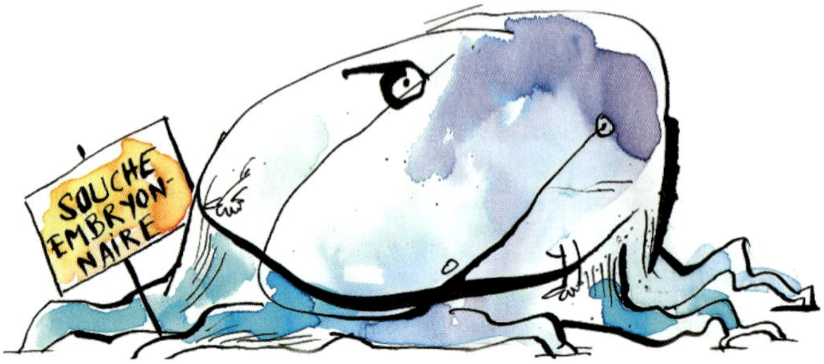

L'embryon humain présente-t-il des vestiges d'animaux primitifs ?

Tous les embryons de vertébrés présentent de grandes ressemblances au tout début de leur développement : c'est cette constatation fondamentale qui a fait dire en 1826 à l'embryologiste allemand Karl Ernst von Baer que *« l'ontogenèse résume la phylogenèse »*. Cette règle devait être étayée et popularisée quelques années plus tard par le physiologiste allemand Ernst Haeckel. Si cette assertion est toujours controversée, il n'en demeure pas moins vrai que, durant l'embryogenèse, on voit en partie ce qu'était un embryon primitif. Par exemple, tous les vertébrés passent par un stade où, à l'égal des poissons cartilagineux (requins), ils possèdent des fentes branchiales*. Celles-ci disparaissent ultérieurement chez les mammifères.

D'un point de vue plus général, il est possible, malgré l'apparente diversité de l'embryogénèse animale, de dégager plusieurs grandes phases communes à tous les animaux pluricellulaires **[fig. 1]**. La première d'entre elles est la segmentation. L'œuf se divise rapidement pour donner une structure semblable à une petite mûre (la *morula*), composée de cellules appelées blastomères. Cette *morula* se creuse ensuite d'une cavité, et dès lors porte le nom de *blastula*. La deuxième phase majeure, la gastrulation, s'engage peu après. Elle consiste en des mouvements de cellules aboutissant à la délimitation des trois couches cellulaires, les feuillets embryonnaires, qui engendreront chacune des organes bien précis. L'ectoderme donnera par exemple le système nerveux et la peau, le mésoderme, les os et les muscles, et l'endoderme, les viscères. Notons que certains animaux comme les cnidaires (méduses, coraux, etc.) sont dépourvus de mésoderme. C'est après la gastrulation que s'ébauche le tube neural à l'origine du système nerveux. À cette étape dite de neurulation succède, pour finir, l'organogenèse.

Fig.2 La nidation de l'embryon humain

L'IMPLANTATION DE L'EMBRYON HUMAIN a lieu suivant un mode invasif : sa couche externe, le trophoblaste, érode la surface de l'utérus et envahit le tissu sous-jacent. L'embryon pénètre alors dans la paroi utérine. Sa croissance passe par le développement d'une zone de contact mère-enfant très vascularisée, le placenta, au niveau duquel les flux sanguins de la mère et de l'embryon sont intimement juxtaposés.

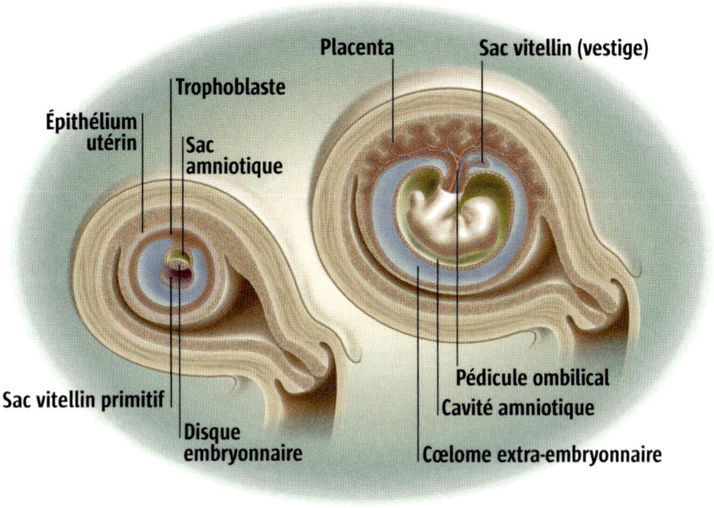

Comment l'embryon se nourrit-il ?

Il puise les nutriments nécessaires dans les réserves de l'œuf (le *vitellus*) ou dans son environnement, selon que l'espèce est ovipare, ovovivipare ou vivipare. Chez les ovipares, tout le développement de l'embryon se déroule dans l'œuf – au sens littéral – après qu'il a été pondu. Certains de ces œufs, comme ceux des échinodermes (oursins par exemple), sont pauvres en réserves nutritives. D'autres (les œufs d'amphibiens) n'en sont que moyennement pourvus. Mais, dans les deux cas, l'embryon atteint rapidement un stade larvaire où il est capable de se nourrir seul. En revanche, dans les œufs riches en vitellus (les œufs d'oiseau), l'embryon atteint un stade de développement avancé au sein même de l'œuf. Un cas de figure que l'on retrouve chez ces étranges mammifères pondeurs que sont les monotrèmes (ornithorynques et échidnés). Chez les animaux ovovivipares (vipères par exemple), les œufs éclosent à l'intérieur de la mère. Celle-ci libère donc des petits vivants, mais qui n'auront entretenu avec elle aucune relation trophique*. En revanche, chez les vivipares, l'embryon se développe à l'intérieur de la mère et établit avec elle une relation trophique *via* le placenta [fig. 2]. Ce dernier joue aussi un rôle de filtre sélectif vis-à-vis de divers virus ou bactéries, protégeant ainsi l'embryon de nombreuses infections. Toutefois, certains virus, parasites et médicaments peuvent traverser la barrière placentaire et provoquer des atteintes fœtales. La relation mère-embryon *via* le placenta est minimale chez les mammifères marsupiaux, dont les embryons se développent, pour l'essentiel, hors de l'utérus. Accrochés aux mamelles de leur mère, ils se développent dans la poche ventrale caractéristique de ces animaux.

* Les relations **trophiques** concernent la nutrition des tissus.

Pourquoi l'embryon des mammifères n'est-il pas rejeté par le système immunitaire maternel ?

Puisque son génome est constitué du mélange des gènes de ses parents, l'embryon de mammifère est, immunologiquement, un étranger pour sa mère. Les molécules de reconnaissance immunitaire qu'il exprime à la surface de ses cellules sont

SUR LE WEB

Les pages de la Documentation française consacrées à la révision des lois de bioéthique.
www.ladocumentationfrancaise.fr/dossiers/bioethique/index.shtml

La présentation du cycle de la Cité des sciences « L'embryon en question » avec de nombreux liens et une bibliographie fournie.
www.cite-sciences.fr/francais/ala_cite/college/04-05/conferences/01-05-embryon/index.htm

différentes de celles de sa mère et devraient être reconnues par le système immunitaire de celle-ci comme « étrangères ». Pourtant, ce n'est pas le cas. La découverte de cette tolérance remonte aux années 1950. Elle est due à Sir Peter Medawar, qui venait de démontrer l'origine immunologique du rejet de greffe. Ayant énoncé ces lois de transplantation, il réalisa que l'embryon les transgresse. Les immunologistes ont, depuis, découvert un système d'une extraordinaire complexité à l'interface utéro-placentaire. Il semblerait que l'immunité de la mère soit bloquée localement, au niveau du placenta, par la sécrétion de molécules de signalisation comme les cytokines*. Ainsi, une femelle souris activement immunisée contre un mâle rejette violemment une greffe de tissu provenant de ce dernier, mais peut poursuivre une grossesse normale si ce même mâle la féconde.

Au contraire de la grossesse, caractérisée par un « musellement » des réactions immunitaires, l'implantation de l'embryon dans l'utérus est, elle, un phénomène inflammatoire. Ce dernier se déclenche après que certaines des cellules immunitaires de la mère, les macrophages, ont résorbé tous les spermatozoïdes morts, présents dans la cavité utérine. La sécrétion de molécules inflammatoires est absolument essentielle à la grossesse car, sans elles, l'implantation de l'embryon ne peut se réaliser correctement.

Comment obtenir un embryon *in vitro* ?

Au XXe siècle, des techniques de procréation médicalement assistée, dont certaines conduisent à créer des embryons *in vitro*, ont été développées chez l'homme et chez l'animal d'élevage. Dans la fécondation *in vitro* (FIV), utilisée pour la première fois avec succès chez l'humain en 1978, les ovocytes sont prélevés dans les ovaires de la femme et mis au contact de spermatozoïdes *in vitro*. Deux jours après la fécondation, l'embryon est transféré dans l'utérus. Il est aussi possible de développer l'embryon *in vitro* jusqu'au stade blastocyste (sixième jour) avant de l'implanter. La technique d'injection intracytoplasmique du sperme (ou ICSI) est utilisée dans les cas où les spermatozoïdes sont peu nombreux ou incapables de fertiliser l'ovocyte. Sous microscope, le gamète mâle est alors introduit dans l'ovocyte.

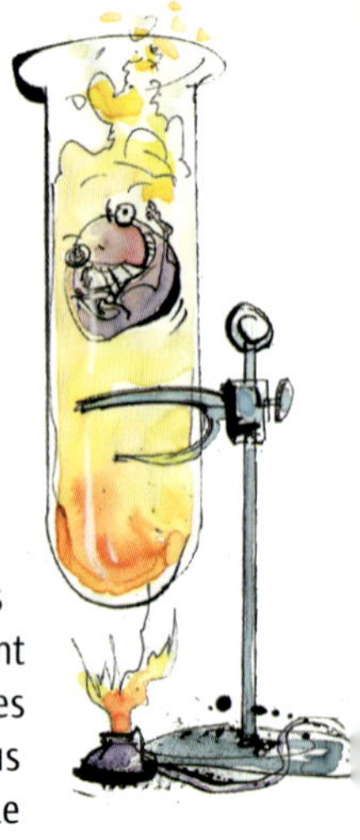

L'obtention d'embryons *in vitro* a permis la mise au point du diagnostic pré-implantatoire, grâce auquel on peut dépister certaines maladies génétiques et ainsi éviter d'implanter un embryon porteur de la mutation délétère. L'ensemble des techniques de manipulation des embryons a aussi permis le développement de la transgenèse animale (à partir de 1980 chez la souris) qui vise à ajouter un gène donné à un organisme et à sa descendance ou, à l'inverse, à inactiver spécifiquement et définitivement un gène de l'organisme.

Qu'est-ce qu'une cellule souche embryonnaire ?

Le 6 février 2006, a paru au Journal Officiel le décret permettant aux laboratoires français de créer des lignées de cellules souches embryonnaires humaines. Également appelées cellules ES (d'après la terminologie anglaise *Embryonic Stem cells*), ces cellules fascinent en raison de leur pluripotence : elles peuvent en effet se différencier en n'importe quel type cellulaire de l'organisme. Elles suscitent donc de grands espoirs, pour la réparation d'organes.

Leur obtention passe par la conception d'embryons in vitro (soit par fécondation, soit par clonage). En France, selon la loi actuelle, les biologistes ne peuvent utiliser que des embryons conçus par fécondation *in vitro* dans le cadre d'un projet parental, mais ne faisant plus l'objet d'un tel projet – on les qualifie d'embryons surnuméraires. Les cellules souches sont extraites des embryons âgés

* Les **cytokines** sont des protéines solubles ou membranaires intervenant dans la communication intracellulaire.

de 5 jours. Ceux-ci ressemblent à des sphères presque creuses, n'était-ce la présence d'un renflement, le « bouton embryonnaire » : les cellules qui le constituent sont prélevées et mises en culture, ce qui permet d'obtenir des lignées de cellules souches embryonnaires. Cette manipulation a été réalisée pour la première fois avec succès en 1998 par l'équipe de James Thompson, de l'université du Wisconsin aux États-Unis.

En novembre 2007, l'équipe de Shinya Yamanaka, à Kyoto, au Japon, a présenté une nouvelle méthode d'obtention de cellules souches embryonnaires humaines, cette fois à partir de cellules adultes prélevées chez une personne. Sa particularité ? Elle permet d'obtenir des cellules immunologiquement compatibles avec la personne en question, bien plus simplement que l'autre méthode théoriquement possible, le clonage. Car en l'occurrence, point n'est besoin ni d'ovocytes, ni d'embryons : il suffit d'administrer un cocktail de 4 gènes à des cellules de peau pour les « reprogrammer » et les ramener à l'état de cellules souches embryonnaires ! D'où le nom de « cellules iPS » qui leur est donné : « *induced pluripotent stem cells* », cellules souches pluripotentes induites.

L'obtention de cellules iPS ne présente donc pas de problèmes éthiques. Mais avant de pouvoir utiliser ces cellules en clinique, il faudra mettre au point une méthode de reprogrammation parfaitement sûre. Car la méthode initiale, qui fait appel à des rétrovirus pour transporter les gènes reprogrammateurs, fait courir le risque de réveiller des oncogènes cellulaires, autrement dit des gènes initiateurs de cancers.

L'embryon humain est-il déjà une personne ?

La question du statut de l'embryon est au coeur du débat social et éthique. Un statut est un état fixé par des lois ou des règlements. Or, concernant l'embryon, c'est la quadrature du cercle. Le droit français place d'un côté les choses, qui sont objets de droits, et de l'autre les personnes, qui sont sujets de droits. Or, en droit français, l'embryon n'est bien évidemment pas une chose. Mais il n'est pas non plus une personne, car pour disposer d'une personnalité juridique, une personne doit être « née vivante et viable ». Résultat : à l'heure actuelle, l'embryon n'a pas de statut, au sens juridique du terme. Bon nombre de biologistes emploient à son égard le terme de « personne potentielle », puisqu'un embryon n'a de devenir possible en tant que personne que s'il est implanté dans un utérus.

D'après la loi de bioéthique du 6 août 2004, l'obtention d'un embryon in vitro ne peut se faire que par fécondation, et uniquement dans le cadre d'un projet parental d'un couple. Que ce projet aboutisse finalement à la naissance d'un enfant ou pas, les embryons créés, cryoconservés mais non utilisés sont dits « surnuméraires ». C'est à partir de ces embryons surnuméraires que les chercheurs peuvent, par dérogation et pour cinq ans, être autorisés à produire des lignées de cellules souches embryonnaires, après accord des couples donneurs. Toujours d'après la loi de bioéthique d'août 2004, il est en revanche interdit de mener des recherches sur les embryons et de créer des embryons pour la recherche, que ce soit par fécondation in vitro ou par clonage. L'Agence de la Biomédecine, structure créée en 2005 à l'image de l'agence britannique de contrôle, la *Human & Fertilisation Embryology* Authority, a pour rôle de veiller à ce que la loi soit respectée.

POUR EN SAVOIR PLUS

- Louis-Marie Houdebine, *Tumultes, 1,* 111, 2005.
- Larry Cochard, *Atlas d'embryologie humaine de Netter,* Masson, 2003.
- Louis-Marie Houdebine, *OGM, le vrai et le faux,* Le Pommier, 2002.
- Olivier Pourquié, *Biologie du développement,* Hermann, 2002.
- J. Martal (dir.), *L'Embryon chez l'homme et l'animal,* Inserm/INRA Éditions, 2002.
- Louis-Marie Houdebine, *Transgenèse animale et clonage,* Dunod, 2001.
- Pierre Jouannet et Marcela Iacub, *Juger la vie, les choix médicaux en matière de procréation,* La Découverte, 2001.
- Marie-France Sarramon et Hélène Grandjean, *Le Foetus et son image,* Flammarion, 2000.

Le clonage

Dans la nature, les exemples de reproduction non sexuée sont légion : nous sommes entourés de clones végétaux et animaux. Mais l'homme, qui s'escrime à créer des clones de mammifères, a encore bien du travail devant lui.

Olivier Donnars,
avec la collaboration de

Xavier Vignon,
de l'unité de biologie du développement et de la reproduction à l'INRA de Jouy-en-Josas,

Marie-Christine Daunay,
de l'unité de génétique et amélioration des fruits et légumes à l'INRA de Montfavet.

Qu'est-ce qu'un clone ?

Le mot « clone » (du grec *klon,* jeune pousse) apparaît pour la première fois en 1903 sous la plume du botaniste Herbert Webber. Il désigne alors les jeunes plants obtenus par reproduction asexuée (par exemple, par bouturage) à partir d'une plante mère. Puis, lorsque les biologistes commencent à faire des cultures de cellules animales, végétales ou bactériennes, le mot « clone » définit tout ensemble de cellules dérivant par divisions successives d'une cellule unique, et ayant donc exactement le même patrimoine génétique. Pour les biologistes, ces clones cellulaires présentent l'avantage d'être parfaitement homogènes, car composés de cellules toutes identiques. En 1958, l'immunologiste Franck MacFarlane Burnett garde au mot clone son sens d'« ensemble d'individus » lorsqu'il expose sa théorie de la sélection clonale, qui explique comment une cellule productrice d'anticorps se divise en autant de cellules productrices de ce même anticorps. Avec l'avènement du génie génétique, dans les années 1970, les biologistes se mettent à répliquer des fragments d'ADN renfermant tel ou tel gène dans des populations de bactéries ou de levures, d'où l'expression « cloner un gène ». Mais depuis la naissance de la brebis Dolly, en 1996, on appelle aussi « clone » une lignée d'animaux obtenus par reproduction asexuée à partir d'un même parent, la technique utilisée étant quant à elle dénommée « clonage ». Par ailleurs, chacun de ces animaux, pris en tant qu'individu, est le clone de son parent et de ses « frères ».

Le clonage existe-t-il dans la nature ?

Des végétaux aux animaux, nous vivons d'ores et déjà dans un monde peuplé de clones. Chez les végétaux, il existe deux modes de reproduction : l'un, sexué, par pollinisation, fécondation et formation d'un embryon contenu dans la graine (lire « L'embryon », p. 84 et « Les graines », p. 104) ; l'autre, asexué, par multiplication végétative. Qu'on pense par exemple aux rejets issus de racines – les drageons, ou encore à la façon dont un fraisier se propage en émettant des tiges horizontales, les stolons, qui vont s'enraciner à distance de la plante mère et produire de nouveaux individus tous identiques génétiquement à la plante mère. La reproduction asexuée existe aussi dans le règne animal : c'est la parthénogenèse. Elle est caractérisée par le fait que l'ovocyte est activé et se développe en embryon sans avoir été fécondé par un gamète mâle. Beaucoup d'invertébrés utilisent ce mode de reproduction, en particulier chez les insectes. Chez les abeilles notamment, alors que les femelles sont produites par reproduction sexuée, les mâles, eux, sont produits par parthénogenèse. Chez les pucerons, c'est l'inverse : ce sont les femelles qui peuvent être produites par parthénogenèse. Particularité : toutes ont le même patrimoine génétique, celui de la femelle qui les produit. La parthénogenèse existe également chez quelques vertébrés, comme les poissons, les amphibiens et les lézards, mais pas chez les mammifères. Il y a toutefois chez ces derniers des phénomènes de clonage naturel, dans le cas des jumeaux monozygotes (ou vrais jumeaux). Toutefois, ceux-ci sont le fruit de la scission fortuite, en deux moitiés, d'un embryon issu de la reproduction sexuée. S'ils ont donc tous les deux le même patrimoine génétique, les jumeaux ne sont pas les clones d'une personne préexistante.

Comment obtient-on des clones végétaux ?

Regardez bien le long des routes ces peupliers aux feuilles en as de pique. Ce sont tous les clones d'un arbre importé d'Italie au XVIIe siècle. Ils sont le fruit d'une manipulation que connaissent bien les horticulteurs, le bouturage, qui consiste à provoquer artificiellement l'enracinement d'un fragment (de tige par exemple) prélevé sur le végétal à cloner.

Comment se fait-il que l'on obtienne ainsi une plante entière ? C'est parce que les cellules d'un tissu végétal sont capables, sous certaines conditions, de se dédifférencier, puis de se redifférencier en un ou plusieurs tissus. D'où, par exemple, la pousse de racines sur un fragment de tige.

Par la culture *in vitro,* qui permet un contrôle total des conditions environnementales, on peut reproduire un génotype donné à des milliers d'exemplaires, à partir de pratiquement n'importe quel fragment de plante. Il est aussi possible d'utiliser uniquement les méristèmes, qui sont des amas de cellules indifférenciées que l'on trouve à l'extrémité des tiges et des bourgeons. Ces techniques de micropropagation *in vitro* sont une amélioration du bouturage. En un an, le facteur de multiplication d'un plant de départ peut atteindre un à dix millions.

La culture *in vitro* permet également de cloner des végétaux en provoquant, à partir d'échantillons de tissus, la formation d'embryons aptes à se développer ensuite en plantules. Ces embryons sont dits « somatiques », par opposition aux embryons « zygotiques »

LA RECHERCHE A PUBLIÉ

Dossier « L'avenir du clonage humain », février 2006.

Entretien avec Ruwen Ogien, Pierre Jouannet et Henri Atlan, « Interdire le clonage reproductif ? », hors-série n° 12, juillet 2003, p. 12.

Élisabeth Pennisi et Gretchen Vogel, « Clonage, la nature résiste », septembre 2000, p. 28.

Olivier Postel-Vinay et Annette Millet, « Comment ça va Dolly ? », avril 1997, p. 50.

issus de la fécondation. L'embryogenèse somatique permet de produire des milliers, voire des millions d'embryons, à partir d'un même échantillon.

Comment est née la brebis Dolly ?

Née en juillet 1996 à l'institut Roslin d'Édimbourg, en Écosse, Dolly est le premier mammifère clone d'un animal préexistant, en l'occurrence une brebis âgée de six ans et demi. Elle a été obtenue par « clonage par transfert de noyau somatique » [fig. 1]. Cette technique consiste à faire fusionner une cellule prélevée sur une brebis donneuse (en l'occurrence, une cellule de la glande mammaire), avec un ovocyte de brebis vidé de son propre noyau. Une brève décharge électrique est appliquée d'une part pour opérer la fusion, d'autre part pour déclencher le développement de l'œuf en embryon. Cultivé *in vitro* pendant quelques jours, jusqu'au stade préimplantatoire dit « blastocyste », l'embryon est transféré dans l'utérus d'une autre brebis. Rien à voir avec ce qui se pratiquait dans les années 1980, où l'on produisait des moutons ou des vaches clones les uns des autres en scindant en deux des embryons issus d'œufs fécondés, chaque moitié étant ensuite transplantée dans l'utérus d'une mère porteuse. Les nouveau-nés étaient génétiquement semblables mais ils n'étaient que les clones de l'embryon issu de la fécondation, pas les clones d'un adulte.

Le principe du clonage par transfert de noyau a été évoqué pour la première fois en 1936 par l'embryologiste allemand Hans Spemann. En 1952, l'Américain Robert Briggs et son étudiant Thomas King furent les premiers à énucléer des ovocytes et à y transférer un noyau cellulaire. Mais à l'époque il s'agissait de noyaux de cellules embryonnaires. Cette méthode, mise au point chez la grenouille, fut ensuite utilisée par le Britannique John Gurdon chez le xénope, un crapaud, toujours à partir de cellules embryonnaires, puis chez différents mammifères, dont le premier, en 1986, fut un agneau. Un an plus tard, ce fut le tour d'un veau, et en 1990, de six lapins. Mais c'est avec Dolly qu'on a montré que le noyau d'une cellule adulte pouvait être utilisé avec succès. Depuis, environ mille veaux, des dizaines de porcs et d'ovins, des chèvres, des souris, des lapins, des chats, un rat, un mulet, plusieurs chevaux et un chien sont nés de la même manière que Dolly. Mais pas de singe.

Quel est le taux de réussite du clonage animal ?

Extrêmement faible. Il faut plus d'une centaine de transferts nucléaires pour espérer

obtenir un animal viable. Autant dire qu'une seule femelle ne suffit pas pour fournir les indispensables ovocytes. Le clonage représente une succession d'étapes à problèmes. Ainsi, pour Dolly, sur 433 tentatives de transfert, 277 ont réussi. Mais seuls 29 embryons se sont développés jusqu'au stade blastocyste. Et une fois ces blastocystes transférés dans l'utérus de différentes mères porteuses, un seul a poursuivi son développement jusqu'à la naissance.

Le taux de réussite des clones somatiques est inférieur à celui des clones issus de cellules embryonnaires. Cela vient probablement du fait que, dans une cellule adulte, les gènes indispensables à l'embryogenèse sont inactivés. Toute la difficulté est donc de les réactiver, de façon comparable à ce qui se passe dans un œuf fécondé : des enzymes contenues dans l'ovocyte agissent sur les chromosomes du spermatozoïde et de l'ovocyte en enlevant certains groupements chimiques fixés à l'ADN et aux histones*, ce qui réactive les gènes. Or, dans un œuf obtenu par clonage somatique, ces modifications des chromosomes sont perturbées.

La plupart des chercheurs pensent qu'il est essentiel d'harmoniser les cycles de l'ovocyte et du noyau pour parvenir à une bonne reprogrammation. En particulier, il semble préférable que les cellules adultes soient en phase de repos. D'une part, car leurs chromosomes ne sont alors pas en train de se répliquer – on est donc sûr que le noyau cellulaire ne renferme que 2*n* chromosomes. D'autre part, car ces chromosomes sont aussi moins compacts que lorsque les cellules se divisent, et donc plus accessibles aux enzymes de l'ovocyte. Un autre point clé consiste à définir le stade le plus approprié de maturation de l'ovocyte, ainsi que le moment où il convient de l'activer.

Par ailleurs, certaines cellules comme les fibroblastes* se prêtent mieux au clonage que d'autres, de même que certaines espèces, sans qu'on sache expliquer pourquoi. Ainsi, le clonage des moutons et des bovins marche-t-il mieux que celui de la souris. Sans pour autant être de routine ! Certes, environ 40 % à 50 % des embryons de bovins clonés parviennent au stade blastocyste. Mais seuls 20 % des blastocystes transplantés dans des receveuses se développent au-delà de

* Les **histones** sont des protéines qui, avec l'ADN auquel elles sont associées, forment la chromatine des cellules eucaryotes.

Fig.1 Transfert de noyau

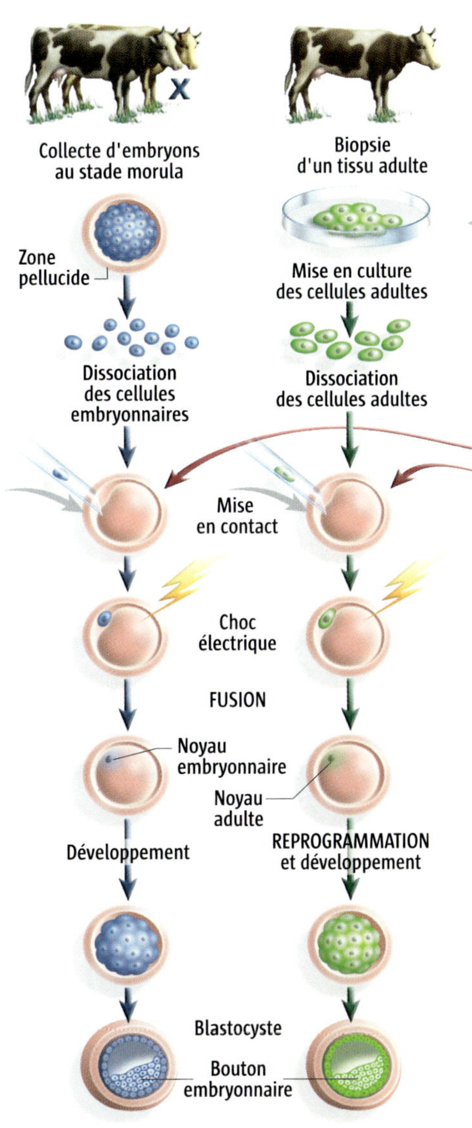

LE CLONAGE PAR TRANSFERT DE NOYAU **consiste à faire fusionner un ovocyte préalablement énucléé (à droite) avec une cellule pourvue de son noyau. Cette cellule peut être soit embryonnaire (à gauche), soit adulte (au centre). Il y a entre les deux une différence fondamentale. Dans le premier cas, les embryons obtenus sont les clones de l'embryon initial issu de la reproduction sexuée. Dans le second cas, ce sont les clones de l'adulte dont on a prélevé certaines cellules. C'est cette dernière méthode qui a permis de donner naissance à Dolly.** © INFOGRAPHIE S. DESSERT

SUR LE WEB

L'Institut national de recherche pédagogique propose des présentations des techniques de clonage et de nombreux liens.
www.inrp.fr/biotic/procreat/clonage/

L'université Paris-Sud a créé un mini-site très accessible sur les différents aspects du clonage.
www.clonage.u-psud.fr

L'université Louis-Pasteur de Strasbourg a également créé un mini-site,dédié au clonage humain.
http://science-citoyen.u-strasbg.fr/dossiers/clonage/index.html

trois mois de gestation, et seulement 10 % aboutissent à une naissance.

Les animaux clonés sont-ils en bonne santé ?

Loin de là ! Parmi ceux qui naissent, bon nombre ont développé *in utero* des anomalies qui les conduisent à mourir quelques jours ou quelques mois après leur naissance. En ce qui concerne les clones bovins (ceux pour lesquels on a le plus de résultats), les fœtus sont affectés par un syndrome particulièrement visible : le syndrome du « gros veau », corrélé à une malformation du placenta. Alors qu'un veau normal pèse en moyenne 45 kilogrammes à la naissance, les veaux clonés dépassent souvent 60 kilogrammes. Autant dire que la mise bas naturelle est l'exception, et la césarienne, la règle – avec parfois l'obligation de sacrifier la mère porteuse. Par la suite, la plupart des clones ne sont pas exempts de pathologies : des anomalies du système cardio-vasculaire ou du foie, de l'hypertension artérielle ou des déficits immunitaires.

Quant à savoir si les animaux clonés vieillissent plus rapidement que les animaux non clonés, la question reste ouverte. Dolly souffrait certes d'une maladie pulmonaire évolutive et d'arthrite, ce qui a conduit à son euthanasie en 2003. Mais, après tout, elle a vécu aussi longtemps qu'un mouton d'élevage standard, dont la durée de vie est en moyenne de 6 à 7 ans. Et, entre-temps, elle avait donné naissance à quatre brebis par reproduction sexuée, preuve qu'un animal cloné n'est pas stérile.

Par ailleurs, est-il possible d'obtenir des clones à partir de clones ? Oui, cela a été fait chez la souris (six générations) et la vache (quatre générations). Mais dans les deux cas, l'efficacité se réduit à chaque génération. Il

semble donc qu'on ne puisse pas recloner à l'infini, sans que l'on sache pourquoi.

Les clones sont-ils des copies conformes de l'original ?

Ce que nous montrent les clones animaux, c'est bien qu'il n'existe jamais de copies conformes. En décembre 2001, est né le premier chat domestique cloné, baptisé Carbon Copy. Un nom bien mal choisi car le chaton n'a pas le même pelage que l'adulte chez qui on a prélevé le noyau. Cette observation est d'ailleurs de mise chez les veaux. Explication : les cellules fœtales qui déterminent la couleur du poil migrent d'abord le long du dos du fœtus en formation, puis latéralement, et cette migration n'est pas déterminée génétiquement.

Par ailleurs, même au niveau génétique, on trouve des différences. Car dans une cellule il n'y a pas que le noyau qui contient de l'ADN. C'est aussi le cas des mitochondries. Les cellules d'embryons clonés à partir d'un même adulte ont certes le même noyau, mais elles n'ont, le plus souvent, pas le même ADN mitochondrial, car les ovocytes proviennent de donneuses différentes. Or, l'ADN mitochondrial n'est pas silencieux ! Il s'exprime, et nombre de recherches récentes montrent son implication dans les mécanismes du développement et la bonne (ou mauvaise) santé des cellules. Enfin, n'oublions pas que nous ne sommes pas seulement le produit de nos gènes. Au-delà de l'inné, il y a l'acquis, qui découle de l'environnement dans lequel évolue un être.

Pourquoi cloner des animaux ?

Sur le plan fondamental, le clonage permet d'étudier la part respective de l'héritage génétique et de l'environnement dans l'embryogenèse, ainsi que la part respective du génome nucléaire et du génome mitochondrial.

Sur le plan appliqué, le clonage pourrait, dans le domaine agronomique, constituer un complément aux approches classiques de sélection. L'objectif serait d'obtenir plus rapidement des troupeaux descendant d'animaux aux caractéristiques particulières – par exemple, de bonnes productrices de lait ou encore des reproducteurs d'exception. L'idée n'est pas de créer des troupeaux de clones. Elle est de cloner quelques animaux à partir des laitières ou des reproducteurs particuliers, puis d'utiliser ces quelques clones comme géniteurs dans le cadre de croisements classiques par reproduction sexuée.

Le clonage pourrait également être utile sur le plan biotechnologique, pour produire de grandes quantités de certaines protéines. Il s'agirait alors de clonage couplé à de la transgenèse – l'insertion du gène d'intérêt ayant lieu sur les cellules adultes en culture, avant qu'elles soient fusionnées avec les ovocytes. En 1997, l'équipe de l'institut Roslin a démontré la faisabilité de ce procédé avec la brebis Polly et son lait contenant une molécule – le facteur IX – responsable de la coagulation sanguine chez l'homme. Cette double technique pourrait aussi être mise à profit pour obtenir des animaux « modèles » de telle ou telle pathologie génétique. Cette approche serait particulièrement utile dans le cas de pathologies pour lesquelles les modèles les plus appropriés sur le plan physiologique ne sont pas la souris, mais d'autres animaux moins facilement manipulables par transgenèse classique – on songe,

* Les **fibroblastes** sont des cellules présentes dans tous les tissus conjonctifs qui sécrètent du collagène et d'autres macromolécules.

par exemple, au lapin ou au mouton pour la mucoviscidose.

Enfin, le clonage pourrait aider à la sauvegarde d'espèces en voie de disparition, à condition que soient disponibles des espèces suffisamment proches chez lesquelles on puisse prélever des ovocytes. Mais il faut bien réaliser que, quand bien même le clonage permettrait de sauver une partie du patrimoine génétique de l'espèce menacée, il ne permettrait pas de préserver toute la variété intraspécifique qui n'existe, elle, que par la diversité des individus et des populations.

Quelle différence y a-t-il entre clonage reproductif et clonage thérapeutique ?

Tous deux reposent sur la même méthode d'obtention d'un embryon. Mais au-delà de cette similitude ils diffèrent radicalement. La frontière est nette : c'est le transfert, ou non, de cet embryon dans un utérus. Ce transfert est indispensable au clonage reproductif. En effet, un embryon *in vitro* ne dépasse pas le stade blastocyste. Il atteint ce stade en sept jours, et même si on le maintient plus longtemps en culture, il y reste sans entamer l'étape suivante. C'est pour cela que le stade blastocyste est aussi appelé stade préimplantatoire. Sans utérus, sans mère porteuse, pas la moindre chance de développement. Et avec une mère porteuse ? Hors de toute réflexion philosophique, les résultats de l'expérimentation animale sont on ne peut plus clairs : le taux de réussite du clonage et l'état de santé des clones animaux qui viennent au monde montrent qu'il serait criminel d'envisager le clonage reproductif comme une méthode de procréation médicalement assistée chez l'homme.

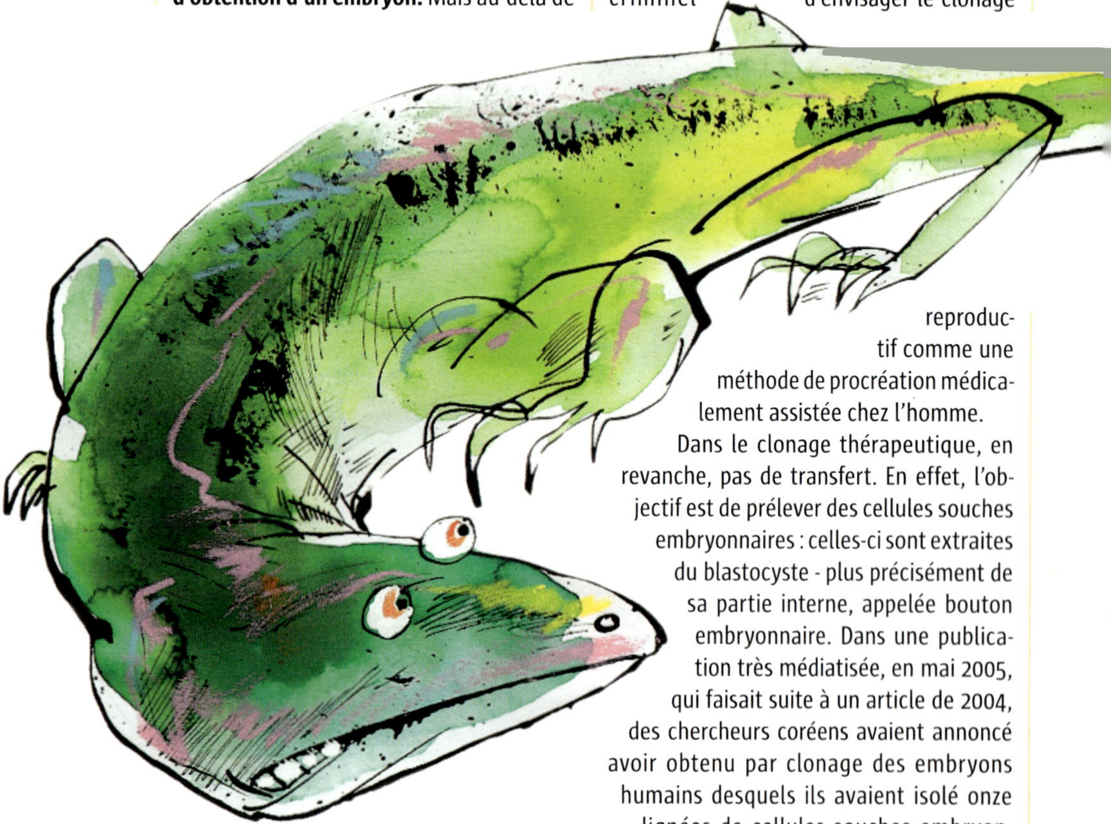

Dans le clonage thérapeutique, en revanche, pas de transfert. En effet, l'objectif est de prélever des cellules souches embryonnaires : celles-ci sont extraites du blastocyste - plus précisément de sa partie interne, appelée bouton embryonnaire. Dans une publication très médiatisée, en mai 2005, qui faisait suite à un article de 2004, des chercheurs coréens avaient annoncé avoir obtenu par clonage des embryons humains desquels ils avaient isolé onze lignées de cellules souches embryonnaires. Mais ces résultats avaient été falsifiés, ce qui a donné lieu à un des plus

grands scandales scientifiques de ces dernières années.
En Grande-Bretagne, pays qui a interdit le clonage reproductif mais autorisé le clonage thérapeutique, l'autorité de contrôle, la Human Fertilization and Embryology Authority, a autorisé deux équipes à tenter d'obtenir des embryons humains par clonage. La première autorisation a été délivrée en août 2004 à une équipe de Newcastle, la seconde en février 2005 à l'équipe de Ian Wilmut, le « père » de Dolly. En janvier 2008, une compagnie californienne, Stemagen, a publié en toute discrétion les premiers travaux réussis de clonage humain.

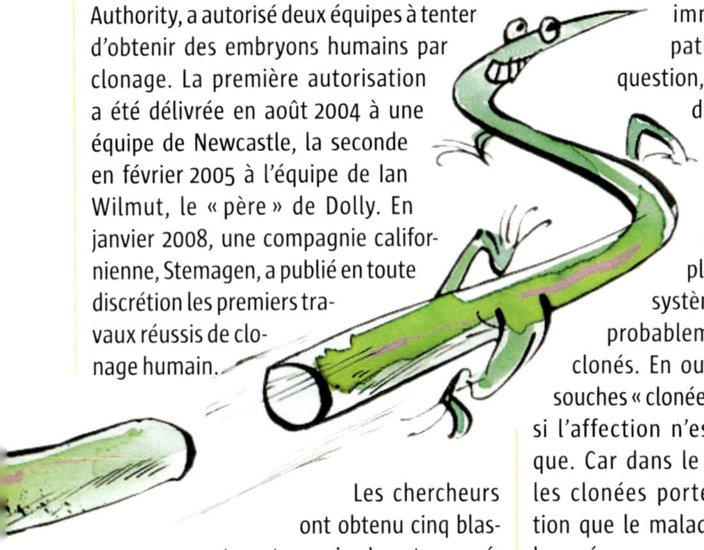

Les chercheurs ont obtenu cinq blastocystes mais n'y ont pas prélevé de cellules souches.
Le plus gros frein du clonage reste la nécessité de disposer d'un très grand nombre d'ovocytes pour parvenir à obtenir un seul embryon.

Quels sont les objectifs du clonage thérapeutique ?

L'objectif de base est d'obtenir des cellules souches embryonnaires (des cellules ES). À long terme, on espère pouvoir les utiliser dans un but thérapeutique. En effet, ces cellules sont pluripotentes, c'est-à-dire potentiellement capables de se différencier en n'importe quel type de cellule. Elles sont donc potentiellement utilisables pour soigner des pathologies dues à la déficience d'un type cellulaire donné. C'est également l'objectif visé avec les cellules souches embryonnaires, issues d'embryons surnuméraires obtenus par fécondation *in vitro,* et ne faisant plus l'objet d'un projet parental.
Quelle différence entre les cellules ES obtenues à partir d'embryons clonés et celles provenant d'embryons surnuméraires ? Théoriquement, les premières sont censées provenir d'embryons clonés à partir des cellules du patient que l'on souhaiterait soigner. Par conséquent, elles seraient immunologiquement compatibles avec le patient en question, et les utiliser permettrait de s'affranchir d'un traitement immunosuppresseur. Mais attention : dans le cas de maladies auto-immunes, par exemple le diabète de type I, le système immunitaire réagirait probablement contre les greffons clonés. En outre, utiliser des cellules souches « clonées » n'est envisageable que si l'affection n'est pas d'origine génétique. Car dans le cas contraire les cellules clonées porteraient la même mutation que le malade, et il faudrait d'abord les « réparer » par génie génétique avant de les réimplanter.
Étant donné le gouffre qui existe entre ces espoirs et leur réalisation, le terme « clonage thérapeutique » cède de plus en plus souvent la place au terme « clonage scientifique » : à défaut d'être directement utilisables pour soigner des malades, les lignées de cellules souches issues d'embryons clonés à partir de ces patients permettraient en revanche de mieux étudier les mécanismes des pathologies. Depuis 2008, une autre technique permet d'obtenir des cellules souches embryonnaires en s'affranchissant du don d'ovocyte. L'insertion de quatre gènes dans des cellules de peau suffit à les reprogrammer à l'état de cellules ES immunologiquement compatibles avec l'adulte donneur. Mais des contraintes techniques en limitent encore l'utilisation pour un usage thérapeutique.

POUR EN SAVOIR PLUS

- Bertrand Jordan, *Les Marchands de clones,* Seuil, 2003.
- Louis-Marie Houdebine, *Transgenèse animale et clonage,* Dunod, coll. « BiotechInfo », 2001.

Les champignons

Ils sont partout, innombrables et invisibles. Leurs différents modes de vie et de reproduction leur ont permis de s'adapter à tous les types de milieux. Mais bien qu'ils aient colonisé la quasi-totalité de la planète, on n'en connaît qu'une infime minorité.

Stéphane Durand,
avec la collaboration de
Guillaume Eyssartier,
de la Société mycologique de France,
Bart Buyck,
maître de conférences au Muséum national d'histoire naturelle.

Qu'est-ce qu'un champignon ?

Ni tige, ni feuille, ni racine, les champignons (de l'ancien français *champegnuel*, « l'habitant des champs ») n'ont aucun organe différencié. Leurs cellules allongées sont alignées les unes derrière les autres, en filaments. Un champignon est une masse de filaments entremêlés en un feutrage très fin appelé mycélium. Mais il peut ne posséder qu'une seule cellule : c'est le cas de la levure de bière. Les champignons sont discrets et ne trahissent leur présence qu'au moment de la reproduction, lorsqu'ils émettent un pied et un chapeau.

Comment les classe-t-on ?

L'étude systématique des champignons ne commence véritablement qu'à la fin du XVIIIe siècle. C'est le Suédois Elias Magnus Fries, professeur de botanique à l'université d'Uppsala, qui a proposé, dans son ouvrage *Systema mycologicum* publié en 1821, la première classification moderne fondée sur les caractères morphologiques externes : taille, forme et couleur des pieds et des chapeaux. Viendra ensuite le microscope, pour décrire les différentes cellules et l'infinie variété des spores.

À cause de leurs organes de reproduction immobiles, on a longtemps classé les champignons parmi les végétaux, tout en leur reconnaissant des similitudes troublantes avec les animaux : leur mode de vie, leur paroi cellulaire en chitine, comme la carapace des insectes et des crustacés… Ce n'est qu'à partir des années 1950-1960, grâce aux nouvelles techniques de biochimie et de biologie moléculaire, que les champignons seront classés dans un règne à part, le règne fongique. La classification de Fries est bouleversée mais demeure à la base de la nomenclature moderne. Les nombreuses découvertes de champignons tropicaux, par exemple, ont modifié les concepts de genre, basés sur la mycoflore européenne. La mycologie est une science jeune et la terminologie varie encore considérablement d'un chercheur à l'autre. On distingue depuis le début du siècle les champignons inférieurs et les champignons supérieurs. Les premiers ont des filaments non cloisonnés : leurs cellules ne sont plus séparées par des parois cellulaires et les noyaux cohabitent ensemble dans le même cytoplasme. Les seconds ont leurs cellules cloisonnées et bien individualisées. Les deux grands groupes de champignons supérieurs, ceux qui intéressent les amateurs, se différencient par la forme des cellules fertiles qui produisent les spores. Chez les ascomycètes, les spores sont formées à l'intérieur de cellules closes appelées asques. C'est à ce groupe qu'appartiennent certains des champignons les plus réputés : truffe et morille. Au contraire, chez les basidiomycètes, les spores sont formées à l'extérieur, portées par des cellules particulières nommées basides. C'est le cas du pleurote, des bolets et des agarics.

Combien y a-t-il d'espèces sur Terre ?

On estime actuellement à au moins 1,5 million le nombre d'espèces de champignons sur la planète. Deux cent mille à trois cent mille seulement ont été décrites jusqu'à présent, soit à peine plus de 10 %. En France, on répertorie trois à quatre mille espèces pour les seuls basidiomycètes. Seuls les champignons d'Europe sont assez bien connus. C'est surtout sous les tropiques que le gros de l'inventaire reste à faire, mais aussi en Australie et en Amérique du Nord. Les champignons souffrent de la disparition de certains biotopes. En quarante ans pour la seule région du Nord-Pas-de-Calais, près de 40 % des espèces de mycètes se sont raréfiées de façon préoccupante.

De quoi vivent-ils ?

D'air, d'eau et de matières organiques. Contrairement aux plantes vertes, les champignons et les animaux ne peuvent synthétiser eux-mêmes leur propre matière organique. Ils doivent la trouver dans leur environnement. Mais tandis que les animaux l'ingèrent, les champignons l'absorbent. Ils ont ainsi développé trois modes de vie.

Ils peuvent pousser dans de la matière organique morte : on les appelle saprophytes. On les trouve souvent en forêt, là où cette nourriture, sous forme d'humus, existe en grande quantité. En dégradant ainsi la matière organique morte, les champignons saprophytes remettent à la disposition des autres organismes, plantes et animaux, des éléments minéraux essentiels de nouveau assimilables (azote, phosphore, carbone...). Ils participent ainsi au recyclage de la matière organique. Exemples : le champignon de Paris *Agaricus bisporus* et les pleurotes *Pleurotus*.

Les champignons peuvent également tirer parti de la matière organique vivante. Ils sont parasites et vivent aux dépens d'un être vivant, détournant ses éléments vitaux à leur propre compte. Souvent pathogènes, ils provoquent des maladies et entraînent parfois la mort de leurs hôtes : d'autres champignons, des algues, des plantes ou des animaux. Chez l'homme, la teigne, le muguet, les mycétones, les candidoses et la pneumonie sont dues à de tels champignons parasites.

Enfin, les champignons peuvent être impliqués dans des associations mutualistes à bénéfices réciproques avec d'autres êtres vivants, au point que l'un ne peut vivre sans l'autre. C'est la symbiose. Ainsi, les lichens sont des associations de champignons et de cyanobactéries ou d'algues vertes. Le champignon fournit à l'algue protection, eau et sels minéraux et, en retour, celle-ci l'approvisionne en glucides, produits de la photosynthèse. Il existe des cas de symbiose avec des animaux : les champignons aident ainsi fourmis et termites à digérer la cellulose. C'est en 1900 que le botaniste français Noël Bernard a découvert le phénomène de la symbiose chez les orchidées : seul un champignon peut permettre à ses graines de germer.

LA RECHERCHE A PUBLIÉ

Marc-André Selosse et François Le Tacon, « Les champignons dopent la forêt », avril 1999, p. 33.

* **Haploïde :** se dit de tout organisme ou cellule qui ne possède qu'une seule copie de ses gènes.

* **Diploïde** qualifie la possession de deux copies des mêmes gènes.

Pourquoi les champignons poussent-ils au pied des arbres ?

Lorsque les champignons s'associent aux racines des végétaux, la structure symbiotique qu'ils élaborent ensemble porte le nom de mycorhize (du grec *mûkes,* champignon, et *rhiza,* racine). Les filaments mycéliens sont reliés étroitement aux racines de la plante. S'ils se contentent d'édifier un étroit manchon autour de racines, ce sont des ectomycorhizes. Si le champignon pénètre dans les racines et jusque dans les cellules de son hôte, ce sont des endomycorhizes. Mais il existe bien d'autres types de mycorhizes. Contre une partie des sucres élaborés par photosynthèse, les champignons assurent les besoins en eau et en sels minéraux (phosphore, azote, cuivre, zinc, etc.) de la plante en lui faisant profiter de son propre réseau mycélien, beaucoup plus grand que toutes les racines de la plante réunies.

Le cèpe de Bordeaux, dit « tête-de-nègre », *Boletus aereus,* et la truffe noire, *Tuber melanosporum,* sont ainsi souvent associés aux chênes et les amanites tue-mouches, *Amanita muscaria,* aux pins et aux bouleaux. Il n'est pas rare qu'un arbre soit associé à plusieurs dizaines d'espèces de champignons en même temps, et ces associations changent tout au long de sa vie. Les champignons, eux, sont plus spécifiques, surtout en Europe tempérée où les forêts ne sont pas très diversifiées. Il y a trente ans, on comptait près de cinq mille espèces de champignons impliqués dans des mycorhizes avec des arbres des forêts boréales et tempérées. Cette symbiose particulière est également très répandue sous les tropiques.

Ces associations sont très recherchées par les forestiers : en répertoriant les champignons susceptibles d'établir des mycorhizes avec une espèce d'arbre précise, ils cherchent à améliorer le rendement de l'association et à faire pousser des arbres dans des zones moins favorables.

Quel est le sexe des champignons ?

Ni mâle ni femelle chez les champignons mais différentes polarités, que l'on nomme en général + et –. En principe, un mycélium primaire + ne peut fusionner qu'avec un mycélium primaire –. Mais les choses ne sont pas aussi simples. Ces polarités sont déterminées par un grand nombre de gènes dits de compatibilité qui codent des glycoprotéines réparties à la surface des cellules. Ces molécules fonctionnent comme des clefs et des serrures : il en existe de toutes sortes et le nombre de combinaisons dépasse parfois la centaine chez certaines espèces.

Comment se reproduisent-ils ?

Un pied et un chapeau : ce qu'on appelle couramment champignon n'est en fait qu'un organe formé par le mycélium, chargé de la production et de la maturation des spores haploïdes*. Ce sont elles qui sont capables de donner naissance à un nouvel individu. Elles peuvent être issues d'une reproduction sexuée ou asexuée. Un même champignon utilise généralement les deux méthodes. Les cycles de vie des mycètes sont souvent compliqués, extrêmement divers et il n'y a pas de schéma type. Chez le pleurote, les spores vont germer après avoir été dispersées par le vent ou l'eau. Un filament se développe, se ramifie et forme un mycélium primaire [fig. 1]. Pour qu'il y ait reproduction sexuée, il faut que ce mycélium primaire rencontre un autre mycélium primaire. À eux deux, ils vont former un mycélium secondaire : leurs cellules vont fusionner (plasmogamie) mais les noyaux continuent à faire bande à part. Lorsque les conditions environnementales le permettent, ce mycélium émet un carpophore, le chapeau sur son pied, qui porte les cellules fertiles diploïdes* : elles produiront chacune quatre spores haploïdes. Le cycle est bouclé : en germant, ces spores donneront à nouveau des mycéliums primaires. Chez ces champignons, la fusion de deux mycéliums primaires en un mycélium secondaire suit souvent de très près la germination des spores. Le stade primaire est donc très court. Ce mycélium peut se reproduire asexuellement, en émettant des spores qui possèdent exactement le même matériel génétique que lui. C'est une forme de clonage, un moyen rapide et efficace de coloniser un nouveau milieu. Au cours de l'évolution, la surface des carpophores disponibles pour la formation, la maturation et la dispersion des spores a considérablement augmenté : elle s'est pliée et creusée en lamelles ou en tubes pour donner les carpophores actuels. Le champignon de Paris, *Agaricus bisporus,* peut ainsi produire près de 16 millions de spores par jour. La durée de vie des carpophores est souvent très courte mais peut dépasser quinze ans chez les polypores coriaces.

Comment se développent-ils ?

Après la germination de la spore, les filaments mycéliens se ramifient et divergent dans toutes les directions. Dans des conditions idéales, le mycélium forme alors un disque à la surface du substrat. Avec le temps, la zone centrale se vide peu à peu de son contenu : le disque se transforme en anneau. Lorsque le champignon se reproduit, les carpophores qu'il émet seront eux aussi rangés en anneau, les fameux ronds de sorcière. Ce mode d'expansion idéal est déterminé, dans la nature, par le substrat dans lequel le champignon se développe et les ronds de sorcière ne sont pas toujours très ronds.

Dix centimètres cubes d'un sol fertile et très riche en matières organiques peuvent contenir jusqu'à 1 kilomètre de filaments mycéliens d'un diamètre moyen de 10 micromètres. Sa vitesse de développement peut atteindre 1 kilomètre par jour lorsqu'il se ramifie dans des conditions optimales. Sa croissance s'effectue toujours en longueur, et non en épaisseur, afin d'augmenter sa capacité d'absorption. Dans le Michigan, aux États-Unis, des chercheurs ont mesuré un mycélium qui occupait à lui seul une surface de 15 hectares, pesait plus de 100 tonnes et était âgé de plus de 1 500 ans.

Fig.1 Le cycle de vie du pleurote

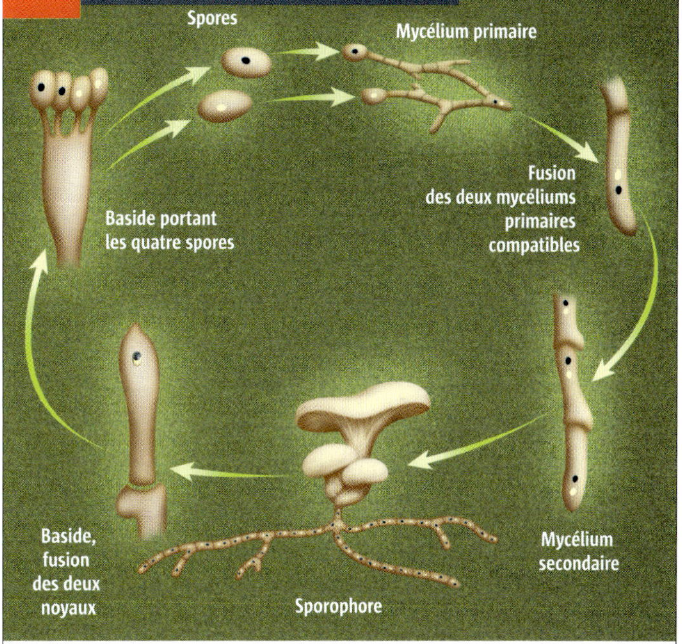

LA REPRODUCTION SEXUÉE RÉSULTE DE LA FUSION DE DEUX MYCÉLIUMS PRIMAIRES en un mycélium secondaire. Celui-ci donne naissance au chapeau sur son pied qui porte les cellules fertiles. Les cycles varient considérablement d'une espèce à l'autre par la longueur de chacune de leurs phases. © D.R.

Où et quand les trouve-t-on ?

Partout, toute l'année. Leurs modes de vie leur permettent d'exploiter n'importe quel milieu, du moment qu'ils y trouvent de la matière organique. Ce peut être le sol, en surface ou en profondeur. Ce sont aussi les milieux aquatiques : algues, poissons, crustacés et coquillages sont susceptibles d'être parasités par des champignons. On a décrit des espèces vivant à 4 610 mètres de profondeur, dans l'Atlantique Nord. On trouve aussi des champignons dans la toundra arctique et d'autres dans le désert. Les champignons sont présents toute l'année, sous les formes discrètes de mycélium et de spores. Les carpophores, en revanche, sont éphémères : ainsi, la truffe noire se

SUR LE WEB

La société mycologique de France propose, entre autres, une base de données où l'on peut chercher les champignons par espèce et par genre, et des informations sur les champignons toxiques.
www.mycofrance.org

Une bibliothèque virtuelle très complète consacrée aux champignons : de la taxonomie à la génétique, en passant par la répartition géographique des différentes espèces (en anglais).
http://mycology.cornell.edu

ramasse en hiver, les morilles et les vrais mousserons à la fin du printemps, les cèpes et les bolets en automne. Mais il n'y a pas de règle précise. Chaque espèce a son cycle propre et le climat a une influence capitale : les températures doivent être douces et l'humidité abondante.

Depuis quand existent-ils ?

Les champignons sont des organismes mous qui se fossilisent très mal. On ne connaît aujourd'hui pas plus de 500 fossiles de champignons datant pour la plupart du Crétacé (de 145 à 65 millions d'années) et du Tertiaire (65 à 1,5 millions d'années). Ils seraient apparus bien plus tôt, dans les mers du Cambrien (542 à 488 millions d'années) et de l'Ordovicien (488 à 444 millions d'années). Les premiers fossiles ressemblant aux champignons actuels remontent au Silurien (444 à 416 millions d'années), au moment même où les plantes vertes colonisèrent la terre ferme. Ce n'est pas un hasard : les biologistes sont nombreux à estimer que les champignons auraient aidé les végétaux à s'adapter à ce milieu hostile, sec et très pauvre en éléments minéraux, grâce à leur mycélium qui augmente considérablement la surface d'absorption des racines. En 1987, Lee Taylor, de l'université de Californie, et James Trappe, de l'université de l'Orégon, ont découvert des traces fossiles d'endomycorhizes datant du Trias (251 à 200 millions d'années). Les travaux de phylogénie moléculaires de Luc Simon, en 1993, allaient également dans ce sens : les champignons à mycorhizes seraient effectivement vieux de 400 millions d'années.

Utiles ou nuisibles ? Inoffensifs ou dangereux ?

Utiles et nuisibles, tout dépend des espèces et du contexte. Grands décomposeurs de matières organiques, les champignons saprophytes se développent sur les matériaux les plus divers dès que l'humidité et la température sont favorables : récoltes de céréales, fruits, légumes, tissus, cuirs, bois d'habitation, livres, voire certains plastiques, etc. Ils rendent aussi de grands services dans les domaines de la santé et de l'agroalimentaire. Ils produisent des enzymes, des antibiotiques comme la pénicilline et des médicaments comme la cyclosporine qui sert à prévenir le rejet des greffes d'organes. Certains *Penicillium* servent à fabriquer des fromages — bleu, roquefort, brie, camembert — et la levure de bière, *Saccharomyces cerevisae,* transforme le sucre en alcool et libère des bulles de gaz carbonique qui font lever la pâte.

En s'attaquant directement aux organismes vivants, les champignons parasites sont la cause de nombreuses maladies chez l'homme, les animaux et les plantes. *Ceratocystis ulmi* a envahi l'Amérique du Nord après la Première Guerre mondiale et a pratiquement éliminé l'orme d'Amérique, *Ulmus americana.* L'ergot du seigle, *Claviceps purpurea,* qui parasite les céréales, produit une molécule très proche de l'acide lysergique, un des composés du LSD hallucinogène. C'est un puissant vasoconstricteur à l'origine du feu de Saint Antoine, ou mal des Ardents, une maladie qui décima des milliers de personnes au Moyen Âge : après avoir consommé du blé parasité par ce champignon, les extrémités se gangrènent et tombent. Ce champignon contient par ailleurs une substance qui traite l'hypertension artérielle. Les champignons parasites peuvent

aussi aider les agriculteurs dans leur lutte contre les insectes ravageurs. Enfin, les champignons ont un grand intérêt gastronomique. Leur valeur est surtout gustative car ils contiennent près de 90 % d'eau. Plus proches de la viande que des légumes par leurs apports en sels minéraux (phosphore, potassium, fer) et en protéines, ils sont pauvres en graisse mais riches en vitamines (B). Malheureusement, de nombreux champignons sont de véritables accumulateurs de polluants, métaux lourds et autres éléments radioactifs. Ces substances sont transportées par l'eau dont les champignons sont gorgés, comme des éponges. C'est pourquoi il ne faut jamais manger de champignons cueillis au bord d'une route.
Le problème le plus délicat reste de différencier les comestibles des toxiques. Il n'y a aucune règle générale et seule la détermination par un spécialiste permet de savoir à quelle espèce on a affaire. Peu de champignons sont réellement dangereux, mais ils sont très communs. Et rien ne les distingue franchement des autres. Près de 90 % des décès sont dus à l'amanite phalloïde, *Amanita phalloides.* Ses couleurs sont très variables et elle peut être confondue avec des espèces comestibles. Pas de goût ni d'odeur caractéristiques et ses toxines ne sont détruites ni par la cuisson ni par le séchage. Les symptômes de l'empoisonnement apparaissent au minimum six heures après l'ingestion : destruction systématique des cellules hépatiques. La mort peut survenir dans un délai de quatre à neuf jours. Il n'y a pas d'antidote spécifique.

Peut-on cultiver les champignons ?

L'homme cultive des champignons depuis qu'il fait son pain et son fromage et fermente ses alcools. Les champignons saprophytes sont assez faciles à produire : il suffit de connaître le bon milieu de culture. C'est le cas pour les champignons producteurs d'antibiotiques, de médicaments, d'acides organiques, les célèbres champignons de Paris, *Agaricus bisporus,* qui poussent sur du fumier de cheval moite et moelleux, et le pleurote en forme d'huître, *Pleurotes ostreatus.* Les champignons mycorhiziques posent un problème autrement plus épineux : à chaque mycélium, il faut associer un arbre. Toute la difficulté réside dans la création artificielle du couple mycélium-arbre.
Nous sommes encore loin de la production industrielle de tels champignons, les meilleurs gastronomiquement parlant, même si le cycle complet de certaines espèces est maintenant obtenu en éprouvette. La culture de la truffe noire, *Tuber melanosporum,* (sur chêne *pubescens*) n'est encore qu'expérimentale, de même que celle de la chanterelle, *Cantharellus cibarius.* Quant aux cèpes... Le ramassage du dimanche et la cueillette sauvage ont encore de beaux jours devant eux.

POUR EN SAVOIR PLUS

- Guillaume Eyssartier *et al., Larousse des champignons,* Larousse, 2004.
- Bernard Duhem, *Les Champignons par la couleur,* Minerva, 2003.
- Roger Philipps et Odile Ricklin, *Les Champignons,* Solar, 2002.

Les graines

Nées dans les pommes de pin ou au cœur des fleurs, nues ou protégées par les fruits, les graines voyagent de multiples façons. Belles au bois dormant, leur destin est de germer, parfois même des siècles plus tard. Que connaît-on vraiment des graines ?

Françoise Brenckmann,
biologiste végétale, et

Annette Millet

Qu'est-ce qu'une graine ?

Les graines, objets inertes et souvent minuscules comme des petits cailloux et des poussières, nous semblent insignifiantes. Pourtant, après parfois des années de vie latente, elles se mettent à germer, se transforment en plantules puis en puissants végétaux. Elles sont partout sous nos pieds : sur le sol des prairies et des forêts, sur les chemins et les routes, sur les cours d'eau et leurs berges, sur les terrasses, les toits, etc. Elles sont aussi dans nos assiettes : céréales, légumes secs, ainsi que dans nos fruits (noyaux et pépins).

Pour le botaniste, la graine résulte de la reproduction sexuée des plantes spermaphytes (du grec *sperma*, graine et *phuton*, plante). Elle se développe au sein d'une fleur après la pollinisation, suivie de la fécondation d'un ovule par un grain de pollen [fig. 1]. L'ovule est un organe contenant, entre autres, des réserves nutritives et un ou des gamètes femelles. Le grain de pollen est une petite unité de deux ou trois cellules qui forme un ou deux gamètes mâles. Chaque graine renferme un embryon de plante.

Pour les plantes, à quoi servent-elles ?

Les graines assurent la multiplication de l'espèce. Elles lui permettent de coloniser son milieu et de résister aux conditions

Fig.1 Origine d'une graine

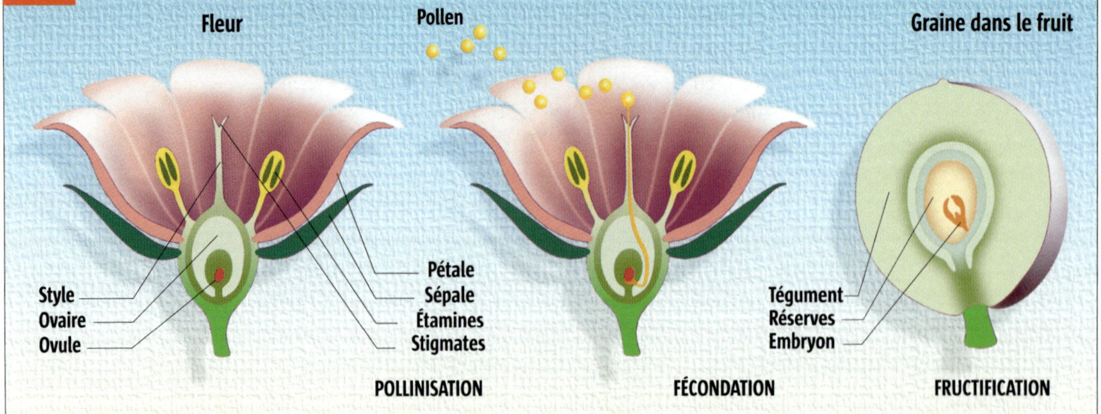

DANS LA FLEUR, LE CARPELLE comprend à sa base l'ovaire, surmonté d'une partie effilée, le style, terminé par un renflement, le stigmate. L'ensemble des carpelles forme le pistil. La graine se développe au sein d'une fleur après la pollinisation, suivie de la fécondation d'un ovule par un grain de pollen. L'ovule contient des réserves nutritives et un ou des gamètes femelles. © DR climatiques défavorables. La multiplication par reproduction sexuée crée des individus tous génétiquement différents. Le saule par exemple, très prolifique, produit chaque année des millions de minuscules graines (qui ne germeront pas toutes). Ce brassage génétique permet aux populations de plantes d'évoluer avec leur environnement.

La deuxième fonction des graines est la dissémination. Elles voyagent dans l'espace. La plante étend ainsi son territoire et le défend contre la concurrence. Elle peut aussi « fuir » une aire qui ne lui est plus propice, transmettant à ses graines la tâche de coloniser un nouveau site. Les végétaux sont capables de s'implanter rapidement dans un terrain défriché, une éclaircie d'incendie, une fissure de roche, une île volcanique, un pot de terre sur un balcon, etc.

Enfin, troisième fonction, les graines résistent aux conditions adverses. Sous nos latitudes, les plantes annuelles ne survivent à l'hiver que sous forme de graines, les autres plantes, grâce à des bourgeons dormants. Mais même pour celles-ci, les graines sont des formes de vie résistantes, capables de supporter des accidents climatiques graves comme une sécheresse prolongée, un gel inhabituel, un incendie... Leurs enveloppes, plus ou moins épaisses et imperméables, leur confèrent une certaine résistance mécanique. Le fait qu'elles soient déshydratées leur permet de survivre aux températures extrêmes. En outre, les graines résistent à des attaques biologiques, dont certaines peuvent être fatales pour la plante « en vert ». Leurs enveloppes sont souvent coriaces, immangeables par exemple pour la chenille qui se délecterait des feuilles et des tendres bourgeons. De plus, elles peuvent être bourrées de tannins antifongiques et de composés antibiotiques, voire toxiques pour les prédateurs.

Les plantes ne se multiplient pas seulement par graines. Nombreuses sont celles qui sont aussi capables de se cloner : c'est la multiplication végétative. Ce mode de reproduction est avantageux quand la plante est bien adaptée à un environnement stable ; il est aussi utile lors de conditions défavorables à la multiplication sexuée (par exemple en montagne). Ainsi, le fraisier ou la renoncule émettent de longues tiges rampantes, des stolons portant des bourgeons qui peuvent s'enraciner et former une plantule identique à la plante mère. D'autres plantes se multiplient par bulbilles (ail), rhizomes (iris), drageons, etc. Lorsque nous bouturons des plantes, nous utilisons leur capacité de multiplication végétative.

Toutes les plantes ont-elles des graines ?

Certaines plantes – mousses, fougères, prêles, etc. – n'ont pas de graines. Leur reproduction sexuée passe par des spores unicellulaires qui ne renferment pas d'embryon. Les premiers végétaux terrestres étaient des plantes à spores. Ces dernières se dispersent dans l'air, germent sur un substrat humide et forment les cellules sexuelles. La rencontre et la fusion des gamètes mâle et femelle doivent avoir lieu en milieu liquide (mare, pluie, rosée, etc.). L'indépendance vis-à-vis du milieu liquide extérieur pour la fécondation a été acquise par les plantes à ovules, à la fin du Dévonien, il y a environ 370 millions d'années. Les ginkgos sont des plantes archaïques à ovules, proches de ces formes éteintes. Le pollen est transporté par le vent. Au contact d'un liquide ovulaire, le grain de pollen émet un gamète mâle à proximité du gamète femelle. La fécondation a lieu dans cette petite « piscine » interne. Lorsque l'ovule tombe à terre, l'œuf se développe lentement en un embryon qui germe immédiatement. L'entité, qui se disperse, est un ovule, pas encore une graine.

C'est au Carbonifère, il y a environ 345 millions d'années, qu'apparaissent les plantes à graines.

LES GRAINES

LA RECHERCHE A PUBLIÉ

Viviane Thivent, « Profilées pour germer », avril 2006, p. 66.

* Le **carpelle** est l'organe de la fleur qui contient un ou plusieurs ovules.

* L'**albumen,** tissu à trois lots de chromosomes (triploïde), est l'organe de réserves de certaines graines de plantes à fleur.

* L'**endosperme** est le tissu de réserves des graines de gymnospermes. Il est haploïde, ne contient qu'un seul lot de chromosomes.

Ce sont les premières gymnospermes (du grec *gumnos*, nu et *sperma*, graine), qui donneront naissance aux conifères actuels. Ces derniers portent des cônes (les pommes de pin), formés d'écailles entre lesquelles se trouvent les ovules. La fécondation donne, après maturation, une graine capable d'entrer en état de vie ralentie, la dormance, et d'attendre des conditions favorables pour germer. Cela lui confère une certaine indépendance vis-à-vis du temps. Les gymnospermes comportent aujourd'hui 700 espèces.

Les plantes à fleurs – et à fruits – apparaissent au Crétacé, il y a environ 130 millions d'années. Ce sont les angiospermes (du grec *angeion*, urne et *sperma*, graine). Les premières ressemblaient aux magnolias. La pollinisation a lieu non plus seulement au hasard du vent, mais grâce aux insectes et aux animaux attirés par les fleurs. Les ovules sont complètement enveloppés d'un ou de plusieurs organes de la fleur, les carpelles*. Après la fécondation, ces derniers grossissent et se transforment en fruit. Le fruit protège les graines et en favorise la dissémination. Les angiospermes (ou *Magnoliophyta*) sont dominantes sur Terre : il y en a 250 000 espèces.

Comment les graines sont-elles faites ?

Chez les gymnospermes, la fécondation est simple : l'embryon naît de la fusion d'un gamète mâle et d'un gamète femelle, et ses réserves nutritives se constituent dans un tissu femelle, l'endosperme*. La maturation a lieu dans le cône, la pomme de pin. Chez les angiospermes, la fécondation est double. Les étamines libèrent les grains de pollen. Déposé sur le stigmate, le grain de pollen émet son minuscule tube pollinique qui s'allonge dans le style. Il pénètre dans l'ovule et décharge deux gamètes mâles. L'un d'eux fusionne avec le gamète femelle et forme l'œuf, l'autre fusionne avec deux noyaux du sac embryonnaire et donne l'albumen*. C'est alors que la graine naît : l'œuf se développe en embryon et l'albumen est son organe de réserves [fig. 2]. Selon les espèces, ces réserves sont utilisées lors de la germination et pour l'établissement de la jeune plante (cas du maïs), ou elles sont transférées dès l'embryogenèse dans les deux premières feuilles de l'embryon (cas du haricot). Ce sont les gros cotylédons où la plantule puisera sa nourriture avant de devenir autonome. La maturation de la graine a lieu dans le fruit (dans la gousse pour le haricot, par exemple).

À un certain stade, l'embryogenèse s'arrête, embryon et réserves se déshydratent. La paroi de l'ovule se durcit et se différencie en téguments protecteurs, plus ou moins imperméables à l'eau et à l'air.

Combien de temps vivent-elles ?

Les graines ont la propriété remarquable de se conserver en état de vie ralentie pendant des années, voire des centaines d'années. Leur longévité dépend de l'espèce et des conditions de conservation. Les graines dont les réserves sont de nature lipidique comme le colza, l'arachide ou la noix, ont une durée de vie qui excède rarement une année car elles rancissent. Celles dont les réserves sont glucidiques, comme la plupart de nos céréales, ont une longévité de plusieurs

années. Certaines légumineuses ayant des téguments épais et imperméables à l'air et à l'eau survivent encore plus longtemps. Les conditions permettant une longue conservation sont à l'opposé de celles favorisant la germination. Des graines de lotus ont pu germer après plus de 400, voire 1 000 ans d'enfouissement dans les boues d'un lac, à l'abri de l'oxygène. Mais le record de longévité est détenu par des graines de lupin *(Lupinus arcticus)* datées de 10 000 ans au carbone 14. Trouvées à l'état congelé dans le sol du Nord canadien, elles n'attendaient que le dégel pour germer. La déshydratation des graines est un facteur clé pour leur conservation. Nombre d'espèces tropicales, dites « récalcitrantes », comme l'hévéa, le cacao, le thé ou la mangue, ne supportent pas d'être déshydratées et survivent à peine quelques semaines.

Quelle est la différence entre graines et fruits ?

À maturité, les carpelles d'une fleur forment le fruit et les ovules fécondés deviennent les graines. Le fruit enveloppe les graines [fig. 3]. Il y a des fruits secs et des fruits charnus, des fruits uniséminés (à une seule graine) ou pluriséminés (à plusieurs graines). Mais la botanique est pleine de pièges… Chez la tomate, pas de confusion possible, les tissus succulents et rouges de la baie sont bien discernables des petites graines ocres, les pépins. Mais chez la cerise, la graine n'est pas le noyau ! La graine, ou amande, se trouve à l'intérieur du noyau qui est en réalité la partie interne et lignifiée du carpelle (endocarpe). Quant à la framboise, il s'agit d'une collection de petites drupes : les « pépins » sont en fait de petits noyaux. Pour la pomme, le vrai fruit est le trognon contenant les pépins. La partie que l'on mange est le réceptacle qui englobe le fruit.

Pour les fruits secs la confusion entre graine et fruit est très fréquente. Un grain de blé est-il un fruit ou une graine ? Et le petit pois ou la noisette ? Dans le lot, seul le petit

Fig.2 Types de graines

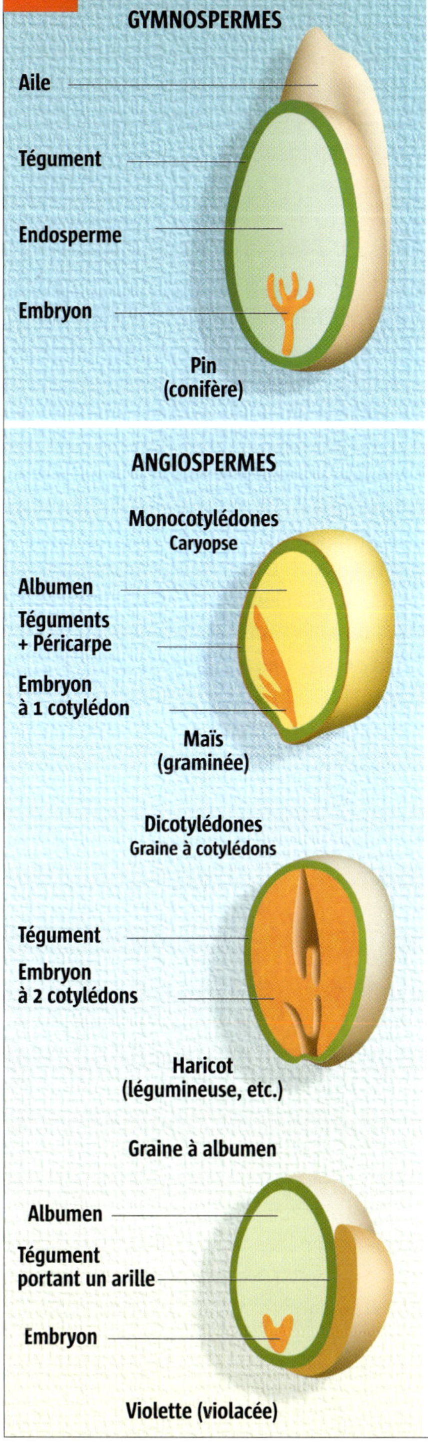

SELON LES GROUPES DE VÉGÉTAUX, les réserves nutritives que renferment les graines sont des glucides, des lipides ou des protéines. Elles s'accumulent dans des tissus appelés endosperme, albumen, cotylédons.

CHEZ LES GYMNOSPERMES, l'embryon naît de la fusion d'un gamète mâle et d'un gamète femelle. Les réserves nutritives se constituent dans un tissu femelle, l'endosperme*.

CHEZ LES ANGIOSPERMES, un gamète mâle fusionne avec le gamète femelle et forme l'œuf qui se développe en embryon ; un autre gamète fusionne avec deux noyaux du sac embryonnaire et donne l'albumen*, l'organe de réserve. Chez les monocotylédones, les réserves sont utilisées lors de la germination. Chez les dicotylédones, elles sont transférées dans les deux premières feuilles de l'embryon, les cotylédons.

SUR LE WEB

Le réseau de la botanique francophone, avec de nombreux documents très accessibles.
www.tela-botanica.org/

Les organismes publics d'étude des variétés et des semences. Pour la France, le Geves
www.geves.fr/

Pour l'Europe, l'OCVV (en anglais)
www.cpvo.eu.int/
et l'ISTA au niveau mondial (en anglais)
www.seedtest.org

Le site du Groupement national interprofessionnel des semences et plants.
www.gnis.fr/

pois est une graine, la gousse est le fruit ! Les graminées (ou poacées) comme le blé produisent des fruits, dont chaque grain est appelé caryopse : le tégument est collé à la paroi du carpelle. La noisette enchâssée dans sa jolie cupule de bractées vertes est un fruit sec uniséminé ou akène ; la graine est ce que l'on mange.

Comment se disséminent-elles ?

Les graines, nues ou enveloppées de leur fruit, forment des unités de dissémination appelées diaspores. Ces dernières sont très diverses et capables d'utiliser toutes sortes de moyens pour voyager. Grâce à des enveloppes imperméables et à des structures flottantes, certaines sont capables de voguer au fil de l'eau, sur de longues distances. La noix de coco en est un exemple frappant : ce palmier colonise toutes les plages de la ceinture intertropicale.

Ailes, membranes, aigrettes, poils, etc., les systèmes « inventés » par les diaspores pour voler sont innombrables. Ainsi, la renommée d'envahisseur du pissenlit n'est pas usurpée : ses petites aigrettes sont arrachées de leur capitule par un bon coup de vent. Ensuite, grâce à son parachute, la semence est portée par tout courant d'air, aussi ténu soit-il. D'autres semences sautent et se passent de tout agent de dispersion. En réalité, c'est la plante qui les éjecte. Chez les légumineuses, comme les genêts ou les glycines, il n'est pas rare que les gousses se fendent brusquement à maturité sous l'effet de la sécheresse, délivrant vivement leur contenu. Enfin, beaucoup de diaspores « utilisent » les animaux pour se déplacer dans l'espace. Ce sont de beaux exemples de coévolution entre règnes végétal et animal. Certaines diaspores sont disséminées de façon passive : elles s'accrochent au pelage, aux pattes et au cuir des animaux. Leurs formes sont étonnantes : crochets, harpons, pics, tridents, barbelés... Elles s'accrochent aussi à vos chaussettes et vous

Fig.3 Types de fruits

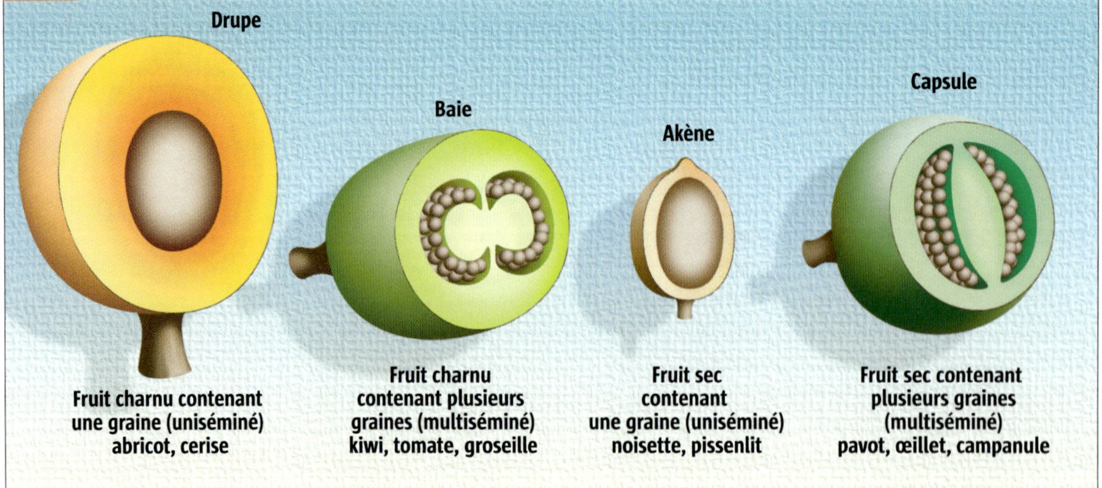

LES PRINCIPAUX TYPES DE FRUITS sont la drupe, la baie, l'akène et la capsule. Il existe bien d'autres types de fruits charnus à multiples graines : par exemple, la framboise est un fruit charnu multiple et la figue un fruit charnu composé appelé sycone. © DR

piquent les chevilles lors de vos balades, comme les luzernes ou la benoîte.

Les fruits charnus sont la proie de nombreux animaux. Les haies et bordures de nos forêts sont habitées par tout un peuple d'oiseaux qui en sont les disséminateurs attitrés. Dans les forêts tropicales humides, où la biodiversité est importante, la majorité des espèces est consommée par certains singes, beaucoup d'oiseaux et de chauves-souris qui sont des frugivores spécifiques. Enfin, l'homme disperse aussi les graines. En dehors des mauvaises herbes qu'il transporte malgré lui sous ses chaussures et sur les roues de ses véhicules, il est un disséminateur zélé des espèces qu'il cultive.

Mangeons-nous encore beaucoup de graines ?

Nous consommons moins de céréales que nos ancêtres, mais elles constituent encore l'aliment de base des populations rurales des pays en voie de développement. Les céréales représentent 50 % de la nourriture de l'humanité.

On les mange sous forme de grains, galettes, pains, flocons, semoule ou gâteaux, mais aussi sous forme d'agents de texture dans les glaces, entremets, sauces, soupes.

On les boit sous forme de boissons alcoolisées : bière (orge), whisky (blé et orge), saké (riz) pour les plus connues. Les légumes secs sont également une source importante de nourriture, un apport de glucides et surtout de protéines : haricots, pois, lentilles, soja, pois chiches, etc.

Nombre d'autres grains complètent notre alimentation quotidienne. Les oléagineux fournissent nos huiles culinaires : tournesol, colza, arachide, soja, olive, sésame, coton, noix... Le poivre et autres épices viennent relever nos plats : cumin, fenouil, carvi, coriandre, badiane, cardamome, muscade...

Pourquoi les graines ne germent-elles pas toujours ?

Les semences ne germent pas forcément dès qu'elles sont au sol, ni toutes en même temps. Il n'est pas rare de trouver dans la terre des graines n'ayant pas germé. Pourquoi, par exemple, tous les noyaux des cerisiers sauvages, les merisiers, ne germent-ils pas après leur dispersion et restent sur le sol des forêts pendant de longs mois d'été et d'hiver avant de pousser ? Certaines graines ont perdu leur pouvoir germinatif, pour les autres il faut des conditions externes favorables, des signaux spécifiques pour la levée de dormance, puis pour la germination. Toutes ces conditions définissent le lieu et le temps précis favorables à la germination et au développement ultérieur des jeunes plantes d'une espèce donnée.

Suivons notre exemple. Même si l'on met les noyaux de merisiers dans des conditions favorables en général pour la germination – à savoir une température douce (comprise entre 10 et 30 °C), dans un sol aéré (présence d'oxygène) et surtout bien humide – ils ne germeront pas. On dit qu'ils sont dormants. Ce n'est qu'après avoir subi une certaine dose de froid que les embryons pourront germer. Dans la nature, c'est le froid hivernal qui lève ce blocage, cette dormance. Cette propriété a une valeur adaptative pour les espèces des zones tempérées. En effet, de jeunes et fragiles plantules, ayant germé en été ou en automne, auraient peu de chances de survie au gel de l'hiver suivant. De nombreuses rosacées (merisier, pêcher, pommier) présentent ce type de dormance ; les dormances du hêtre et des érables sont aussi levées par le froid. Des espèces de zones désertiques ont, au contraire, une dormance levée par la chaleur, permettant aux graines de ne germer qu'après la saison chaude et sèche, en saison hivernale humide. Si elles germaient lors d'une ondée passagère en été, les jeunes plantules grilleraient vite.

Comment font-elles pour reprendre vie ?

Les mécanismes de la dormance, de la levée de dormance et de la germination sont complexes et varient selon les espèces. Il n'existe actuellement aucune interprétation universelle de ces événements capitaux pour la vie des plantes. Leur déterminisme génétique est en cours de déchiffrage grâce à l'analyse de mutants d'embryogenèse, de dormance et de germination. Cette dernière est définie par la sortie de la pointe racinaire hors des téguments de la graine. Elle est enclenchée selon une séquence définie d'événements. Il y a dormance quand une étape quelconque précédant la croissance de la radicule est bloquée.

La germination est sous le contrôle d'un équilibre entre deux hormones à actions antagonistes, elles-mêmes sous influence des facteurs de levée de dormance (le froid par exemple). L'acide abscissique est l'hormone qui participe à la maturation des semences, maintient la dormance et inhibe la germination. Les acides gibbérelliques sont des hormones de germination, impliquées dans la synthèse d'enzymes qui dégradent les parois et les réserves de la graine. Certaines dormances sont tégumentaires, et sont levées dès que l'intégrité des téguments est lésée, par abrasion, décomposition, lessivage des inhibiteurs, décapage par les sucs gastriques des animaux... D'autres sont des dormances embryonnaires (dues à la présence de l'acide abscissique) : elles ne se lèvent pas, même quand les téguments sont retirés. C'est le cas du merisier. Une fois la germination enclenchée, la plantule se met à croître en utilisant les réserves de la graine. La radicule

plonge dans le sol, tandis que la gemmule se déploie vers la lumière. Les jeunes feuilles deviennent capables de photosynthèse. La plante acquiert son autonomie.

Quelle est l'importance du marché des semences ?

La production mondiale de semences et plants mis sur le marché en 2005 est évaluée à 119 millions de tonnes, soit, pour la filière semence au stade de gros, un chiffre d'affaires d'environ 21 milliards de dollars. En France, il s'élève à environ 2,28 milliards de dollars. Nous appelons « semences et plants » les unités semées ou plantées dans le but d'une production de denrée végétale. Pour le botaniste, les semences peuvent être des graines (colza, pois) ou des fruits les contenant : caryopses de céréales, akènes de carottes, glomérules de betteraves, etc. Les plants sont des tubercules, bulbes, boutures, jeunes arbres fruitiers.

Lorsqu'une nouvelle variété est reconnue pour ses qualités et le progrès génétique qu'elle apporte, elle est inscrite et homologuée au catalogue officiel (les organismes publics d'étude des variétés et semence sont le GEVES pour la France, l'OCVV au niveau européen, et l'ISTA au niveau mondial). Les semences certifiées assurent une productivité élevée, mais elles sont chères. Dans les pays en voie de développement, les semences de ferme, non certifiées, sont majoritaires.

Les semences génétiquement modifiées sont issues de biotechnologies onéreuses réalisées, de plus en plus par le secteur privé ; elles nécessitent une concentration des moyens de recherche ce qui engendre d'une part une réduction du nombre de variétés promues par les sociétés semencières et d'autre part un regroupement de ces sociétés. Aujourd'hui dix multinationales contrôlent 50 % du marché des semences.

La préservation des ressources végétales *ex situ* dans les banques de gènes se fait principalement sous forme de semences. Elle est indispensable à la fois pour l'avenir des écosystèmes naturels qui se dégradent, mais aussi pour l'amélioration des plantes cultivées. Cette activité de préservation, souvent assurée par le secteur public à l'échelle nationale et mondiale, a un coût élevé mais il est mal estimé et non intégré dans le marché des semences.

POUR EN SAVOIR PLUS

- Françoise Brenckmann, *Grains de vie*, Arthaud, 1997.
- Michael Fenner et Ken Thompson, *The Ecology of Seeds*, Cambridge University Press, 2005.
- G. Nicolas *et al.*, *The Biology of Seeds, Recent Research Advances*, CAB International, 2005.

La photosynthèse

Sans photosynthèse, pas d'oxygène sur Terre. En combinant la lumière, l'eau et le dioxyde de carbone, ce mécanisme permet aux plantes de grandir, et aux animaux de respirer.

Laure Schalchli, avec la collaboration de

Francis-André Wollman, directeur du Laboratoire de physiologie membranaire et moléculaire du chloroplaste,

Pierre Joliot, membre de l'Académie des sciences et professeur au Collège de France,

Bernard Saugier, professeur d'écologie végétale à l'université Paris Sud et membre de l'Académie d'agriculture de France.

Pourquoi ce nom de « photosynthèse » ?

Le terme, du grec *phôtos*, « lumière », et *sunthesis*, « réunion/composition », date du début du XXe siècle. Mais la découverte du processus de photosynthèse, qui permet à certains êtres vivants d'utiliser l'énergie lumineuse pour construire leur propre matière carbonée à partir de molécules simples, remonte au XVIIIe siècle. C'est dans les années 1770 que le chimiste et théologien anglais Joseph Priestley montre qu'une plante peut « restaurer » l'air « vicié » par une bougie ou par un animal. Il a mis le doigt sur une composante clé de la photosynthèse, la libération d'oxygène – alors même que ce gaz n'est pas encore connu. Un ancien médecin à la cour d'Autriche, Jan Ingenhousz, découvre bientôt que cette « purification » nécessite de la lumière, et met en jeu les parties vertes de la plante. Il faudra encore quelques années pour réunir les pièces du puzzle chimique : la plante rejette de l'oxygène tout en consommant de l'eau et du dioxyde de carbone (CO_2), et utilise ce dernier pour synthétiser les glucides dont elle a besoin. En 1845, l'Allemand Julius von Mayer met en évidence la facette énergétique du processus : ce dernier repose sur la conversion de l'énergie solaire en énergie chimique. Chaque année, à l'échelle du Globe, 200 milliards de tonnes de dioxyde de carbone – soit plus de 10 % du carbone atmosphérique – sont ainsi transformés en biomasse.

Est-elle l'apanage des végétaux ?

Non. Outre les plantes terrestres et les algues, beaucoup de bactéries pratiquent la photosynthèse. C'est le cas des cyanobactéries, autrefois appelées « algues bleues ». La plus commune, *Prochlorococcus,* n'a été découverte qu'en 1988. Elle représente sans doute l'organisme photosynthétique le plus abondant de la planète – sa densité atteint 100 millions de cellules par litre d'eau de mer. Les cyanobactéries réalisent le même type de photosynthèse que les végétaux : elles consomment de l'eau et du dioxyde de carbone, et rejettent de l'oxygène. Comme les plantes et les algues, elles sont autotrophes, c'est-à-dire capables de synthétiser leur propre matière organique. Chez d'autres bactéries photosynthétiques (bactéries pourpres, bactéries vertes, héliobactéries), la situation est plus ambiguë. La lumière leur donne un coup de pouce énergétique, mais

elles ne libèrent pas d'oxygène, et ne fixent pas forcément le CO_2. Leur étude a amené à redéfinir la photosynthèse comme la conversion d'énergie solaire en énergie chimique, les critères tels que l'émission d'oxygène ou même l'assimilation du CO_2 passant au second plan.
Au total, on estime que plus de 400 000 organismes pratiquent la photosynthèse. Ils fournissent en matière organique le reste du monde vivant : les animaux, les champignons, mais aussi... quelques végétaux parasites qui sont dépourvus de capacités photosynthétiques. C'est le cas, par exemple, de l'orobanche, petite plante roussâtre qui exploite les légumineuses.

Sans photosynthèse, pas d'oxygène sur Terre ?

En l'absence de photosynthèse, et si la respiration des êtres vivants continuait au rythme actuel, l'atmosphère serait privée d'oxygène en moins de 4 000 ans. Car seule la photosynthèse assure le renouvellement de ce gaz. Le mécanisme mis en jeu a longtemps constitué une énigme. L'oxygène provient-il du dioxyde de carbone (CO_2) ou de l'eau (H_2O) ? Pendant plus d'un siècle, la première hypothèse a eu la faveur des scientifiques. Jusqu'à ce que l'Américain Cornelis van Niel l'écarte, dans les années 1930. Il étudiait alors des bactéries qui utilisent, pour leur photosynthèse, de l'hydrogène sulfureux (H_2S) à la place de l'eau. Ces bactéries libérant du soufre et non de l'oxygène, Niel en déduisit par extrapolation que l'oxygène libéré par les organismes photosynthétiques « normaux » provenait des molécules d'eau dissociées par la lumière. L'emploi d'isotopes radioactifs en apporta la preuve en 1941.
D'après les registres fossiles, les premiers organismes à libérer de l'oxygène ont été des cyanobactéries, il y a environ 3,5 milliards d'années. Mais il est probable que certaines bactéries, pratiquant une photosynthèse sans libération d'oxygène, aient existé antérieurement. Toujours est-il qu'il a fallu un temps considérable (environ 1,5 milliard d'années après l'apparition des premières cyanobactéries) pour que l'oxygène émis, d'abord piégé par l'oxydation des roches et du fer océanique, commence à s'échapper dans l'atmosphère. C'est son accumulation qui a permis le développement explosif, il y a 600 millions d'années, de toutes les formes de vie pluricellulaires que nous connaissons aujourd'hui.

À quoi sert la chlorophylle ?

Avant tout, à capter les photons (et donc une certaine quantité d'énergie). La chlorophylle (du grec *chloros,* « vert pâle », et *phyllon,* « feuille ») est un pigment, c'est-à-dire une molécule qui apparaît colorée à l'œil humain car elle absorbe une partie du spectre lumineux. Elle absorbe les longueurs d'ondes bleues et rouges, d'où la couleur jaune-verte de la lumière réfléchie que nous voyons. En fait, il n'existe pas une, mais des chlorophylles, qui diffèrent par des détails de leur structure moléculaire et par leurs propriétés d'absorption du spectre lumineux. La chlorophylle *a* se trouve dans tous les organismes photosynthétiques, à l'exception des bactéries vertes et pourpres et des héliobactéries. Ces dernières contiennent, à la place, des bactériochlorophylles qui ont la particularité d'absorber les infrarouges. En plus de la chlorophylle *a,* les plantes et les algues vertes renferment de la chlorophylle *b,* les algues brunes et les diatomées de la chlorophylle *c,* et certaines cyanobactéries, une chlorophylle *d* découverte en 1996. Deux classes de pigments non chlorophylliens interviennent également dans la capture de l'énergie

LA RECHERCHE A PUBLIÉ

Frances Westall, « Aux origines de la photosynthèse », hors-série n° 15, avril 2004, p. 82.

lumineuse : les caroténoïdes, qui donnent leur couleur aux algues brunes et aux feuilles des arbres en automne, et les phycobiliprotéines, présentes chez les algues rouges et les cyanobactéries. Chez les plantes, la fonction principale des caroténoïdes est de servir d'antioxydant et de protéger les chlorophylles des dégâts de l'oxygène.

Chaque pigment absorbe une partie seulement de la lumière visible. Ainsi les algues rouges utilisent surtout la lumière verte pour leur photosynthèse, et cohabitent sans problème avec les algues vertes qui captent les longueurs d'onde rouges et bleues. La présence de tel ou tel pigment trahit souvent la niche écologique de son propriétaire : *Prochlorococcus,* par exemple, qui vit dans les eaux de surface, contient des pigments différents de ceux d'autres cyanobactéries peuplant les eaux plus profondes.

Où la photosynthèse se déroule-t-elle précisément ?

Pour les plantes et les algues, dans de minuscules structures en forme de lentilles de quelques micromètres de diamètre gorgées de chlorophylle : les chloroplastes. Les feuilles, qui jouent le rôle de capteurs solaires, peuvent en contenir plus de 100 000 par millimètre carré. Ce sont les chloroplastes qui alimentent la plante en glucides. Au microscope, chacun apparaît délimité par une double enveloppe. À l'intérieur, on trouve un réseau complexe de membranes, qui forment des sacs aplatis souvent empilés les uns sur les autres : les thylakoïdes (du grec *thulakos,* « sac »). C'est dans ces membranes que se trouvent la chlorophylle et les autres pigments, étroitement associés à des protéines **[fig. 1]**.

On pense que les chloroplastes descendent de bactéries ressemblant aux cyanobactéries

Fig.1 Les chloroplastes, siège de la photosynthèse

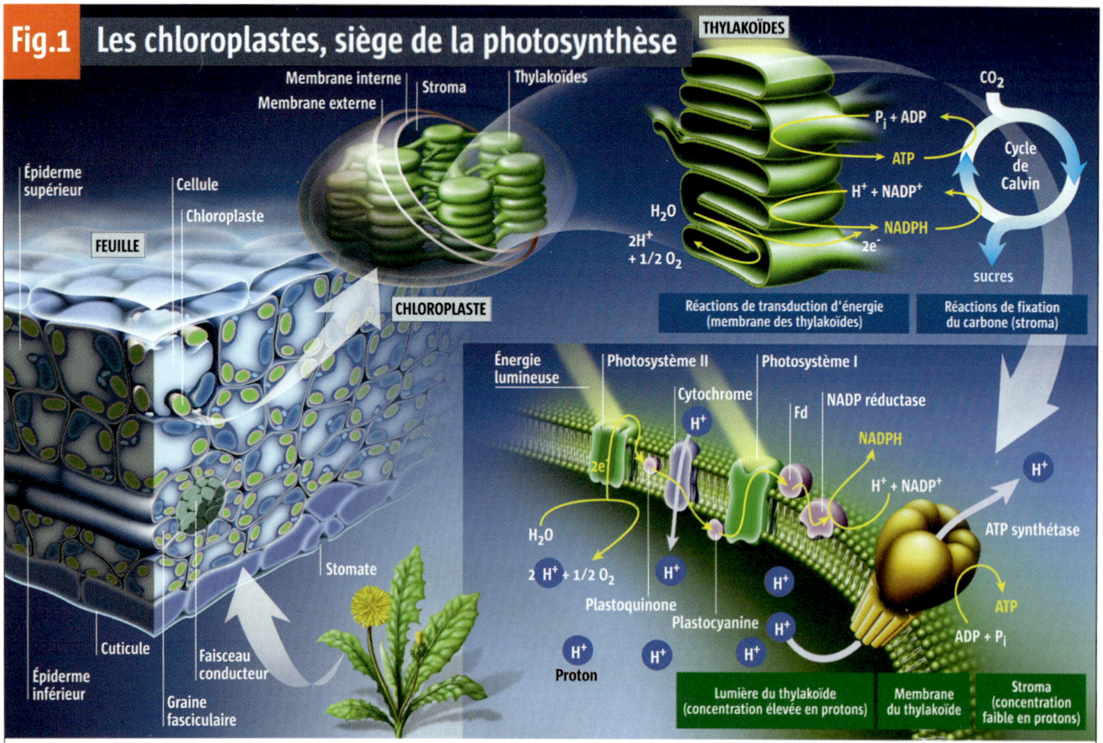

LA CONVERSION DE L'ÉNERGIE LUMINEUSE en énergie chimique (ATP et NADPH) s'effectue dans la membrane des thylakoïdes, sortes de sacs empilés dans les organites cellulaires photosynthétiques : les chloroplastes. © INFOGRAPHIE SYLVIE DESSERT

actuelles. Il y a un ou deux milliards d'années, l'une de ces bactéries a dû s'associer à une cellule eucaryote (dotée d'un noyau) et s'installer en son sein, dans une relation à bénéfices réciproques qui a donné naissance aux premières cellules végétales. Cette théorie, dite de l'endosymbiose, a été proposée dès 1883 par le botaniste allemand Andreas Schimper. Elle est aujourd'hui confortée par la génétique moléculaire. Un indice capital est la présence, dans les chloroplastes, d'un petit génome de type bactérien qui code lui-même une grande part des protéines nécessaires à la photosynthèse.

Quelle place tient la lumière dans la photosynthèse ?

Cette question mobilise fortement les chercheurs qui font appel, pour y répondre, à des modèles unicellulaires (micro-algues ou bactéries) plutôt qu'aux plantes. Cette approche est facilitée par la très grande conservation des mécanismes de la photosynthèse au cours de l'évolution.

Par des éclairs de très courte durée, on peut suivre, durant les quelques picosecondes (10^{-12} seconde) qui suivent l'éclairement, les tout premiers événements déclenchés par la lumière à l'intérieur des chloroplastes. L'énergie des photons y est captée par deux types de complexes moléculaires insérés dans les membranes thylakoïdales. Ces complexes, appelés photosystèmes I et II, contiennent de 250 à 400 molécules de chlorophylle et d'autres pigments. Chacun est structuré en une antenne collectrice qui canalise l'énergie lumineuse, et un centre réactionnel qui la convertit en énergie chimique. Quand un pigment antennaire capte un photon, il entre dans un état excité. Cette excitation est transmise d'un pigment à l'autre, de proche en proche, jusqu'à deux molécules de chlorophylle *a* situées au cœur du centre réactionnel. Cette paire émet alors un électron qui est aussitôt capté par un accepteur d'électrons présent dans la membrane (la plastoquinone, par exemple). Il est ensuite transféré à un autre accepteur, puis à un suivant, le long d'une chaîne de transporteurs d'électrons. Ce flux d'électrons aboutit *in fine* à la synthèse de deux molécules très énergétiques, le NADPH* et l'ATP* [fig. 1].

La détermination de la structure des photosystèmes a fait d'immenses progrès ces vingt dernières années. Elle n'a cependant pas encore permis de résoudre « la » grande énigme de la photosynthèse : le mécanisme intime de la dissociation de l'eau. Certes, on sait que, lorsque la paire de chlorophylle *a* du premier photosystème émet des électrons, elle en arrache autant à des molécules d'eau. Ces dernières sont, de ce fait, scindées en atomes d'oxygène et en protons. Mais on ignore encore les dessous structuraux de cette opération.

Comment les organismes photosynthétiques créent-ils de la matière ?

L'assimilation du carbone met en jeu un ensemble de réactions chimiques qui utilisent les molécules énergétiques (NADPH et ATP) produites lors des premières étapes de la photosynthèse. L'action se déroule dans les chloroplastes, mais à l'extérieur des thylakoïdes. On a longtemps parlé de phase « sombre » de la photosynthèse, succédant à une première phase « claire ». Ce vocabulaire est peu à peu abandonné, puisque seul l'événement initial de la photosynthèse, à savoir l'émission d'un électron par la chlorophylle, requiert de la lumière. Tout le reste du processus peut se dérouler dans l'obscurité.

L'Américain Melvin Calvin a été le premier à suivre le devenir du CO_2 dans une cellule végétale, en utilisant du carbone 14. Ces travaux lui ont valu en 1961 le prix Nobel de chimie. Avec son collègue Andrew Benson, Calvin a montré que la synthèse de glucides fait intervenir un cycle de réactions complexe, catalysé par treize enzymes. La

*** NADP+/NADPH**
Le nicotinamide adénine dinucléotide (NADP+) est une coenzyme fonctionnant comme accepteur d'électrons dans de nombreuses réactions métaboliques, où il est réduit en NADPH. Lequel est, lui, un donneur d'électrons.

*** L'adénosine triphosphate (ATP)**
est un nucléotide formé d'adénine, du sucre ribose et de trois groupements phosphates. L'ATP est hydrolysé en perdant un phosphate, et l'énergie libérée constitue la principale source d'énergie chimique utilisable par la cellule lors de son métabolisme.

SUR LE WEB

Une présentation très complète de la photosynthèse par une équipe de l'université Pierre-et-Marie-Curie.
www.snv.jussieu.fr/bmedia/Photosynthese-cours/index.htm

La chimie de la photosynthèse présentée de façon très accessible par une enseignante canadienne.
www.ustboniface.mb.ca/cusb/abernier/Biologie/metabolisme/ps1-1.html

Un regroupement d'équipes de recherche qui se consacrent à l'étude du cycle du carbone (en anglais).
www.carboeurope.org

plus célèbre est la Rubisco (pour ribulose 1,5-bisphosphate carboxylase/oxygénase), vraisemblablement l'enzyme la plus abondante au monde. Son rôle est crucial : elle assure la fixation du CO_2, dont l'atome de carbone est intégré aux glucides en formation. Mais elle a une double face : elle peut aussi fixer l'oxygène. Cette deuxième réaction, appelée photorespiration et favorisée par la chaleur, libère du CO_2 et diminue le rendement de la photosynthèse. Théoriquement, en supposant que la longueur d'onde des photons soit optimale, que le CO_2 soit présent en concentration adéquate, etc., huit photons suffisent pour assimiler une molécule de carbone. Mais, en pratique, le rendement est beaucoup plus faible : moins de 4 % du rayonnement solaire incident est converti en énergie chimique.

Les plantes font-elles toutes la même photosynthèse ?

Non, même si les mécanismes fondamentaux demeurent les mêmes. La différence tient au mode de fixation du dioxyde de carbone. Chez 85 % des plantes, dont tous les arbres, le CO_2 absorbé par les pores foliaires (ou stomates) entre directement dans le cycle de Calvin. Comme le composé formé par ce cycle contient trois atomes de carbone, on parle de photosynthèse en « C3 ». Ce composé (le glyceraldéhyde 3-phosphate) est ensuite utilisé par la plante pour synthétiser des glucides. Une fraction du CO_2 fixé par photosynthèse est perdue par photorespiration : elle est fonction du rapport entre les concentrations de dioxyde de carbone et d'oxygène dans l'atmosphère et elle est actuellement d'environ un tiers.

Certaines plantes tropicales, comme le maïs, le sorgho ou la canne à sucre, ont développé un système, dit photosynthèse en C4, plus efficace dans l'environnement chaud et lumineux qui est normalement le leur. Le CO_2 est d'abord piégé par les cellules du mésophylle (milieu de la feuille), pour donner une molécule à 4 atomes de carbone. Celle-ci passe dans les cellules qui entourent les faisceaux conducteurs de sève (cellules dites « de la gaine fasciculaire ») et y est scindée en pyruvate et en CO_2. Ce dernier entre alors dans le cycle de Calvin, selon le mode de photosynthèse en C3. L'opération, coûteuse énergétiquement, est cependant intéressante en milieu chaud car elle permet d'enrichir en CO_2 les cellules de la gaine fasciculaire. La capacité de la Rubisco à fixer le CO_2 est donc favorisée, et les effets de la photorespiration, critiques lorsqu'il fait chaud, restent limités. C'est pourquoi les plantes en C4 sont si compétitives dans les climats tropicaux. Certains rêvent d'ailleurs de transférer leurs qualités à d'autres cultures, par la création de variétés transgéniques.

Enfin, il existe un troisième type de photosynthèse, dite « CAM » (Crassulacean Acid Metabolism), pratiquée par les cactus et de nombreuses plantes grasses, et finalement plus fréquente que la photosynthèse en

Fig.2 Respiration et photosynthèse, sœurs presque siamoises

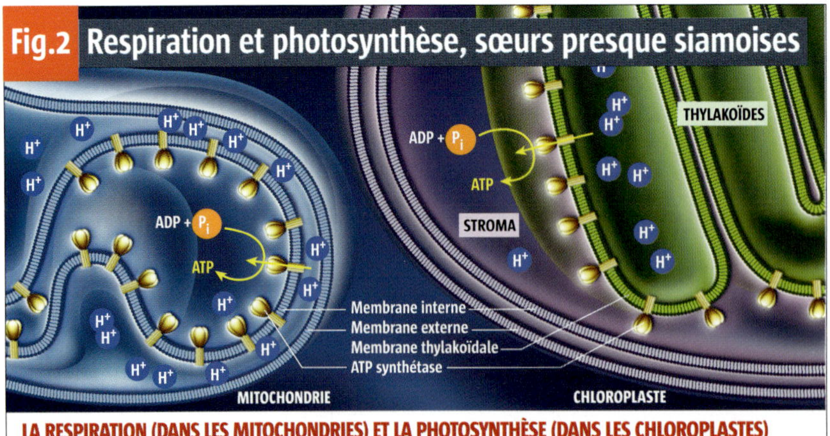

LA RESPIRATION (DANS LES MITOCHONDRIES) ET LA PHOTOSYNTHÈSE (DANS LES CHLOROPLASTES) produisent toutes deux de l'ATP par un mécanisme qui implique un flux membranaire d'électrons et un gradient transmembranaire de protons. Mais, alors que la photosynthèse utilise l'énergie lumineuse comme matière première, la respiration utilise l'énergie chimique fournie par les molécules provenant de l'alimentation. © INFOGRAPHIE SYLVIE DESSERT

C4. C'est une variante de cette dernière : la séparation entre la voie en C4 et la voie en C3 y est temporelle, et non spatiale. Les stomates de ces plantes ne sont ouverts que la nuit (ce qui limite les pertes d'eau) ; c'est alors qu'a lieu la fixation du dioxyde de carbone par la voie en C4. La phase en C3 a lieu de jour, dans la même cellule foliaire.

Quel est le lien entre photosynthèse et respiration ?

À première vue, tout les oppose. Quand elles respirent, les cellules de tous les êtres vivants (y compris celles des végétaux !) font exactement l'inverse de la photosynthèse : elles consomment de l'oxygène, du glucose, et libèrent du gaz carbonique. Pourtant, dans leurs mécanismes intimes, les deux processus se ressemblent beaucoup. Tous deux font intervenir des flux d'électrons au sein de membranes, et aboutissent à la production de molécules riches en énergie [fig. 2]. Qui plus est, ils se déroulent dans des compartiments de la cellule – chloroplastes dans un cas, mitochondries dans l'autre – aux points communs nombreux , y compris leur origine bactérienne. Comme la photosynthèse, la respiration permet la formation d'ATP, le carburant universel des cellules vivantes. La description du mécanisme en jeu a valu, en 1978, le prix Nobel au biochimiste britannique Peter Mitchell. Le transfert d'électrons s'accompagne d'un mouvement de protons (c'est-à-dire d'atomes d'hydrogène portant une charge positive) lesquels s'accumulent d'un seul côté de la membrane. Cela crée, d'une part, un gradient de concentration des protons, d'autre part, une différence de potentiel électrique d'un côté à l'autre de la membrane. C'est cette double force qui est utilisée pour la synthèse d'ATP. Le mécanisme intime en est maintenant élucidé : il fait intervenir une enzyme fichée dans la membrane, qui fonctionne comme une turbine à protons. Les liens entre photosynthèse et respiration apparaissent plus étroits qu'on ne le pensait, puisqu'une série de travaux menés depuis les années 1980 indique que les chloroplastes recèlent, eux aussi, une minichaîne respiratoire. La fonction de cette « chlororespiration » reste à déterminer.

La photosynthèse artificielle, pour quoi faire ?

Pour obtenir des piles solaires d'un nouveau type, ou encore produire des carburants propres... Certains chercheurs travaillent ainsi à la mise au point de piles pigmentaires inspirées des systèmes photosynthétiques naturels. Ce pourrait être des molécules de chlorophylle couplées artificiellement à des protéines, ou même des systèmes plus complexes dans lesquels les pigments seraient portés par des membranes. L'objectif est de convertir l'énergie lumineuse en énergie électrique avec des rendements bien supérieurs à ceux des photopiles traditionnelles. Un autre axe de recherche vise à produire l'hydrogène par photosynthèse. Diverses bactéries et micro-algues sont en effet capables, dans certaines conditions, d'utiliser l'énergie lumineuse pour produire de l'hydrogène gazeux. Pourquoi ne pas les cultiver pour produire ce carburant propre et renouvelable ? Là encore, un fossé sépare la théorie de la pratique. Les rendements sont encore très faibles et ne permettent pas, pour le moment, d'envisager une application industrielle. À plus court terme, des algues ou des bactéries photosynthétiques pourraient être utilisées en lieu et place des bactéries « classiques » pour la production de protéines par génie génétique.

POUR EN SAVOIR PLUS

- André Brack et Paul Mathis, *La Chimie du vivant. De la protéine à la photosynthèse*, Le Pommier, 2000.
- Henri Jupin et André Lamant, *La photosynthèse*, Masson, 1997.
- Bernard Saugier, *Végétation et atmosphère*, Flammarion, 1996.
- Georges Sallé, *Des Vampires chez les plantes. En guerre contre les plantes parasites*, EDP Sciences, 2002.

Les OGM végétaux

Cent vingt-cinq millions d'hectares en 2008 : le dernier bilan indique, pour la douzième année consécutive, une augmentation conséquente de la superficie mondiale cultivée en OGM. Faut-il s'en réjouir ou s'en inquiéter ?

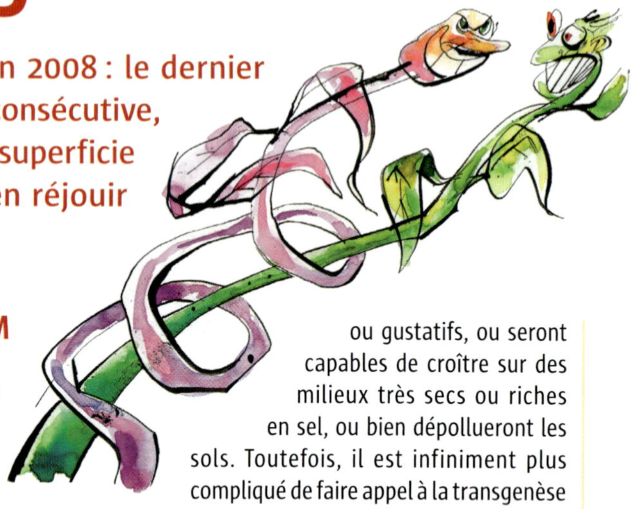

Ursula Lenseele,
avec la collaboration de

Yves Bertheau,
unité de phytopathologie et méthodologies de la détection à l'INRA de Versailles,

Denis Bourguet,
Centre de biologie et de gestion des populations, campus international Agropolis Baillarguet,

Francine Casse,
laboratoire de biochimie et physiologie végétale, université Montpellier-II, membre de la commission du génie biomoléculaire.

Qu'est-ce qu'un OGM végétal ?

18 janvier 1983 : Marc Van Montagu, de l'université de Gand, Mary-Dell Chilton, de l'université de Seattle, et Robert Horsch, chercheur chez Monsanto, annoncent avoir fait exprimer par des plantes un gène qui leur était étranger. Pour preuve, deux tabacs et un pétunia ayant incorporé un gène de résistance à un antibiotique, la kanamycine. Dix ans après la première application d'un transfert de gène dans la bactérie *Escherichia coli,* en 1973, les OGM végétaux sont nés. On les appelle aussi PGM : plantes génétiquement modifiées. Dès lors, la transgenèse, outil idéal pour étudier la fonction et la régulation des gènes, jouera un rôle essentiel en recherche fondamentale sur les végétaux. Par ailleurs, certains industriels (dont Monsanto) décident de parier sur la transgenèse végétale. C'est en 1996 que sont commercialisés les premiers maïs, soja et coton transgéniques. Ces OGM dits de « première génération » ont été conçus pour résister à un herbicide total tel que le Roundup®, ou produire des protéines « insecticides » (des toxines sécrétées naturellement par la bactérie *Bacillus thuringiensis* (Bt) et utilisées dans de nombreux insecticides). On parle aujourd'hui d'OGM de « seconde génération » pour évoquer des plantes qui, peut-être, produiront des médicaments, présenteront des avantages nutritionnels ou gustatifs, ou seront capables de croître sur des milieux très secs ou riches en sel, ou bien dépollueront les sols. Toutefois, il est infiniment plus compliqué de faire appel à la transgenèse pour conférer des caractères qui sont au croisement de voies métaboliques complexes (comme la résistance à la sécheresse) que des caractères qui ne dépendent que d'un seul gène (comme la résistance à un herbicide ou à un insecte).

Comment l'obtient-on ?

La technique de transgenèse végétale la plus employée actuellement (celle utilisée par les « découvreurs » des PGM) met à profit la capacité d'une bactérie du sol, *Agrobacterium tumefaciens,* à transférer un morceau d'ADN au génome des cellules végétales [fig. 1]. Depuis, on s'est aperçu que d'autres rhizobiacées possèdent également une telle capacité de transfert de l'ADN aux végétaux. D'autres techniques, dites de transfert direct, permettent de modifier certaines plantes insensibles à *Agrobacterium.* La biolistique, par exemple, consiste à bombarder le tissu végétal avec des particules recouvertes d'ADN. Cette technique permet en outre de cibler le génome non plus du noyau, mais des organites cellulaires comme les chloroplastes. De nombreuses copies du génome chloroplastique cohabitant dans une même cellule, le transgène s'exprime massivement, d'où l'intérêt de cette technique pour faire produire par la plante une molécule que l'on veut ensuite recueillir. Mais pour l'instant elle n'a pu être mise en œuvre que sur quelques plantes, dont le tabac. Reste que, quelle que soit la technique retenue, le manque de précision quant au lieu où s'insère le gène d'intérêt peut empêcher l'expression de ce gène ou perturber l'expression d'autres gènes de la plante. Cette insertion « au hasard » constitue d'ailleurs la base de l'identification des OGM.

Le gène introduit dans le génome receveur est préalablement inclus dans une construction génétique assez complexe. Outre le « gène d'intérêt » qui code le caractère que l'on veut donner à la plante, cette construction comprend des gènes marqueurs qui permettent de sélectionner les cellules ayant incorporé le gène d'intérêt. Jusqu'à présent, ces marqueurs étaient des gènes de résistance aux

Fig.1 Méthode d'obtention des OGM

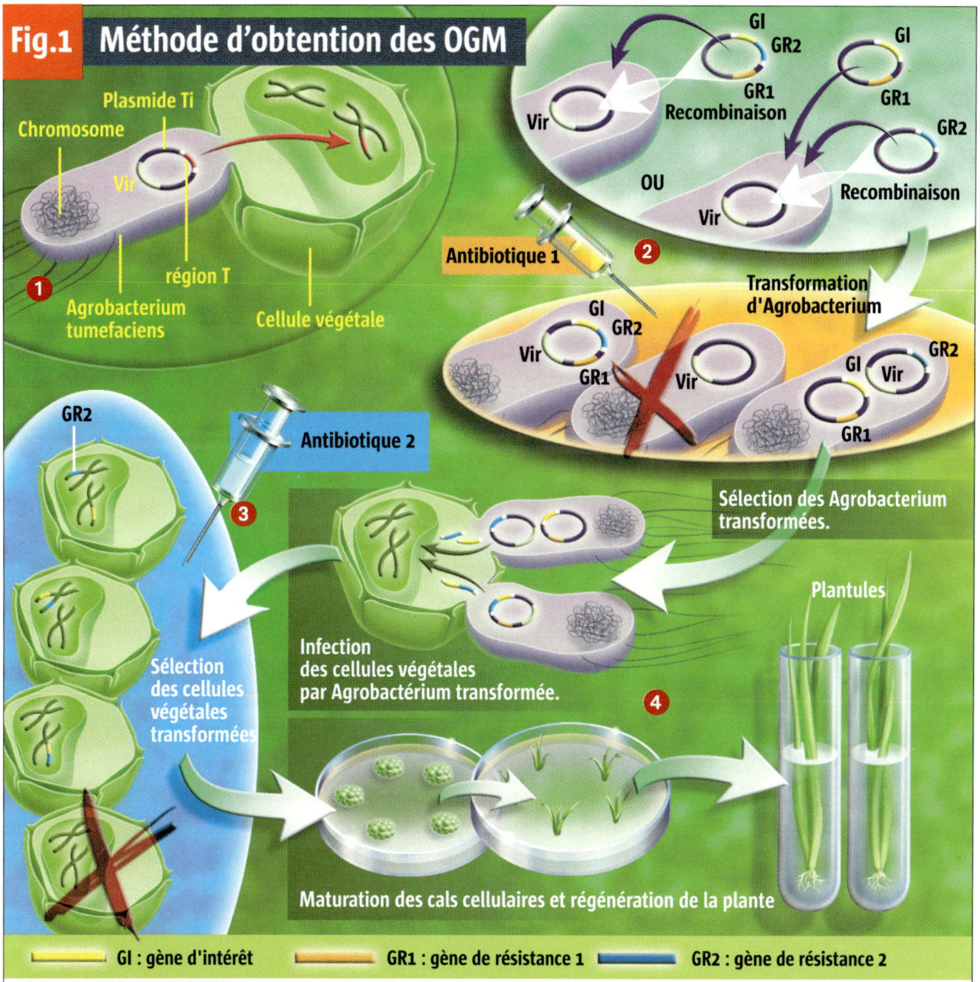

LA DÉMARCHE PRIVILÉGIÉE consiste à utiliser la bactérie *Agrobacterium tumefaciens* pour transférer un gène donné à des cellules végétales (*Agrobacterium* est, de façon naturelle, capable d'insérer dans des cellules végétales un fragment d'ADN particulier, la région T, sous l'influence de la région Vir) (1). L'usage d'antibiotiques permet de repérer dans un premier temps les bactéries transformées avec les constructions génétiques fabriquées par les chercheurs (2), et dans un second temps les cellules végétales infectées par *Agrobacterium* (3). Ces cellules transformées sont ensuite mises en culture, jusqu'à donner des plantules (4).

LA RECHERCHE A PUBLIÉ

Entretien avec Pierre-Henri Gouyon et Yves Chupeau, « Les OGM, graines de réflexion », janvier 2004, p. 73.

Dossier « Les OGM face aux réalités agricoles », novembre 2003.

Numéro spécial « Le risque alimentaire », février 2001.

Dossier « Qui a peur des OGM ? », janvier 2000.

* Le **mannose** est un sucre de même composition chimique que le glucose, mais de configuration différente.

antibiotiques, d'où une vive polémique : le gène de résistance pourrait-il passer dans les bactéries du sol ou dans celles de la flore intestinale ? Ce danger potentiel – jusqu'à présent aucune expérience n'a montré qu'un tel transfert était effectivement réalisable – devrait disparaître. Le gouvernement français s'est engagé à ne plus accepter d'OGM susceptibles de présenter un risque pour la santé et l'environnement, depuis 2004 pour une homologation commerciale, à partir de 2008 pour de simples essais. Cette demande fait également partie des recommandations de l'EFSA, l'organisme européen de sécurité alimentaire. Une solution est de faire en sorte que les deux gènes (marqueur et gène d'intérêt) ne soient pas contigus dans le génome. On ne retient ensuite, dans la descendance des plantes transformées, que celles possédant uniquement le gène d'intérêt. D'autres protocoles sont à l'étude, par exemple l'utilisation d'un gène de sélection qui permette aux seuls plants transgéniques de croître sur un milieu particulier mais anodin, par exemple un milieu contenant du mannose* à la place de glucose.

À quoi servent les essais en champ ?

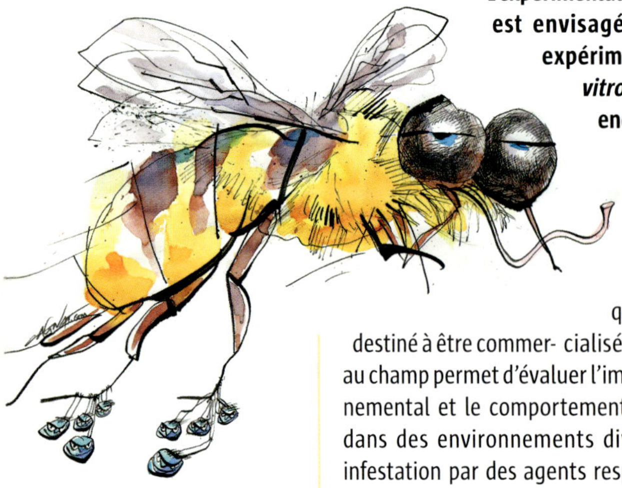

L'expérimentation en champ est envisagée après les expérimentations *in vitro*, *in vivo*, en enceinte climatisée, puis en serre. C'est une obligation légale lorsque l'OGM est destiné à être commer- cialisé. Le passage au champ permet d'évaluer l'impact environnemental et le comportement des plantes dans des environnements divers (climat, infestation par des agents responsables de maladies, sols, etc.). En France, il est conditionné à une demande d'autorisation auprès du ministère de l'Agriculture qui saisit la Commission du génie biomoléculaire (CGB) pour effectuer l'évaluation des risques pour la santé et l'environnement. La CGB examine les modalités de l'essai proposées par le semencier ou le laboratoire de recherche demandeur pour prévenir les risques, notamment l'évaluation des distances à respecter entre la parcelle OGM concernée et les champs environnants cultivés avec la même espèce non OGM. Une loi est en cours de discussion au Parlement pour instaurer une seule commission remplaçant la Commission de génie génétique, la CGB et le comité provisoire de biovigilance. Les estimations sont effectuées en s'appuyant sur ce qu'on connaît déjà des flux de gènes chez les espèces concernées et des distances à respecter pour préparer les semences hybrides. Ces distances ont été établies de sorte que le taux de contamination des semences soit inférieur à un certain seuil au-delà duquel ces semences ne sont plus considérées comme assez pures pour être commercialisées. Il ne s'agit toutefois que de distances moyennes, le pollen étant toujours capable de voyager au-delà dans une faible proportion.

Les OGM peuvent-ils contaminer les végétaux voisins ?

Le flux de gènes entre PGM et plantes non modifiées, par l'intermédiaire du pollen, est le risque environnemental le plus important. Le polle<<<n contient en effet le noyau de la cellule végétale et l'ensemble de ses gènes, y compris le gène d'intérêt. Pour qu'un tel transfert se produise, il faut d'abord qu'existe, à proximité de la PGM, soit la même plante non modifiée, soit une plante sauvage apparentée, susceptible de se croiser avec elle. Par exemple, la ravenelle pour le colza. Si ce croisement se produit, il faut alors qu'il y ait transfert du transgène, que l'hybride produit soit viable et non stérile, que les graines produites poussent et donnent des plantes qui se croisent à nouveau avec les espèces sauvages, avec, là encore, transfert du transgène.

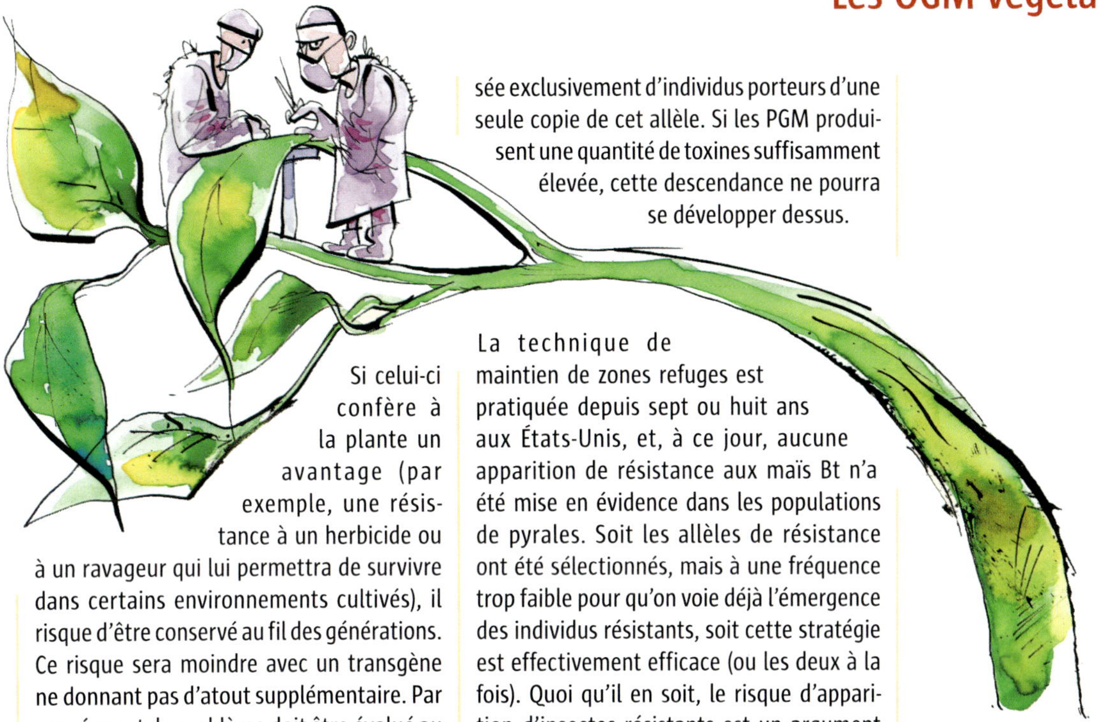

Si celui-ci confère à la plante un avantage (par exemple, une résistance à un herbicide ou à un ravageur qui lui permettra de survivre dans certains environnements cultivés), il risque d'être conservé au fil des générations. Ce risque sera moindre avec un transgène ne donnant pas d'atout supplémentaire. Par conséquent, le problème doit être évalué au cas par cas. La technique de transgenèse des chloroplastes évoquée plus haut pourrait permettre de restreindre la contamination par le biais du pollen, car ce dernier ne comprend généralement pas de chloroplastes.

Menacent-ils la microfaune ?

Les PGM productrices de protéines insecticides visent à débarrasser les cultures des insectes ravageurs (comme la pyrale pour le maïs). Mais ces végétaux synthétisant des molécules insecticides en permanence, leur utilisation risque d'engendrer l'apparition de populations d'insectes ravageurs résistants. Pour limiter, voire éviter, ce risque, les agriculteurs nord-américains doivent planter des « zones refuges » de cultures ne produisant pas de toxines, à proximité de celles en produisant. Si les doses de toxines produites par les PGM sont assez élevées, les seuls insectes cibles des toxines, et néanmoins capables de se développer sur ces PGM, seront ceux qui portent deux copies de l'allèle de résistance. Leur croisement avec les individus issus des refuges, en majorité dépourvus d'allèles de résistance, donne une descendance composée exclusivement d'individus porteurs d'une seule copie de cet allèle. Si les PGM produisent une quantité de toxines suffisamment élevée, cette descendance ne pourra se développer dessus.

La technique de maintien de zones refuges est pratiquée depuis sept ou huit ans aux États-Unis, et, à ce jour, aucune apparition de résistance aux maïs Bt n'a été mise en évidence dans les populations de pyrales. Soit les allèles de résistance ont été sélectionnés, mais à une fréquence trop faible pour qu'on voie déjà l'émergence des individus résistants, soit cette stratégie est effectivement efficace (ou les deux à la fois). Quoi qu'il en soit, le risque d'apparition d'insectes résistants est un argument contre l'instauration de zones exclusivement transgéniques mises totalement à l'écart des autres types de cultures.

Quant à l'impact de la consommation de PGM sur les insectes qui ne sont pas la cible des toxines, il est à évaluer au cas par cas en considérant le lieu et le moment de l'année choisis pour la mise en culture. Par exemple, une étude publiée en 1999 indiquait que l'ingestion de pollen de maïs transgénique Bt par des larves de papillon monarque induisait une mortalité plus importante que l'ingestion de pollen de maïs non transgénique. Elle avait suscité une forte inquiétude. Plusieurs autres expériences ont alors été menées. Elles ont établi que seulement 0,4 % des populations de monarques courent le risque d'être intoxiquées (ce qui ne veut pas dire qu'elles le soient). Ce faible chiffre s'explique en partie par le décalage spatio-temporel entre la présence de pollen et celle des larves de monarque, mais également par une modification des variétés de maïs transgéniques. En effet, contrairement aux variétés utilisées initialement, celles utilisées dans les dernières

SUR LE WEB

Un grand dossier consacré aux OGM sur le serveur de l'Institut national de la recherche agronomique.
www.inra.fr/l_institut/l_inra_en_bref

Le site de l'International Service for the Acquisition of Agri-biotech Applications (ISAAA) est notamment riche en données statistiques.
www.isaaa.org

Le projet de loi relatif aux OGM.
www.senat.fr/leg/pjl05-200.html

Le site interministériel sur les OGM.
www.ogm.gouv.fr/

expériences ne produisent quasiment pas de toxine dans le pollen.

Permettent-ils d'utiliser moins de pesticides ?

En théorie, l'utilisation de PGM « insecticides » ou résistantes aux herbicides devrait limiter l'utilisation des pesticides. C'est pourtant loin d'être évident : la consommation de pesticides aux États-Unis n'a pas notablement baissé depuis l'arrivée des PGM. Deux raisons à cela. D'abord, les PGM « insecticides » ne sont pas toutes résistantes à 100 % aux attaques. En cas d'infestation massive, il faut donc quand même pulvériser des produits. Ensuite, l'agriculteur continue presque toujours systématiquement à pulvériser de façon préventive, ne serait-ce que pour cibler les ravageurs non affectés par la toxine. Si les agriculteurs américains ont opté pour des variétés transgéniques, c'est plus parce qu'elles permettent une utilisation plus pratique des pesticides (épandage même après la levée par exemple) que par souci de réduire leur consommation.
En revanche, la nature de ces pesticides a, elle, changé : le glyphosate (principe actif du Roundup® de Monsanto) est ainsi devenu l'herbicide le plus utilisé pour le soja et le coton. À court terme, ce basculement est plutôt positif d'un point de vue environnemental, car plusieurs études montrent que le glyphosate est moins persistant et moins toxique que les herbicides classiques. Mais ce béné fice serait gâché si la résistance s'étendait aux mauvaises herbes, obligeant ainsi à utiliser des herbicides plus puissants ou en plus grande quantité. Par ailleurs, à ne créer que des plantes résistantes au glyphosate, un autre risque menace : celui de ruiner l'utilisation de cet herbicide « total », très utile en agriculture pour nettoyer les parcelles avant un nouvel ensemencement, car il empêche le développement des graines perdues lors de la récolte.

Sont-ils rentables pour les agriculteurs ?

Différentes études ont tenté d'évaluer leur rendement. Pour la plupart, elles portent sur les PGM « insecticides ». Conclusion : l'apport de ces PGM semble dépendre du taux d'infestation par les ravageurs et de l'accessibilité des agriculteurs aux pesticides classiques. Concernant la productivité, les données sont plus claires : parce qu'ils simplifient le travail des agriculteurs, les PGM induisent un gain en ce domaine. Mais ce gain est à mettre en balance avec le coût plus élevé des semences transgéniques. Toujours est-il que la diminution des quantités de pesticides utilisées n'ayant pas été démontrée, les grands gagnants économiques de l'arrivée de PGM sont les agrochimistes qui vendent à la fois les semences transgéniques et les pesticides correspondants.
Par ailleurs, les semences transgéniques faisant l'objet de brevets, l'agriculteur n'a pas le droit de garder une partie des graines issues de la récolte pour les ressemer, une pratique courante chez les petits producteurs. Il est juridiquement contraint de racheter des semences chaque année. La technologie dite « Terminator », dont le développement a été abandonné par la firme Monsanto en 1999, rendait le rachat incontournable en pratique : les graines étaient incapables de germer. Mais on peut remarquer que

cette contrainte pratique de rachat est déjà effective pour les semences hybrides (non soumises aux brevets), dont le rendement initialement élevé s'écroule à la deuxième génération. Un autre problème inhérent aux brevets est que le propriétaire d'un champ non PGM, contaminé par des PGM, risque d'être accusé d'avoir utilisé des graines transgéniques sans les avoir achetées, et donc d'avoir transgressé la loi.

Quant à l'utilisation, dans les pays du Sud, des PGM actuellement disponibles, elle relève de décisions économiques et politiques. En effet, on peut craindre que le tout PGM soit synonyme de dépendance accrue entre firmes du Nord et pays du Sud. Et même s'il est possible que le génie génétique permette un jour la mise au point de plantes de seconde génération capables de se développer sur des sols hostiles, il est à craindre que la transgenèse ne puisse être réalisée sur les variétés locales cultivées en trop faibles quantités.

Fig.2 Cultures d'OGM

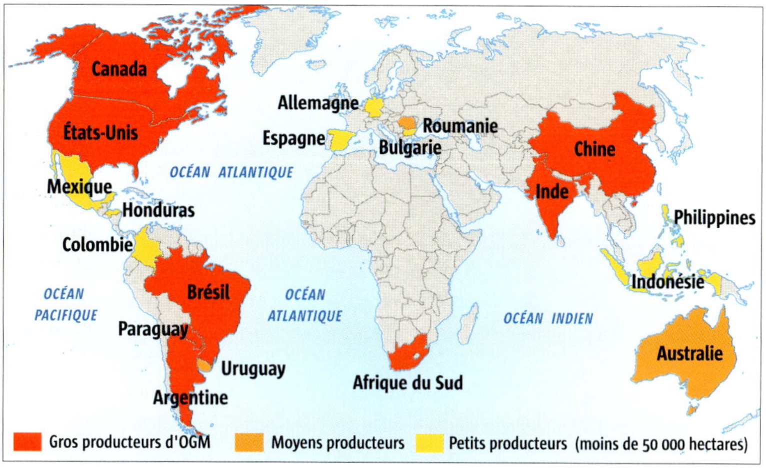

EN 2005, 8 pays (contre 6 en 2003) ont produit 99 % des 90 millions d'hectares de cultures transgéniques mondiales : le Paraguay (1,8 million d'hectares) et l'Inde (1,3) ont rejoint les États-Unis (49,8), l'Argentine (17,1), le Brésil (9,4), le Canada (5,8), la Chine (3,3) et l'Afrique du Sud (0,5).

© LEGENDES CARTOGRAPHIE. SOURCE : ISAAA

En mangeons-nous chaque jour ?

En Europe, pas pour l'instant, à moins de se nourrir abondamment de produits américains. Pour s'en assurer, mieux vaut regarder l'étiquette. Une réglementation européenne datant de 1997, et modifiée en 2003, prévoit en effet l'étiquetage et la traçabilité de tous les aliments et ingrédients destinés aux alimentations humaine et animale. Le seuil de dispense d'étiquetage pour la présence fortuite d'OGM autorisés a été fixé à 0,9 % en décembre 2002 par les membres de l'Union européenne. Il ne s'applique pas sur le produit total mais sur l'ingrédient susceptible d'être issu d'un organisme génétiquement modifié. Au-dessous de 0,9 %, pour éviter l'étiquetage, le fabricant doit faire la preuve que la présence éventuelle d'OGM ou de produits dérivés est fortuite, et qu'il a mis en œuvre tous les moyens possibles pour l'éviter. Un nombre croissant de pays adopte l'étiquetage, par exemple le Japon avec un seuil de 5 %. Les États-Unis, quant à eux, le refusent car ils le jugent discriminatoire.

La création d'un cadre réglementaire permettant une traçabilité analytique et documentaire fiable était la principale raison d'être du moratoire sur les nouvelles autorisations de mise sur le marché des OGM, instauré *de facto* en 1999 par l'attitude de sept pays de l'Union européenne (France, Italie, Belgique, Grèce, Danemark, Luxembourg, Autriche). Ce moratoire, qui a entraîné le dépôt d'une plainte des États-Unis contre l'Union européenne devant les instances de l'Organisation mondiale du commerce, a été levé en 2004 avec l'autorisation de mise sur le marché du maïs Bt 11. Pour faire respecter cet étiquetage à l'échelle européenne, les laboratoires du réseau ENGL (*European Network of GMO*

Laboratories), qui a été inauguré en 2002 par la Commission européenne, œuvrent à la mise au point et à l'harmonisation de tests permettant la détection de fragments d'ADN ou de protéines caractéristiques des OGM autorisés. En revanche, il n'y a pas d'obligation d'étiquetage des produits (viande, lait, œufs...) dérivés d'animaux nourris avec des OGM. Enfin, aucun seuil n'a encore été fixé pour les semences.

Quant à l'importation et à l'exportation d'OGM vivants hors de l'Union européenne, elles sont, depuis le 11 septembre 2003, réglementées par le protocole de Carthagène. Celui-ci, dont les procédures ne sont pas encore précisément définies, permet à un pays l'ayant ratifié de s'opposer à l'importation d'un organisme vivant modifié. On entend par ce terme les plantes et les graines, par exemple, mais non les produits transformés tels que les farines. L'opposant doit s'appuyer sur une démarche scientifique solide incluant une étude de risques.

Menacent-ils notre santé ?

L'éventuel impact des OGM sur la santé doit être évalué au cas par cas.

La notion de risque pour l'alimentation se fonde sur le concept d'équivalence en substance : l'aliment modifié est comparé à sa variété équivalente non transformée. Soit l'équivalence est stricte, et aucun test complémentaire n'est alors nécessaire : c'est le cas quand le transgène ne s'exprime pas dans la partie comestible de la plante. Soit elle est respectée, à l'exception de la protéine codée par le transgène, auquel cas cette protéine, et notamment son «allergènicité», sera évaluée avant que l'aliment ne reçoive son autorisation de mise sur le marché. Si la protéine est déjà connue pour être présente dans un aliment allergène, elle sera écartée. Si elle n'est pas connue, il faudra pratiquer différents tests : recherche d'homologies de séquences avec des allergènes connus, recherche de structures susceptibles d'être reconnues par des molécules du système immunitaire ou encore analyse des propriétés physico-chimiques de la protéine (par exemple la facilité avec laquelle elle sera dégradée lors de la digestion). Mais on ne peut pas conclure à une absence d'allergènicité même si ces tests sont négatifs. C'est pourquoi la nouvelle réglementation européenne veut établir une surveillance épidémiologique après la mise sur le marché. Outre l'allergènicité potentielle, est aussi examinée la toxicité directe de la molécule. En effet, dans certains des OGM commercialisés, le gène inséré code une molécule « insecticide » nocive pour les insectes visés ; la possibilité que cette molécule soit également toxique pour le consommateur fait l'objet d'évaluations. Enfin, si l'équivalence en substance ne peut être établie, une étude complète incluant des tests de toxicologie doit être menée.

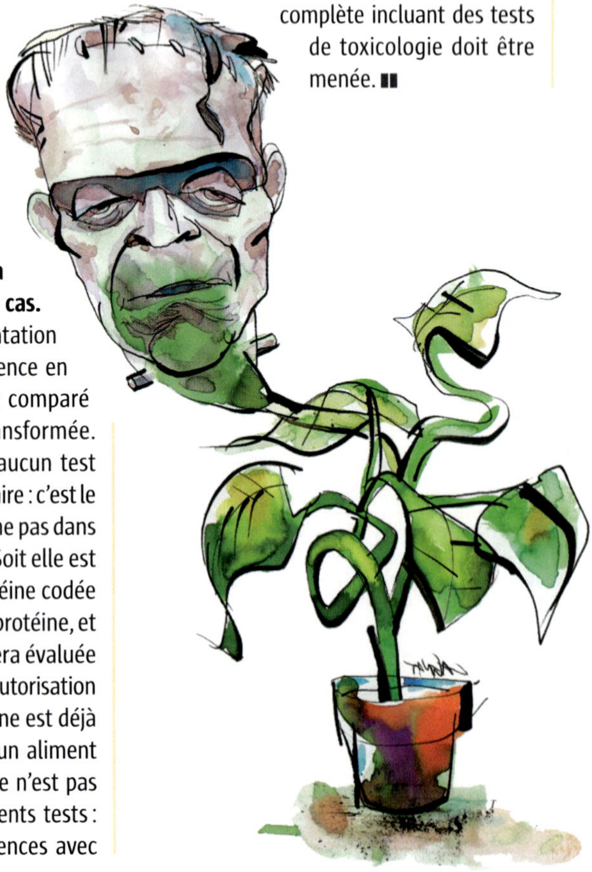

POUR EN SAVOIR PLUS

- Hervé Kempf, *La Guerre secrète des OGM*, Seuil, 2003.
- Francine Casse et Jean-Christophe Breitler, *OGM : description, méthodes d'obtention, domaines d'application*, France Agricole, 2001.

Quiz

Avez-vous bien lu ce livre ?

Voici 18 questions pour le vérifier !

❶ Dans la cellule, quelles particules déchiffrent le message porté par les molécules d'ARN et assemblent des acides aminés pour former les protéines ?

❷ En quelle année la fécondation *in vitro* a-t-elle été utilisée avec succès pour la première fois chez l'humain ?

❸ Tous les acides aminés nécessaires à la synthèse des protéines humaines sont-ils produits dans les cellules ?

❹ Hormis la photosynthèse, quel mécanisme assure le renouvellement de l'oxygène atmosphérique ?

❺ Les poissons perçoivent-ils des odeurs ?

❻ Le gène codant l'hémoglobine est-il présent dans d'autres cellules que les globules rouges ?

❼ Le génome de l'homme est-il plus grand que celui du blé ?

❽ En Europe, à partir de quel taux d'OGM l'étiquetage de l'alimentation humaine et animale est-il obligatoire ?

❾ A-t-on plus de globules rouges ou de globules blancs ?

❿ Près de quel arbre faut-il chercher la truffe noire ?

⓫ Combien y a-t-il de saveurs fondamentales ?

⓬ Au cours du développement embryonnaire, l'ectoderme donne-t-il naissance à la peau ou au système nerveux ?

⓭ Une personne qui a une acuité visuelle de 10/10e peut distinguer, à 5 mètres, un objet de 0,6 millimètres, 6 millimètres ou 6 centimètres ?

⓮ Existe-t-il des phénomènes de clonage naturel chez les mammifères ?

⓯ Sur quelle partie du corps humain les drogues agissent-elles ?

⓰ Le grain de blé est-il un fruit ou une graine ?

⓱ Qui fut le premier à démontrer le rapport entre une espèce bactérienne et une maladie donnée ?

⓲ Les arêtes des poissons sont-elles des os ou des cartilages ?

Solutions page 130

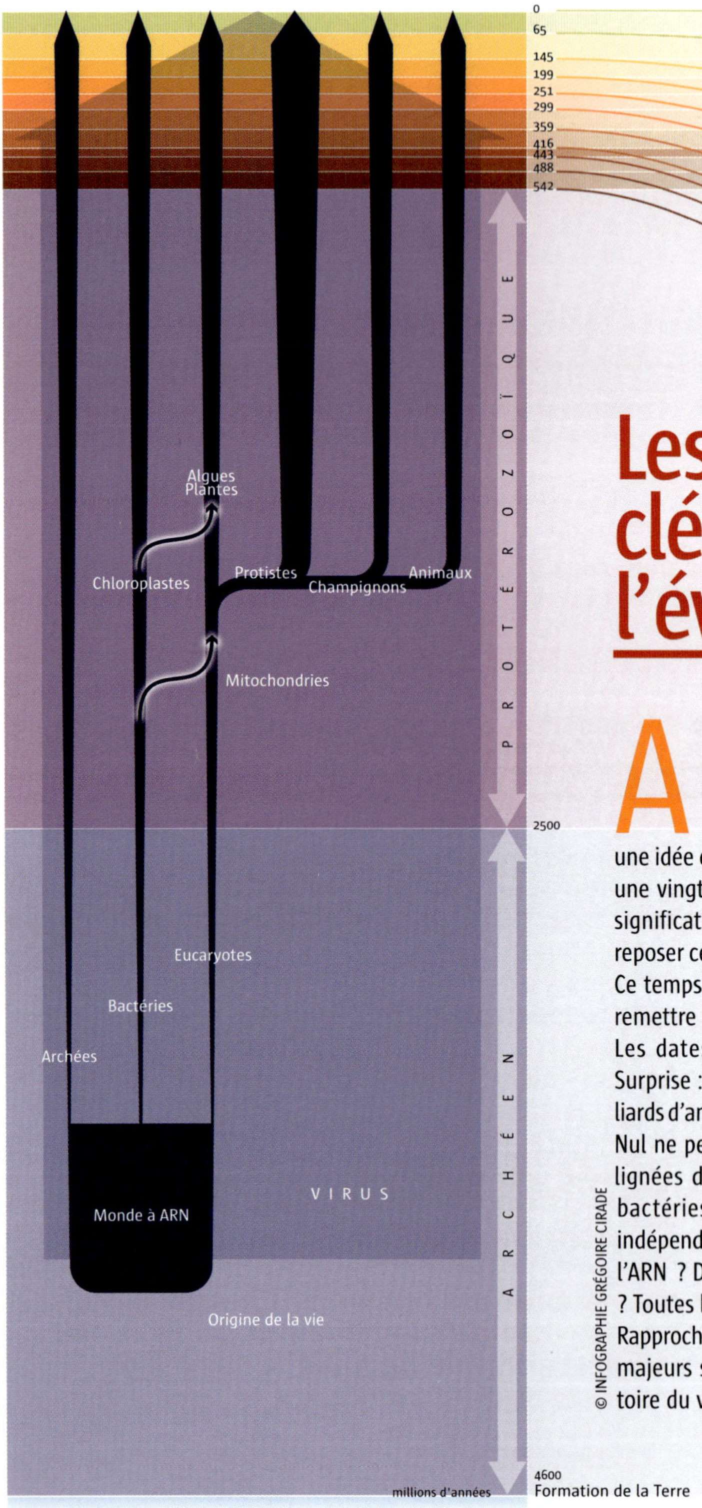

Les dates clés de l'évolution

Au gré des découvertes paléontologiques et des études moléculaires, le temps de l'évolution se trouve régulièrement bousculé. Mais à quel rythme ? Pour le savoir, une idée est d'isoler sur une échelle stratigraphique une vingtaine d'innovations phares, parmi les plus significatives de l'histoire du vivant, et de laisser reposer ce schéma pendant... une dizaine d'années ! Ce temps écoulé, demandez à quelques experts de remettre les pendules à l'heure.

Les dates clés de l'évolution ont-elles bougé ? Surprise : du côté des temps très lointains, vers 3 milliards d'années, les pistes se sont plutôt embrouillées. Nul ne peut aujourd'hui affirmer laquelle des trois lignées du vivant a émergé en premier. Archées, bactéries et cellules eucaryotes ont-elles surgi indépendamment à partir d'un monde dominé par l'ARN ? Des virus primordiaux ont-ils inventé l'ADN ? Toutes les spéculations semblent autorisées.

Rapprochons-nous du présent : quelques événements majeurs s'enfoncent plus profondément dans l'histoire du vivant. Un pays, la Chine, a soufflé dans ce

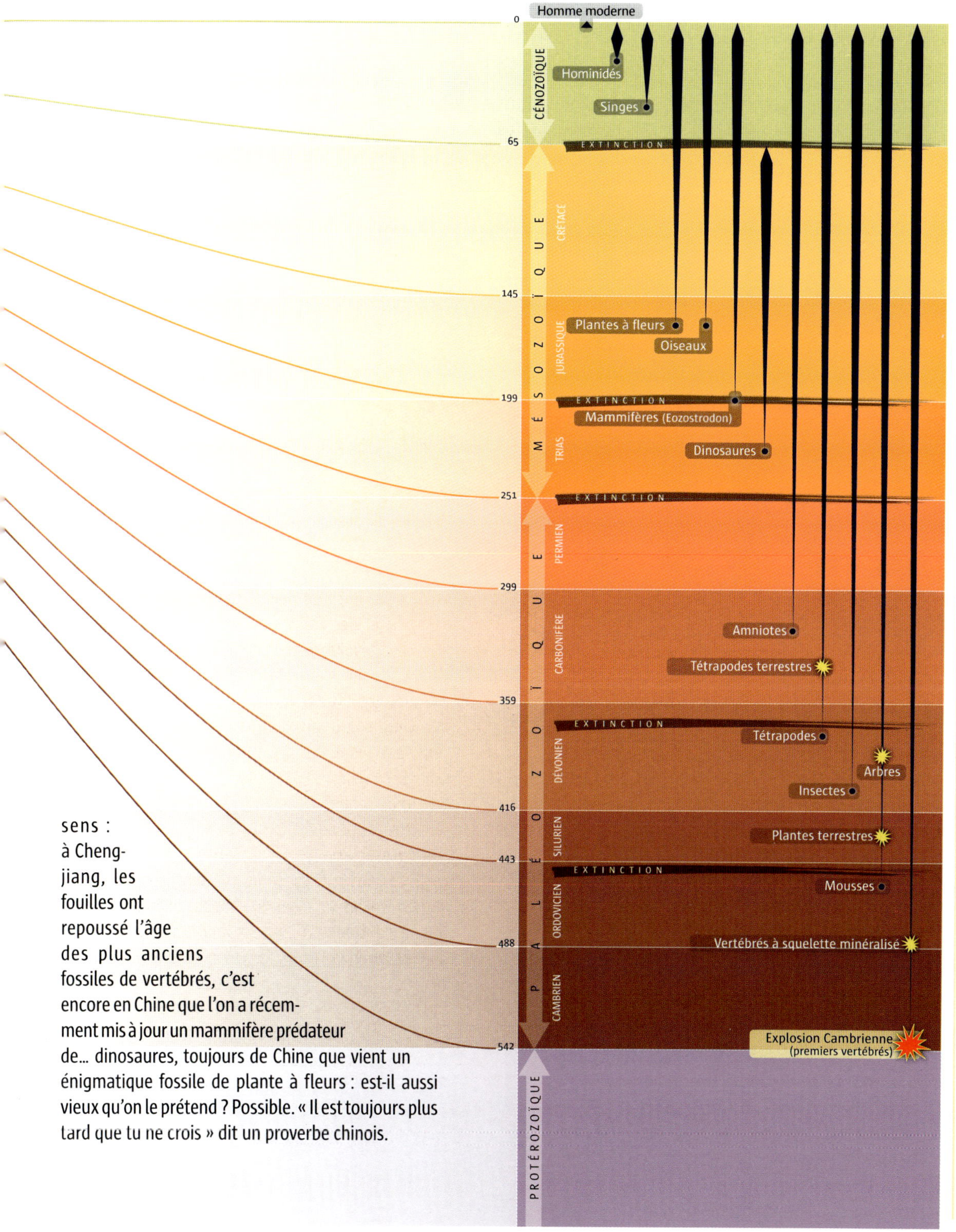

sens : à Chengjiang, les fouilles ont repoussé l'âge des plus anciens fossiles de vertébrés, c'est encore en Chine que l'on a récemment mis à jour un mammifère prédateur de... dinosaures, toujours de Chine que vient un énigmatique fossile de plante à fleurs : est-il aussi vieux qu'on le prétend ? Possible. « Il est toujours plus tard que tu ne crois » dit un proverbe chinois.

VUE EXTERNE DE L'HÉMISPHÈRE GAUCHE

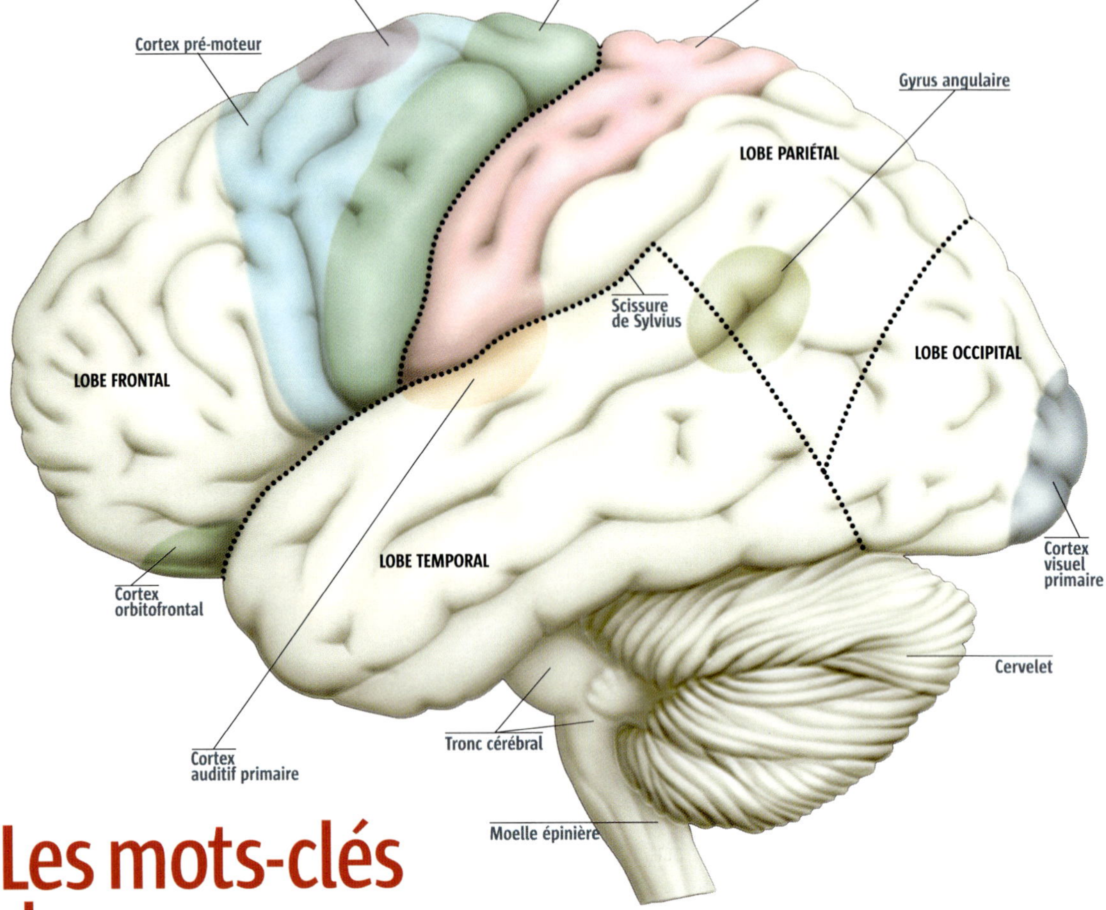

Les mots-clés du cerveau

En surface. Une fois enlevée la boîte crânienne, le cerveau humain apparaît sous la forme de deux hémisphères globalement symétriques, qui surmontent le tronc cérébral relié au cervelet. Chacun des hémisphères est divisé en six lobes, dont les quatre principaux sont les lobes frontal, temporal, pariétal et occipital, visibles de l'extérieur. Situé à la face interne de chaque hémisphère, le lobe limbique est, lui, invisible, de même que le lobe de l'insula, enfoui au fond de la scissure de Sylvius.
La couche externe des deux hémisphères, ou cortex, présente une succession de creux (sillons ou scissures) et de crêtes (gyrus). Sa couleur grise vient de ce qu'elle contient les corps cellulaires des neurones.

VUE DU DESSUS

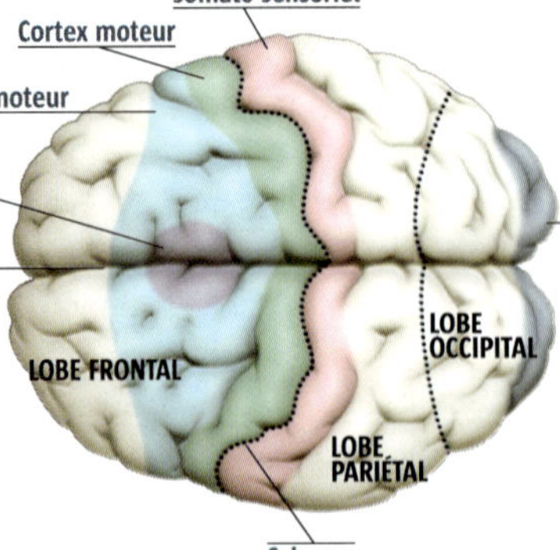

FACE INTERNE DE L'HÉMISPHÈRE DROIT

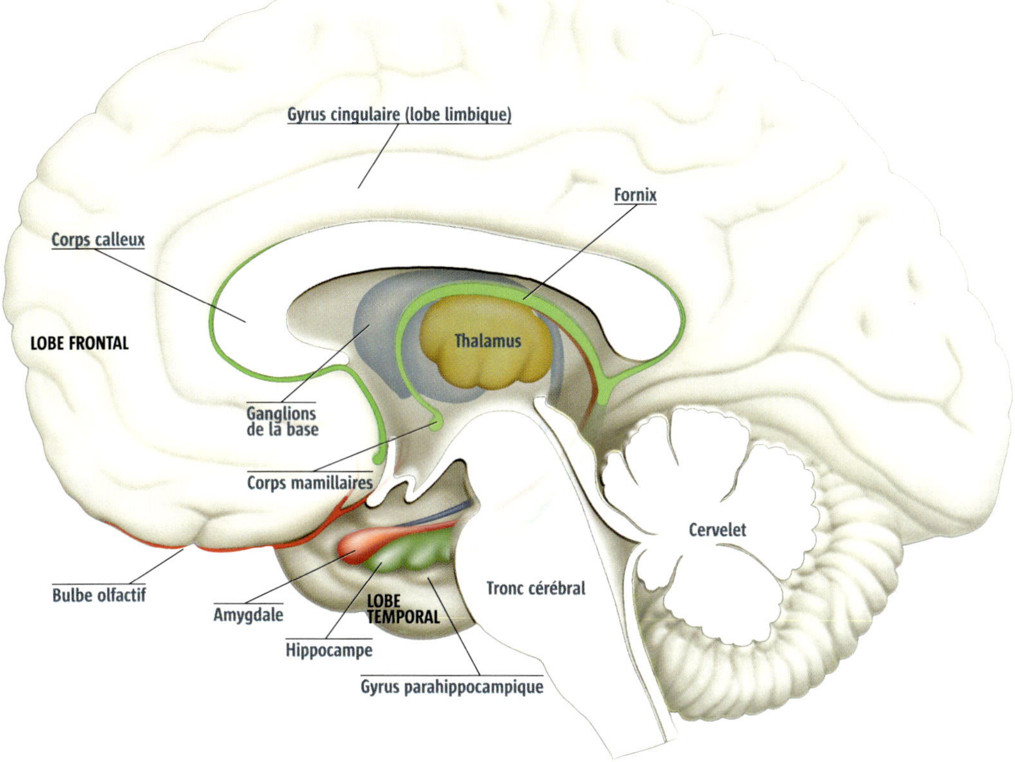

Ganglions de la base. La nomenclature actuelle regroupe sous ce terme un ensemble de noyaux* situés à la base du cerveau : le noyau caudé, le putamen, le globus pallidus (externe et interne), la substance noire, le noyau thalamique et le noyau accumbens. Elle exclut le thalamus.
Les ganglions de la base canalisent diverses informations provenant du cortex, et les transmettent au thalamus qui les envoie alors à d'autres zones corticales (par exemple le cortex moteur).

Système limbique. Il comprend le gyrus cingulaire et le gyrus parahippocampique, l'hippocampe, circonvolution corticale du lobe temporal impliquée dans la mémoire, – prolongé par le fornix et les corps mamillaires, et l'amygdale –, et impliquée dans le traitement des émotions.

* Noyau : terme qui désigne, dans le système nerveux central, tout amas bien délimité de corps cellulaires de neurones.

GANGLIONS DE LA BASE

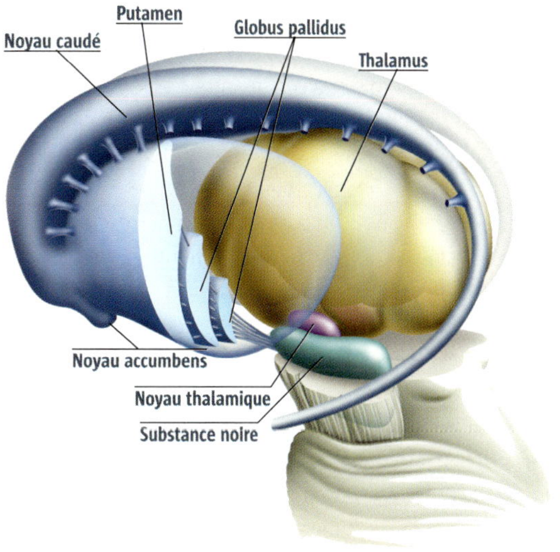

Index

Solutions du quiz

1. Les ribosomes.
2. En 1978.
3. Non : les cellules ne savent synthétiser aucun des 20 acides aminés, c'est pourquoi l'homme a besoin d'un apport extérieur en protéines.
4. Aucun.
5. Oui, ils ont des fosses nasales tapissées de neurones olfactifs capables de percevoir à grande distance l'odeur d'une proie ou d'un prédateur.
6. Oui, mais son expression est bloquée.
7. Non, le génome du blé compte 16 milliards de paires de bases contre « seulement » un peu plus de 3 milliards pour le génome humain.
8. 0,9 %.
9. De globules rouges : on compte environ 1 000 globules rouges pour un globule blanc.
10. Près des chênes, avec lesquels elle forme souvent des structures symbiotiques.
11. Il n'y a pas quatre saveurs comme on l'a longtemps pensé mais tout un continuum gustatif.
12. Aux deux.
13. 0,6 millimètres.
14. Oui, dans le cas de vrais jumeaux.
15. Dans le système nerveux central, au niveau des neurotransmetteurs qui font circuler l'information entre les neurones.
16. Un fruit.
17. Robert Koch, en 1878.
18. Des os.

Dessins : Jean-Pierre Cagnat

53007 - (I) - (5) - CSBM 115° - INT - MLN
Dépôt légal : juillet 2009
Achevé d'imprimer par Pollina - L50024
Imprimé en France